Andrea Kilian leitete sieben Jahre Gymnasien in Hessen und Baden-Württemberg. Sie war zuvor an der Freiburger Universität und am dortigen Studienseminar in der Lehrerausbildung tätig. Aus persönlicher Erfahrung kennt sie beide Seiten: die Probleme der Schulen und die Nöte der Eltern. Heute berät und begleitet sie Eltern schulpflichtiger Kinder und lebt als Autorin in Köln und Südbaden.

www. geheimwissen-schule.de

Andrea Kilian

Geheimwissen Schule

Das Insider-Buch für alle Eltern

BASTEI LÜBBE TASCHENBUCH
Band 60625

1. Auflage: November 2009

Bastei Lübbe Taschenbücher in der Verlagsgruppe Lübbe

Originalausgabe
Copyright © 2009 by Verlagsgruppe Lübbe GmbH & Co. KG
Bergisch Gladbach
Textredaktion: Angela Küpper
Umschlaggestaltung: Gisela Kullowatz
Titelbild: © plainpicture/Kuttig, S.
Autorenfoto: © privat
Gesetzt aus der Rockwell
Druck und Verarbeitung: GGP Media GmbH, Pößneck
Printed in Germany
ISBN 978-3-404-60625-2

Inhalt

Vorwort 9

Nutzungshinweise 11

**1. Kapitel: Wie finde ich die richtige Schule
für mein Kind?** 13

Ist die zeitraubende Suche nach der »richtigen Schule«
wirklich nötig? (S. 15) – Was sagt die PISA-Studie
über das deutsche Schulsystem? (S. 17) – Welche
Konsequenzen hat man aus der PISA-Studie gezogen? (S. 19) – Hat sich die Lage an deutschen Schulen
verbessert? (S. 21) – Die Rechtschreibreform: eine
finanzielle und pädagogische Katastrophe (S. 26) –
Die PISA-Ergebnisse wurden immer wieder bestätigt (S. 27) – Was muss sich ändern, damit deutsche
Schulen wieder Spitze sind? (S. 28) – Sind Privatschulen immer die bessere Alternative? (S. 30) – Was
für eine Rolle spielt es, in welchem Bundesland mein
Kind zur Schule geht? (S. 33) – Suchen Sie die Schule, die diese Probleme angeht! (S. 35)

Schultest konkret (S. 36)

Organisatorische Rahmenbedingungen 39
Die kleine Checkliste (S. 62)

Pädagogische Konzepte 66
Die kleine Checkliste (S. 90)

2. Kapitel: Wie kann ich mein Kind beim Lernen unterstützen? 95

Warum hat mein Kind schlechte Noten, obwohl es doch eigentlich so clever ist? (S. 97) – Sagen Schulnoten etwas über die Intelligenz aus? (S. 98) – Wie aussagekräftig ist eigentlich ein Intelligenzquotient? (S. 100) – Wie funktioniert das Lernen? (S. 102) – Stimmt es, dass man durch Wiederholungen lernt? (S. 104) – Stimmt es, dass laute Musik beim Lernen hilft? (S. 105) – Machen Fernseher und Computer dumm? (S. 107) – Kann man Lernen lernen? (S. 109) – Was sind eigentlich Lerntypen? (S. 110) – Lernen Kinder gern? (S. 113) – Was muss geschehen, damit Kinder auch in der Schule gern lernen? (S. 114)

Lerntipps und Lerntricks konkret 116
Die kleine Checkliste (S. 157)

3. Kapitel: Wie soll ich mich gegenüber der Schule und den Lehrern verhalten? 165

Was bedeutet »Erziehungspartnerschaft«? (S. 167) – Sind Lehrer »faule Säcke« oder »arme Schweine«?

(S. 169) – Was fehlt Lehrern angesichts der Herausforderungen in ihrem Beruf? (S. 172) – Woran erkennt man einen guten Lehrer? (S. 174) – Wie aussagekräftig sind die Urteile von Schülern über Lehrer im Internet? (S. 175) – Haben Lehrer Lieblinge oder Schüler »auf dem Kieker«? (S. 178) – Können die Leistungen meines Kindes tatsächlich vom Lehrer abhängen? (S. 180) – Sind Eltern die besseren Pädagogen für das eigene Kind? (S. 181) – Sind die Eltern schuld, wenn das Kind in der Schule Probleme hat? (S. 183) – Funktioniert die Erziehungspartnerschaft zwischen Eltern und Schule noch? (S. 185) – Warum sind Lehrer so schwer erreichbar? (S. 187) – Profitiert mein Kind wirklich von meinem schulischen Engagement? (S. 188)

Der Umgang mit der Schule konkret 191
Die kleine Checkliste (S. 234)

**4. Kapitel: Privatschulen und Internate –
ein Ausweg?** 241

Ein wenig Statistik vorab (S. 243) – Was sind »Privatschulen«? (S. 244) – Wie finanzieren sich Privatschulen, und was kostet das Schulgeld? (S. 246) – Geht es an privaten Schulen in Deutschland um Profit? (S. 247) – Sind private Schulen wirklich besser? (S. 249) – Warum schicken Eltern ihre Kinder auf Privatschulen? (S. 250) – Sind die Lehrer privater Schulen wirklich engagierter? (S. 251) – Haben Eltern an privaten Schulen mehr Einfluss? (S. 252) – Wie wird die Qualität privater Schulen kontrolliert? (S. 254) – Welche wichtigen Gütesiegel gibt es? (S. 255) – Welche Privatschulen gibt es in Deutschland? (S. 257) – Wann ist eine Internatsunterbringung sinnvoll? (S. 278) – Wann schadet eine Internatsunterbringung? (S. 280) – Was ist bei britischen Internaten anders? (S. 282) – Wie gut ist ein britischer Schulabschluss? (S. 283)

Privatschultipps konkret 286
Die kleine Checkliste (S. 305)

Internatstipps für das In-und Ausland 310
Die kleine Checkliste (S. 330)

5. Kapitel: Das Krisen-ABC 337

A-D (S. 339) – E-H (S. 358) – I-L (S. 371) – M-P (S. 383) – Q-T (S. 392) – U-Z (S. 403)

Literaturangaben 416

Danksagung 419

Anmerkungen 421

Vorwort

Dieses Buch beantwortet Fragen, die sich auf der Suche nach einer guten Schule und im Schulalltag stellen, beschreibt konkrete Lösungen für knifflige Situationen und zeigt Ihnen, wie Sie sich wirkungsvoll für die Belange Ihres Kindes einsetzen können. Die Grundlage dieses Buches bilden zahlreiche Begegnungen mit Eltern und ihren Kindern während meiner siebenjährigen Schulleitungstätigkeit an Gymnasien verschiedener Bundesländer sowie eine langjährige Unterrichtspraxis.

Suchen Sie noch oder wieder eine gute Schule für Ihren Sohn oder Ihre Tochter? Haben Sie schon entschieden, welche weiterführende Schule die richtige ist, haben aber das Gefühl, die in Frage kommenden Schulen nicht gut genug zu kennen? Oft wünschen Sie sich als Eltern im Schulalltag mehr Unterstützung: schon wieder eine schlechte Note in Mathe! Dann diese Lehrerin, die völlig unfähig erscheint und in vielerlei Hinsicht eine Zumutung ist. Sie fragen sich, was da getan werden kann. Und wie oft haben Sie sich schon überlegt, ob die schulische Förderung Ihres Sohnes oder Ihrer Tochter ausreichend ist!

Mit diesem Buch möchte ich Ihnen Mut machen. Denn trotz aller Unkenrufe, trotz PISA und des schlechten Rufs der deutschen Schulen gibt es gute Wege auch durch die öffentliche deutsche Schullandschaft. Und für alle Situationen gibt es Lösungen, engagierte Pädagogen und gute Schulen, so dass Ihr Kind mit Ihrer Unterstützung erfolgreich und voller Wissbegierde sein Schulleben meistern kann. Auch als Jugendliche können Schülerinnen und Schüler noch gern in die Schule gehen und ihre Begabungen und Fähigkeiten weiterentwickeln.

Lassen Sie sich nicht zu sehr von PISA in Panik versetzen oder durch Bestseller über den Hass auf Lehrer negativ beeinflussen. Sie müssen auch kein Millionär sein und sich Privatschulen leisten, um den Schulerfolg Ihres Kindes zu ermöglichen. Die Frage ist: Was hilft Ihnen und Ihrem Kind wirklich? Was können Sie sinnvollerweise tun?

Dieses Buch bietet Ihnen ganz konkrete Tipps und informiert Sie über die wichtigsten Hintergründe. Anhand meiner Erfahrung als Schulleiterin gebe ich Ihnen einen Einblick in das Innere der Schule. Sie erfahren, wie es in deutschen Schulen wirklich aussieht und wie das System »tickt«, damit Sie sich selbst im Konfliktfall nicht ohnmächtig und ausgeliefert fühlen. Auch werden Sie totgeschwiegene Schwachstellen der Schulen schon vor der Anmeldung Ihres Kindes erkennen. Zudem erhalten Sie praktische und fachkundige Anregungen für den Alltag des Lernens und Tipps für die »Erste Hilfe« im Krisenfall. Und Sie finden Checklisten sowie ein Krisen-ABC mit weiterführenden Literaturhinweisen, wenn Sie im konkreten Fall mehr wissen wollen.

Dieses Buch hilft Ihnen, Ihr Kind gut durch die Schule zu bringen. Dabei wünsche ich Ihnen und Ihrem Kind Freude und Erfolg!

Andrea Kilian

Nutzungshinweise

Um sowohl dem Bedürfnis des Lesers nach einem schnellen Überblick zu einer konkreten Frage als auch seinem Wunsch nach ausführlicher Information gerecht zu werden, gliedern sich die Kapitel 1 bis 4 in jeweils drei Teile. So können Sie gezielt nach einzelnen Tipps suchen oder sich zu einem Thema genauer informieren:

- Der erste Teil jedes Kapitels soll Ihnen einen Überblick zum jeweiligen Thema bieten. Hier erhalten Sie Hintergrundinformationen, und wichtige, oft gestellte Fragen von Eltern werden beantwortet.
- Im *zweiten Teil* folgen ausführliche, *konkrete Tipps.* Dieser Teil ist so geschrieben, dass die einzelnen Tipps auch ohne den einleitenden ersten Teil verständlich sind. Sie können dieses Buch also immer wieder zur Hand nehmen, um einzelne oder mehrere Tipps nachzuschlagen, und Sie können darin schmökern, ohne das Buch von Anfang bis Ende durchzulesen. Allerdings empfehle ich für das bessere Gesamtverständnis, auch die ersten Teile der jeweiligen Kapitel im Hinterkopf zu haben.
- Im jeweils *dritten Teil der ersten vier Kapitel* finden Sie die *Checklisten:* Sie folgen der Nummerierung der Tipps und fassen diese so zusammen, dass eigene Notizen überflüssig sind. So können Sie sich schnell und gezielt einen

Überblick verschaffen. Wenn bei einem Tipp in den Check-listen eine Frage offen bleibt, können Sie unter derselben Nummer bequem im jeweiligen zweiten Teil des Kapitels noch einmal nachschlagen. Die Checklisten aus Kapitel 1 können am »Tag der offenen Tür« in die ausgewähl-ten Schulen mitgenommen und zum direkten Vergleich mehrerer Schulen genutzt werden. Mithilfe der Checklis-ten von Kapitel 2, 3 und 4 können Sie schnell und gezielt überprüfen, ob alles so läuft, wie Sie es sich wünschen.

- Kapitel 5 – Das Krisen-ABC – ist dagegen wie ein Lexi-kon nach Schlagwörtern alphabetisch aufgebaut. Zu vie-len Themen finden Sie hier weitergehende Literaturtipps am Ende des Schlagwortes.

Kapitel 1:
Wie finde ich die richtige Schule für mein Kind?

Wenn die Zeit für die Einschulung gekommen ist oder eine weiterführende Schule gesucht werden muss, sind unzählige Eltern mit wichtigen Fragen konfrontiert:

Soll es die nächstgelegene Schule sein? Wollen wir, dass unser Kind Zeugnisse und Zensuren bekommt? Wird unser Kind an einer Privatschule ohne Schulnoten auch genug lernen? Wo können wir unserem Kind die Förderung seiner Begabungen wie Musik, Sport oder Kunst ermöglichen? Werden wir bei Erziehungsfragen allein gelassen, oder bekommen wir von der Schule Unterstützung? Wie können wir vor der Anmeldung feststellen, ob wir als Eltern ernst genommen werden? Werden wir stundenlang Hausaufgaben beaufsichtigen müssen? Was wird aus den alten Freundschaften? Wo kann ich als Alleinerziehende/r einen Hort in der Nähe finden?

Diese und viele andere Fragen gehen Vätern und Müttern immer wieder durch den Kopf. Mit Recht, denn nichts sollte so bedingungslos sein wie die Sorge um das eigene Kind.

Die Vielfalt der heutigen Bildungslandschaft erfordert einige umsichtige elterliche Entscheidungen. In Wirklichkeit aber entscheiden oft Zufälle bei der Schulwahl, wie der Ruf einer Schule oder gar nur das Charisma des werbenden Schulleiters am Orientierungsabend in der Grundschule. Dabei hinkt der Ruf einer Schule der Realität oft um mehrere Jahre hinterher, und der Schulleiter wird das Kind höchstwahrscheinlich nicht selbst unterrichten. Viele Eltern kapitulieren vor dem Wunsch ihres Kindes, das mit seinen Freunden zusammenbleiben möchte, oder entscheiden auf Grund der Länge des Schulwegs. Manche lassen sich von der Empfehlung der Grundschullehrerin beeindrucken. All das sind aber nicht wirklich die entscheidenden Kriterien bei der Wahl der richtigen Schullaufbahn für das eigene Kind! In aller Regel müssen Sie einen guten Kompromiss finden, eine Schule, die pädagogisch stimmig ist und aufgrund äußerer Rahmenbedingungen zu Ihrer familiären Situation passt.

Hier will dieses Kapitel weiterhelfen, im ersten Teil mit Hintergrundinformationen über Schulen in Deutschland und gezielten Tipps im zweiten Teil. Denn: Mit den richtigen Informationen über das schulische Angebot können Eltern mehr für ihr Kind erreichen. Das, was Sie dafür wissen müssen, erfahren Sie in diesem Kapitel.

Ist die zeitraubende Suche nach der »richtigen Schule« wirklich nötig?

Früher hat man nicht lange »gefackelt«. Da wurde das Kind auf die nächstgelegene Grundschule geschickt, und damit hatte es sich. Die frühere Elterngeneration war auch weit davon entfernt, die Lehrerleistung nach wenigen Wochen beurteilen zu wollen. Übrigens war sie auch weit davon entfernt, 20 Millionen Euro pro Woche – Sie lesen richtig! – für privaten Nachhilfeunterricht auszugeben.[1] Heute ist alles anders: Mediengewitter ziehen seit Jahren über die deutsche Bildungslandschaft hinweg, Schulen werden von Elterndelegationen geradezu geröntgt, bereits in der Krabbelgruppe herrscht PISA-Panik, und alle wissen es genau: Das deutsche Bildungssystem ist schlecht, noch schlechter oder total katastrophal. Aber möglicherweise kann man ja trotzdem – so hoffen Eltern – sein Kind an einer guten oder zumindest weniger schlechten Schule platzieren. Da haben sie Recht!

Die Suche nach der richtigen Schule in Deutschland kostet jedoch Zeit, denn unsere Schullandschaft zeichnet sich durch Vielseitigkeit aus. Und das ist auch gut so. Denn was nicht jeder weiß: Wir haben keine Uniformität, niemand muss sich Zensuren unterwerfen, niemand muss auf die Entwicklung seiner Spezialbegabung oder auf seinen Wunsch nach einer Erziehung auf der Grundlage religiöser Werte verzichten. Und seit die deutschen Schulen ihre pädagogische Zielsetzung im Internet vorstellen und in einem Schulprogramm zusammenfassen, ist die Chance höher, dass die passende Schule gefunden werden kann. Haben Sie Vertrauen! Entscheiden Sie sich, etwas Zeit in die Suche zu investieren und Ihr Kind an einer begehrten Schule anzumelden, selbst wenn nicht klar ist, ob es auch aufgenommen wird. Lehnen Sie eine längere Anfahrtszeit nicht kategorisch ab. Dann können Sie als Eltern die Erfahrung machen, dass selbst eine Schule mit dräuend grauen Wänden, an der die Heizung hin und wieder ausfällt, ein Ort kindlicher Lernbegeisterung sein kann. Oder dass ein Graffiti auf dem Klo keine Grundlage für ein Gesamturteil einer Schule ist und dass »Lehrerkollegium« nicht nur ein anderer Ausdruck für ein desillusioniertes Sammelsurium verbeamteter Ausgebrannter ist. Dafür lohnt sich der Aufwand der Suche! Denn Elternabende sind nicht überall nur ein ungeliebtes quälendes Ritual auf zu kleinen Stühlen an zu kleinen Tischen. Mancherorts hat sich viel zum Guten verändert: Vorträge zu entwicklungsbedingtem Verhalten, Informationen zu pädagogischen Fragen, Hilfen beim Umgang mit dem eigenen Kind – das können auch Themen für Elternabende sein, auf die man sich tatsächlich freut.

Was sagt die PISA-Studie über das deutsche Schulsystem?[2]

PISA untersucht in dreijährigen Abständen in zahlreichen Ländern der Erde, inwieweit Jugendliche im Alter von 15 Jahren, also gegen Ende ihrer Pflichtschulzeit, Kenntnisse und Fähigkeiten erworben haben, die für eine volle Teilhabe an der Gesellschaft unerlässlich sind. Der Schwerpunkt liegt auf den wichtigen Grundbildungsbereichen Lesekompetenz, Mathematik und Naturwissenschaften. Die Tests überprüfen – unabhängig von den Lehrplänen – nicht einfach nur, ob die Schülerinnen und Schüler das Gelernte wiedergeben können, sondern untersuchen auch, wie gut sie aus dem Gelernten Schlüsse ziehen und ihr Wissen in neuen Situationen im schulischen und außerschulischen Kontext anwenden können.

Die *Hauptprobleme in Deutschland* werden klar benannt: Die vergleichsweise mittelmäßig und auch die weniger begabten deutschen Gymnasialschüler lernen zu wenig, sie können ihre Leistungen nicht genug steigern. An deutschen Hauptschulen wird wenig gelernt, die Wissenschaftler fanden hier nur geringe Leistungszuwächse. Damit ist es eine zentrale Herausforderung, leistungsschwache Schülerinnen und Schüler angemessen zu fördern. Aber auch die Leistungsstarken müssen mehr gefordert werden, die Spitze in Deutschland hinkt international gesehen qualitativ und quantitativ hinterher. So kommen bundesweit 27 Prozent eines Jahrgangs zum Abitur, in Finnland aber 70 Prozent und in Schweden gar 75 Prozent, ohne dass diese Bildungsbreite mit »Niveauverlust« erkauft worden wäre.[3]

Soziale Herkunft und Migrationshintergrund beeinflussen den schulischen Erfolg und stehen einer echten Chancengleichheit im Wege.

Die Ergebnisse im Einzelnen:

- 25 Prozent der deutschen Schüler können auch einfache Texte nur gerade so verstehen, ihre *Lesekompetenz* erreicht lediglich ein elementares Niveau, selbstständiges Lesen und Weiterlernen sind bei dieser Gruppe stark eingeschränkt. Schwer wiegt, dass die Lehrkräfte der Hauptschulen diese Schüler nicht als schwache Leser erkennen und deswegen nicht gezielt fördern können. Insgesamt lesen deutsche Jugendliche besonders ungern, vor allem die Jungen, die zu 55 Prozent angaben, nicht zum Vergnügen zu lesen.
- In der *Mathematik* bewegen sich die Leistungen deutscher Schüler insgesamt im unteren Mittelfeld, wobei der Anteil der Schüler und Schülerinnen, die selbstständig mathematisch argumentieren und reflektieren können, äußerst klein ist. Hinzu kommt, dass die Schwächen im unteren Leistungsbereich besonders ausgeprägt sind. Ein Viertel der 15-Jährigen ist maximal in der Lage, auf Grundschulniveau zu rechnen, so dass eine erfolgreiche Bewältigung einer Berufsausbildung fraglich ist.
- Die *naturwissenschaftliche Grundbildung* ist ähnlich problematisch wie die Mathematik: eine vergleichsweise zu schmale Leistungsspitze und eine relativ breite Leistungsstreuung, die sich insgesamt aber auf niedrigem Niveau bewegt.
- Soziale Aspekte: Der *Zusammenhang zwischen Schullaufbahn und sozialer Herkunft* ist eng, in keinem der PISA-Teilnehmerstaaten ist er enger als in Deutschland! Auch bei gleichen intellektuellen Fähigkeiten ist die relative Chance, ein Gymnasium statt einer Hauptschule zu besuchen, für ein Kind aus den höchsten sozialen Schichten etwa dreimal größer als für ein Arbeiterkind.

- *Migration:* Schüler, deren Eltern beide zugewandert sind, sind gegenüber denen, wo nur ein oder kein Elternteil zugewandert ist, erheblich benachteiligt. Die Studie identifiziert in ihren weiteren Untersuchungen eindeutig die sprachlichen Fähigkeiten als Ursache.
- *Geschlechtsspezifische Ergebnisse:* Die Lesefähigkeit der Mädchen ist deutlich besser als die der Jungen. In Mathematik gibt es im Gegensatz zur Mehrheit der Teilnehmerstaaten Leistungsvorteile der Jungen, die allerdings geringer sind als deren Leistungsnachteile beim Lesen. In Physik und Chemie finden sich Leistungsvorteile bei den Jungen.
- *»Sitzen bleiben«:* In Deutschland wird öfter als im Ausland von der Möglichkeit der Klassenwiederholung und der verspäteten Einschulung Gebrauch gemacht.
- Die *Bundesländer:* Die einzelnen Bundesländer unterscheiden sich zum Teil erheblich im Lernerfolg ihrer Schüler und Schülerinnen. In den neuen Bundesländern spielt die Zugehörigkeit zu einer bestimmten Sozialschicht für die relativen Chancen eines Gymnasialbesuchs eine deutlich geringere Rolle als in den alten Bundesländern. Schulklima, Lehrer-Schüler-Beziehung, Einschätzung der Unterrichtsqualität durch die Jugendlichen, Klassengrößen und Einhalten von Stundenplänen sind beim Bundeslandvergleich eher zu vernachlässigen.

Welche Konsequenzen hat man aus der PISA-Studie gezogen?

In der Folge des PISA-Schocks pilgerten deutsche Bildungspolitiker nach Finnland oder in die Niederlande, um sich »vor Ort« zu informieren. Kultusministerien schickten anschließend Lehrer und Schulleiter auf Fortbildung und luden die dortigen Kollegen ein. Jede gute Idee wurde den Pädagogen fortan präsentiert mit den Eingangsworten »in Finnland« oder aber auch »laut PISA«. Aber neben den guten Ideen machte sich klammheimlich auch die Erkenntnis breit, dass Veränderungen Zeit und Geld kosten. Und dass eine gute Praxis im Ausland nicht so ohne Weiteres auf die deutschen Verhältnisse übertragbar ist.

Und dann?

Die Publikationen zum Thema »Schule« nahmen zu, und die Kultusministerkonferenz veranlasste ein starkes Anwachsen des Berichtwesens.

Schließlich einigte sich die Konferenz der Kultusminister als Konsequenz aus der PISA-Studie auf sieben Handlungsfelder:[4]

1. Maßnahmen zur Verbesserung der Sprachkompetenz bereits im vorschulischen Bereich (insbesondere für Migrantenkinder und deren Eltern) und Sprachstandsfeststellungen bei der Einschulung.

2. Maßnahmen zur besseren Verzahnung des vorschulischen Bereiches mit der Grundschule, um eine frühzeitige Einschulung zu erreichen.

3. Maßnahmen zur Verbesserung der Grundschulbildung, zur durchgängigen Verbesserung der Lesekompetenz und zum grundlegenden Verständnis mathematischer und naturwissenschaftlicher Zusammenhänge (u.a. konkret genannt werden Ganztagsschulangebote, laufende Lernstandsermittlungen, veränderte Lernzeiten, Förderung in Förderklassen, neue Konzepte zur Vermittlung von Lesekompetenz und Textverständnis).

4. Maßnahmen zur wirksamen Förderung bildungsbenach-
teiligter Kinder, insbesondere auch der Kinder und Jugendlichen mit Migrationshintergrund (Kooperation Elternhaus, Schule, Schuljugendarbeit, Fördermaßnahmen
für Kinder mit Deutsch als Zweitsprache).
5. Maßnahmen zur konsequenten Weiterentwicklung und
Sicherung der Qualität von Unterricht und Schule auf
der Grundlage von verbindlichen Standards sowie eine ergebnisorientierte Evaluation. Die Kultusminister
nennen in diesem Zusammenhang die Neufassung von
Rahmenlehrplänen, Erstellung von Schulprogrammen,
Vergleichsarbeiten auch schulübergreifend, externe Evaluation, Formulierung von Standards in den Kernfächern
und ein Qualitätsmanagement an Schulen).
6. Maßnahmen zur Verbesserung der Professionalität der
Lehrertätigkeit, insbesondere im Hinblick auf diagnosti-
sche und methodische Kompetenz.
7. Maßnahmen zum Ausbau von schulischen und außerschulischen Ganztagesangeboten mit dem Ziel erwei-
terter Bildungs- und Fördermöglichkeiten, insbesondere für Schülerinnen und Schüler mit Bildungsdefiziten
und besonderen Begabungen (Beispiele: Freizeitangebote, Nachmittagsbetreuung, Ausbau von Ganztags-
schulen, Ferienakademien, individuelle Förderung).

Hat sich die Lage an deutschen Schulen verbessert?

Ich meine: Nein, denn die grundsätzlichen Probleme, die
dem deutschen Schulsystem wirklich zu schaffen machen,
sind nicht in Angriff genommen worden:

1. Ressourcen werden trotz schlechter Kassenlage weiterhin verschwendet.

Die Ideen und Reförmchen blühten nach PISA, aber in der Regel wurde erst einmal ein Schwerpunkt auf die Evaluation gelegt und nicht auf die Bekämpfung der allseits bekannten Schrecken des deutschen Bildungssystems. Kritische Stimmen drücken das deutlich aus: »Das Schwein wird nicht vom Wiegen fett.« In Deutschland wird eben ein geringerer Teil des Bruttosozialproduktes für staatliche Schulen ausgegeben als beispielsweise in Polen, Island, Norwegen, der Schweiz, den Niederlanden, Singapur, Südkorea, Neuseeland, Japan oder Alaska, ganz zu schweigen von Brunei, Abu Dhabi und Luxemburg.[5]

Hohe Unterrichtsstundenzahlen der Lehrenden, die Verpflichtung der Lehrkräfte zu unterrichtsfremden Tätigkeiten wie Aufsichten, Verwaltung oder Instandhaltung bzw. Aufbau der Computernetzwerke waren und sind nicht im Blick der Reformer. Sollte nicht eine gut ausgebildete Lehrkraft Zeit für die Kinder und den Unterricht, Zeit für Gespräche mit den Eltern und den Austausch mit Kollegen haben? Stattdessen korrigiert zum Beispiel ein akademisch ausgebildeter Pädagoge Vokabeltests, obwohl das eine assistierende studentische Hilfskraft erledigen könnte, oder er steht am Kopierer – doch wohl eher eine Beschäftigung für einen Sekretariatsassistenten. Ein anderer verwaltet die Bücher – Schulbibliothekar, wo bist du geblieben? In Deutschland finden sich (neue) Bundesländer, in denen die Lehrkräfte einen beträchtlichen Teil ihrer Zeit für das Abstauben und Sortieren der Schulschränke verwenden. Übrigens ohne sich darüber lauthals zu beschweren. Es ist sogar schon vorgekommen, dass bei der Frage, ob nicht nach vielen Jahren der Boden gereinigt werden könne, der

Hausmeister entschlossen nickte. Alsdann schaffte er unverzüglich Wischmopp, Eimer und Reinigungsmittel herbei und enteilte flugs mit einem: »Bitte, hier ist alles, was Sie brauchen!«

Dass die »Lehrer auch endlich mal ran müssen«, mag bei vielen ein schadenfrohes Grinsen auslösen. Andere mögen diesen kleinen Bericht für übertrieben halten. Leider ist er das nicht. Jeder Controller schlägt die Hände über dem Kopf zusammen, und ausländisches Lehrpersonal kann die Zustände in Deutschland nicht fassen.

2. Reformen scheitern immer noch an der Aufgabenverteilung zwischen dem Land und den Kommunen.

Die Wurzel des Übels liegt nicht allein darin, dass relativ wenig Geld für Bildung ausgegeben wird, sondern auch darin, dass zwei unterschiedliche Institutionen für die Schule verantwortlich sind, die keineswegs immer an einem Strang ziehen: Auf der einen Seite steht die Stadt oder der Landkreis als öffentlicher Schulträger. Er ist zuständig für Finanzierung, Gebäudeunterhalt und Verwaltung; egal ob Sportplatz, Schulcafeteria, Computer, Handtuchhalter oder Schulsekretärin und Hausmeister. Und auf der anderen steht die Schulbehörde bzw. Kultusverwaltung, die für den Unterricht, seine Methoden und Inhalte verantwortlich ist. Sie bezahlt die Lehrer und Schulleiter, sorgt für deren Fortbildung und Ausbildung. Sie legt die Regeln für Prüfungen fest und greift ein, wenn etwas falsch läuft.

Im Alltag wird schnell klar, dass ein kommunaler Schulträger in Zeiten knapper Kassen und konfrontiert mit vielen Aufgaben nicht so erfreut ist, von einer anderen Behörde –

noch dazu einer Landesbehörde – vorgeschrieben zu bekommen, was nun schon wieder zusätzlich zu finanzieren ist. Die Mammutaufgaben, die im letzten Jahrzehnt an den Schulen gestemmt werden mussten, waren beträchtlich. Sie beschränken sich nicht nur auf einmalige Investitionen, sondern beinhalten auch erhöhte laufende Kosten:

- Computernetzwerke für Schüler und Verwaltung
- Organisation der Mittagsbetreuung, das heißt Bau von Schulkantinen
- Einrichtung von Fachräumen für neue naturwissenschaftliche Fächer oder Darstellendes Spiel bzw. Theater.

Vielerorts kommen enorme selbstverschuldete Kosten hinzu:

- Asbest- und/oder PCB-Sanierungen
- die Betonsanierungen der Anfang der Siebzigerjahre schnell hochgezogenen Gebäude »auf der grünen Wiese« und
- seit dem Brand des Düsseldorfer Flughafens auch verschärfte Brandschutzbestimmungen, deren Kosten allein an einer Schule in die Hunderttausende Euro gehen können.

Kein Wunder, dass die Schulträger versuchen, die Kosten für die Schule zu senken, wo es nur geht. Und das nimmt manchmal Formen an, die man bei einer wohlhabenden Industrienation nicht vermutet:

- So empfiehlt mancher Schulträger nicht nur in Osteuropa allen Ernstes schriftlich das Tragen wollener langer Unterwäsche während der Unterrichtszeit! 18 ^{0}C – anderswo ein Grund zur Mietminderung – reichen für Schulkinder offensichtlich aus.

- Gerne werden schulische Sportanlagen während der Unterrichtszeit vermietet, statt sie den Schülern zur Verfügung zu stellen.
- Manchmal werden ganze Schulgebäude an Firmen verpachtet und bei Bedarf stundenweise zurückgemietet.

Die Zeiten, in denen die öffentlichen Schulen sich auf die Nutzung ihrer Räume verlassen und mit ihnen ausschließlich nach pädagogischen Gesichtspunkten planen konnten, sind mancherorts Geschichte. So ist denn jeder Elternabend oder die Sitzung eines Vereins der Freunde fraglich. Auch die Durchführung einer Lesenacht kann zum Problem werden.

Die Schulen versuchen, individuelle Lösungen für die Finanzierung von sinnvollen Neuerungen – zum Beispiel bei der Mittagsbetreuung und -verköstigung oder bei Fördermaßnahmen durch Schülerakademien in den Ferien – zu finden. Hier macht sich letztendlich der soziale Status der Eltern bemerkbar, und nur ihre Privatinitiative und Fördervereine helfen weiter.

Mit anderen Worten: Nicht jeder Schulträger trägt die Schulen. Qualität und Engagement, vielfältige Aktivitäten und ein buntes Schulleben gehen im schwarzen Loch zwischen Schulträger und Schulbehörde verloren oder werden bürokratisch so erschwert, dass auf Dauer Engagement versickert.

Die Rechtschreibreform: eine finanzielle und pädagogische Katastrophe

Sie hat allen das Fürchten gelehrt:

- Den Kindern, die in ihrem Alltag eine andere Rechtschreibung erleben als die, die sie in der Schule erlernen. Und denen die Freude am Lesen und Schreiben noch mehr ausgetrieben wird.
- Den Eltern, die ihre Kinder oft nicht mehr unterstützen können, sondern erleben, dass sie verantwortlich für Fehler im Diktat und Schulheft sind.
- Den Lehrern, die diese Reform umsetzen und sich für stilistische Blüten (und überhaupt) rechtfertigen müssen in endlosen Diskussionen um Sinn und Stil.

Und alle diejenigen, denen die Schule am Herzen liegt, ließ die Rechtschreibreform wieder einmal schmerzhaft aufstöhnen: Denn nun floss das Geld in neue Schulbücher. Alle Fächer, Jahrgänge und Schulen, jeder und alle brauchten neue Ausgaben von Unterrichtswerken nach der neuen Schreibweise. Dafür musste dann Geld aus dem Bildungstopf her. Aber finanzielle Mittel für Aufsichten, für Reinigungskräfte, für ausreichend Lehrerstunden, für Vertretungen im Krankheitsfall oder für Schulpsychologen? Da stehen und standen kaum Gelder zur Verfügung. Gottlob ist die von vielen Konservativen prophezeite Verhunzung der Sprache Goethes nicht eingetreten. Aber das für die Rechtschreibreform ausgegebene Geld ist keine Investition gewesen, die wir wirklich gebraucht hätten und die unsere Schulen vorangebracht hat!

Auch wenn das mit den Kommata oder Kommas einfacher geworden ist: Die ständige Anpassung des Dudens an die sprachliche Realität, wie es seit eh und je guter Brauch ist, hätte es auch getan.

Abschließend ein Stoßgebet, dem sich sicher alle Betroffenen außer den Schulbuchverlagen anschließen können: Der Herr möge uns vor weiteren Rechtschreibreformen bewahren und insbesondere auch vor deren Reform! Amen.

Die PISA-Ergebnisse wurden immer wieder bestätigt

Nachfolgestudien bestätigen die Befunde von PISA I im Jahr 2000. Das ist nicht erstaunlich. Schließlich hat sich zu wenig verändert: Unterfinanzierung, Vergreisung und Überlastung der Lehrerschaft sowie Unterrichtsbedingungen sind unverändert. So gibt Deutschland auch Jahre nach der ersten PISA-Studie im Vergleich zu allen OECD-Ländern den allergeringsten Teil seines Bruttosozialproduktes für seine Schulen aus. Auch jetzt noch hat Deutschland weltweit im Schnitt die ältesten Lehrer (bundesweit 47,5 Jahre und in Hamburg und Bremen sogar 49,5 Jahre). Und: Würde die Schule in Bezug auf die Lernmethoden anders vorgehen, dann könnte sie »in zwei Fünfteln der bisherigen Zeit das Dreifache an Lernen zustande bringen«. Und das bliebe dann »auch noch dreimal so lange im Kopf« der Schülerinnen und Schüler, so sagen die Ergebnisse der Wissenschaft.[6]

Eltern und Schüler wissen auch ohne PISA, was sie von ihren Schulen halten: Nur 41 Prozent der Eltern der alten Bundesländer geben an, dass ihr Kind gern zur Schule geht, und 29 Prozent halten die Leistungsanforderungen in der Schule für zu niedrig.[7] Und die Schüler gehen überwiegend nur in die Schule, um Noten zu bekommen, nicht aber mit dem Ziel, etwas zu lernen.

Was muss sich ändern, damit deutsche Schulen wieder Spitze sind?

Schulen müssen in die Lage versetzt werden, den Anforderungen, die die Gesellschaft an sie heranträgt, gerecht zu werden. Migration, Arbeitslosigkeit, Scheidungen und Medienverwahrlosung sind einige der großen Probleme an den Schulen. Zu ihrer Lösung gehören eine bessere personelle, sachliche und finanzielle Ausstattung. Sonst ist alles nur ein Tropfen auf den heißen Stein oder bildungspolitische Augenwischerei.

Hätten die Bildungspolitiker doch bloß ihren eigenen Lehrern, den Eltern und Experten mehr Aufmerksamkeit geschenkt, anstatt sich auf Reisen zu begeben! Da wären konkrete Antworten zu finden gewesen:

- Ein eigener Schreibtisch für jeden Lehrer an der Schule. Die Lehrer könnten dann in der Schule statt zu Hause arbeiten und wären für die Kinder erreichbar. Entspanntere Lehrer, besser betreute Kinder wären die Folgen.
- Endlich ausreichend Personal, nicht nur, um die Lerngruppen zu verkleinern und die Betreuung zu verbessern, sondern auch für Bibliotheken, Büroarbeiten, Computer, Aufsichten und pädagogische Hilfsarbeiten. Damit die Lehrer sich auf ihr eigentliches Geschäft, nämlich den Unterricht und die Schüler, konzentrieren können.
- Schulpsychologen, die sich bei Bedarf qualifiziert um Kinder kümmern. Damit könnten die Störungen verhaltensauffälliger Kinder in der Klasse, die während des Unterrichts viel zu viel Aufmerksamkeit und Kraft kosten, an der Wurzel angepackt oder gar im Vorfeld verhindert werden. Mobbing und Ängste nähmen ab. Der Unterricht stünde wieder im Zentrum der Schulstunden, und die

schulischen Leistungen würden sich verbessern. Hier gibt es an einigen Schulen schon gute Ansätze.

- Interkulturelle Moderatoren. Die Schwierigkeiten von Migrantenkindern sind neben sprachlichen Schwierigkeiten auf andere Wertesysteme zurückzuführen. Hier muss professionelle Hilfe her, damit wir die dritte und vierte Generation von Einwanderern endlich integrieren können.
- Deutsch als Fremdsprache für Kinder mit Migrationshintergrund. Damit diese Gruppe nicht immer weiter durch gescheiterte Schulkarrieren ins soziale und gesellschaftliche Abseits gerät.
- Sozialarbeiter, die Familien in Not unterstützen. Damit auch diese Kinder mehr Möglichkeiten haben, ihre Bildungschancen wahrzunehmen.
- Ernährungsberater. Damit Konzentrationsvermögen und Gesundheit nicht dem Junk Food und der Fettleibigkeit zum Opfer fallen. Und es wäre gut, wenn die Berater nicht nur ab und zu bessere Alternativen vorstellten, sondern die angebotenen Mahlzeiten regelmäßig kontrollierten.
- Feste Sabbatjahre zur Burnout-Prävention (gibt es tatsächlich in Ländern wie Israel oder Norwegen) oder Pensionierung mit 60 Jahren (in Frankreich). Damit Lehrer sich mit Kraft und Freude in ihrem Beruf einsetzen können.
- Spezielle und ausreichende Förderung von Schülern mit besonderen Bedürfnissen, seien es nun Hochbegabung oder Lese-Rechtschreib-Schwäche. Damit unsere besten Schüler nicht unter ihrem Niveau und die schwächeren nicht chancenlos bleiben.
- Jungenpädagogik. Damit die Jungen, die oft keine positiven Rollenvorbilder finden, weniger lesen, mehr Be-

wegungsdrang haben und im Durchschnitt schlechtere Schulabschlüsse machen, nicht mehr die Bildungsverlierer des deutschen Schulsystems sind.

Sind Privatschulen immer die bessere Alternative?

Fest steht: In den letzten Jahren gab es eine Fluchtbewegung von den öffentlichen Schulen hin zu den Privatschulen. Diese – im Juristendeutsch auch »Ersatzschulen« genannt – profitieren davon, dass der Ruf des öffentlichen Schulsystems gelitten hat. Viele Eltern sind durch Berichte über die Misere des öffentlichen Schulwesens verunsichert und erwägen ein Ausweichen in das sich immer stärker entwickelnde Privatschulwesen. So hat sich innerhalb von zwölf Jahren in Deutschland die Anzahl der Privatschüler verdoppelt.

Aber: Sind die Privatschulen auch so gut, wie die Anmeldungszahlen suggerieren?

Privatschulen haben ganz unterschiedliche pädagogische Ansätze und Schwerpunkte, oft bieten sie ihren Schülerinnen und Schülern Zusatzqualifikationen an. Manchmal wird ein ganz eigenes Weltbild vermittelt. Dabei ist das Spektrum insgesamt größer als an staatlichen Schulen. Im Allgemeinen werden Sie – wenn Sie keine teure Internatsunterbringung Ihres Kindes wünschen – das Angebot vor Ort als naheliegende Alternative sondieren. Und dort möglicherweise gute und bezahlbare Schulen finden, die Ihr Kind auch aufnehmen.

In Kapitel 4 finden Sie ausführliche Informationen zu verschiedenen Arten von Privatschulen mit und ohne Internat. An dieser Stelle aber möchte ich Ihnen bereits einen groben Überblick und erste Informationen geben sowie einige grundsätzliche Überlegungen vorstellen:

Allen privaten Schulen ist gemeinsam, dass ihnen ein bestimmtes Weltbild und ein Gesellschaftsideal zugrunde liegen. Und mit dem müssen Sie einverstanden sein. Was soll gelernt werden? Wie sollen die jungen Menschen sein, die die Schule verlassen, die im Leben bestehen können und die die Gesellschaft der Zukunft gestalten werden? Sind sie wettbewerbs- und durchsetzungsfähig auf dem Arbeitsmarkt? Fit für die Konkurrenz aus Asien? Studierfähig? Oder soll ihr Kind lieber frei von all diesen Zwängen seine musisch-künstlerischen Begabungen pflegen? Sportlich aktiv sein? Wie ausgeprägt sollen Leistungswillen oder Bereitschaft zur Solidarität sein? Wie wichtig sind Erscheinungsbild und Umgangsformen? Sollen sich die Jugendlichen sozial engagieren? Welchen Stellenwert sollen Kirche, Religion in ihrem Leben haben? Solche Überlegungen müssen immer angestellt werden, aber da der Konsens im Privatschulwesen geringer ist als an öffentlichen Schulen, werden diese Fragen hier umso wichtiger.

Wer sind nun »die Privaten«?

Träger der privaten Schulen in Deutschland sind Privatpersonen oder private Institutionen, die kommerzielle Interessen haben oder pädagogische Ideen verwirklichen wollen. Wer kann hier schon mit Sicherheit sagen, was im Einzelfall wirklich die treibende Kraft ist? Weit verbreitet sind zwei Gruppen:

- Kirchliche Schulen: Deren Träger sind die Evangelischen Landeskirchen oder die Katholische Kirche. Da können Sie in etwa abschätzen, welche Werte der Erziehung zugrunde liegen. Auch die jeweiligen Schulbroschüren helfen im konkreten Fall weiter. Zu den kirchlichen Trägern gehören aber auch Freikirchen (»Freie evangelische Schulen«). Wie wollen Sie als Eltern gerade beim Letzteren im Voraus überprüfen, ob die vermittelten Inhalte nicht doch mehr, als es Ihnen recht ist, von einer bestimmten Weltsicht bestimmt sind?

Eigentlich verwundert der große Erfolg dieser Schulen in Anbetracht der steigenden Abmeldungen vom schulischen Religionsunterricht und der hohen Zahl an Kirchenaustritten. Erklärbar ist dieser Widerspruch vermutlich mit dem schlechten Ruf der öffentlichen Schulen und den hier vergleichsweise niedrigen Schulgebühren.

- Privatschulen in nicht kirchlicher Trägerschaft: Hierzu zählen zum Beispiel die Waldorf-Schulen, die mit erprobten reformpädagogischen Ansätzen ihr ganz eigenes Weltbild vermitteln, darunter auch Eurythmie und Goethesche Farbenlehre, von denen man außerhalb der anthroposophisch interessierten Welt kaum gehört hat. Möchten Sie das? Reicht es da als Anmeldungsgrund, dass Ihr Kind gerne bastelt oder musiziert? Auch zu den Waldorfschulen erfahren Sie in Kapitel 4 mehr.

Und die Internate?

Deren Schulgebühren sind kein Pappenstiel: Die »Schule Schloss Salem« am Bodensee – eine der renommiertesten und traditionsreichsten deutschen Privatschulen – kostete im Schuljahr 2008/2009 zwischen 2438 und 2672 Euro im Monat, wobei allerdings bis zu 30 Prozent der Schüler Stipendiaten sind, deren Schulgeldbetrag bis zu 80 Prozent reduziert ist. Das Schuljahr an der angesehenen Ganztagsschule »Seeschule Rangsdorf« bei Berlin kostet 420 Euro, mit Internatsunterbringung etwas über 1390 Euro im Monat. Es geht auch billiger, allerdings ist dann genau zu fragen, wie die Betreuung im Internat gestaltet wird und wer mit welcher Qualifikation die Kinder und Jugendlichen beaufsichtigt oder besser, ihnen sinnvolle Freizeitangebote macht. Trotz horrender Kosten – die Schulgebühren für eine englische Privatschule mit Internatsunterbringung können bis zu 32 000 Euro jährlich betragen – ziehen manche Eltern sogar die Flucht ins englischsprachige Privatschulwesen allen anderen Alternativen in Deutschland vor. So hat sich die Zahl der deutschen Privatschüler, die Schulen in Großbritannien besuchen, in den letzten Jahren versiebenfacht.[8]

All das macht deutlich: Als Eltern haben Sie die Qual der Wahl und stehen vor der finanziellen Frage, wie viel Sie in die (Schul-)Ausbildung Ihres Kindes investieren können oder möchten.

Was für eine Rolle spielt es, in welchem Bundesland mein Kind zur Schule geht?

Im öffentlichen Schulsystem führt die Bildungshoheit der Länder zu enormen Unterschieden. Nicht nur, dass PISA Qualitätsunterschiede attestierte, auch der Aufbau der Schulsysteme ist nicht gleich, und es wird überall ständig verschlimmbessert – pardon, reformiert, so dass wir in Deutschland von einheitlichen Strukturen und damit auch bundesweit gültigen Ratschlägen weit entfernt sind.

Mal gibt es Vorschulen, dann wieder nicht. Mal werden Gesamtschulen gefördert, andernorts die Gymnasien. Die haben dann 12 oder 13 Schuljahre bis zum Abitur. Oder sie bieten als Oberstufengymnasien sogar nur die Schuljahre 11 bis 13 an. Auch ob Eltern die Schulen aussuchen können oder nach Wohnort einer Schule zugewiesen werden, ist nicht einheitlich geregelt. Realschule oder Gymnasium? Hier entscheidet die Schule, dort entscheiden die Eltern, wohin das Kind gehen darf. In einigen Bundesländern sind die Hauptschulen abgeschafft, denn niemand wollte mehr dorthin, und kaum jemand wollte dort noch unterrichten. Das Sprachangebot und die Sprachenfolge – wann wie viele und welche Fremdsprachen gelernt werden müssen oder können – unterscheiden sich ebenfalls stark voneinander. Auch was die Wahlmöglichkeiten der Fächer im Abitur – wann kann welches Fach ab- oder zugewählt werden – und die Gewichtung der Prüfungsteile angeht: Jedes Bundesland hat sein eigenes Rezeptbuch für die Zutaten zu den Schulabschlüssen.

Formal müssten die Bundesländer ihre Abschlüsse gegenseitig anerkennen, aber in der Praxis werden spätestens bei der Immatrikulation an den Universitäten Hürden aufgebaut. Und ob es nun stimmt oder nicht: Das bayerische Abitur hat einen besseren Ruf als das aus Bremen oder Berlin! Und diese Meinung ist so verbreitet, dass sie für den Einzelnen spürbare Folgen haben kann.

So wird für Eltern und Schüler der Umzug von einem Bundesland in das andere zu einer echten Herausforderung. Eltern im Grenzgebiet zweier Bundesländer sind mit einem solchen Wirrwarr an Alternativen und widersprüchlichen pädagogischen Glaubensaussagen konfrontiert, dass nur nach langen Recherchen eine fundierte Entscheidung möglich ist. Aus diesem Grund sollten Eltern sich von den Schulleitungen potenzieller Schulen am neuen Wohnort ausführlich beraten lassen. Kein Wunder, dass bei der Infratest »Bildungsstudie Deutschland 2007«[9] 86 Prozent der Eltern, aber auch 83 Prozent der »Entscheider« (Lehrer, Personalverantwortliche) für ein einheitliches Schulsystem in Deutschland plädierten. Doch wer die quälenden Schwierigkeiten der Föderalismusdebatte kennt, weiß, dass wir darauf noch lange werden warten müssen.

Suchen Sie die Schule, die diese Probleme angeht!

Sie als Eltern wissen um viele Schwierigkeiten von Schulen allgemein oder auch von der konkreten Schule vor Ort. Nun suchen Sie die Schule, an der Ihr Kind davon möglichst wenig zu spüren bekommt. Wo es gerne hingeht, gesund und fröhlich bleibt, engagierte Lehrer inspirierten Unterricht erteilen. Wo es Freunde findet, einen guten Schulabschluss erreicht und für das Leben lernt. Diese Schulen gibt es auch. Nicht nur im Privatschulsystem, nicht nur im Ausland, sondern auch in der oft geschmähten deutschen Regelschule.

Denn die Schulen lösen ihre Aufgabe unterschiedlich gut. Stichpunkt Unterrichtsausfall: 53 Prozent der Eltern sehen hier den dringlichsten Verbesserungsbedarf in den Schulen.[10] Unterschiede zwischen den Schulen gibt es, sie sind oft auf Schulleiter und Lehrer zurückzuführen, weniger auf die Lehrerversorgung: Denn an guten Schulen sorgen sie dafür, dass möglichst wenig Unterricht ausfällt. Durch individuelles Engagement der Klassenlehrer, die Überstunden machen, oder durch Organisationsgeschick, indem zwei Klassen in den Film- oder Computerraum gesetzt werden oder der Stundenplan der Schule so gebaut wird, dass zu jeder Zeit Lehrer Freistunden haben, die dann vertreten können. Diese schulischen Maßnahmen haben zwar qualitativ und quantitativ Grenzen, aber sie machen meiner Erfahrung nach einen spürbaren Unterschied aus. Schulen gehen mit ihrer Situation unterschiedlich um, sie bestimmen damit das Schicksal ihrer Schüler, »die mit den jeweiligen konkreten Bedingungen scheitern, überleben, gebremst, gefördert oder mitgerissen werden«, wie es der Erziehungswissenschaftler P. Struck formuliert.[11]

Der nun folgende »Schultest konkret« hilft Ihnen, die richtige Schule zu finden.

Schultest konkret

Sie suchen eine Schule für Ihr Kind? Ein Patentrezept gibt es nicht! Aber viele Zutaten.

Trotz knapper Kassen gibt es hervorragende öffentliche Schulen in Deutschland. Daher werden Ideen und Aktivitäten beschrieben, die eine Schule auszeichnen. Sicher finden Sie nicht alle gut. Vieles ist umstritten. Und: Jedes Kind ist anders, jedes Elternhaus auch, und damit gibt es die gute Schule per se kaum. Nur die passende Schule. Überlegen Sie, was Sie für sich und Ihr Kind wollen. Schauen Sie, was welche Schule bietet. Die Frage, die Sie sich als Eltern stellen müssen, lautet: Hat die Schule ein Konzept, von dem mein Kind profitiert und das zu uns passt?

Der erste Teil des Schultests beschäftigt sich mit den Rahmenbedingungen an den Schulen, die Ihren Alltag und den des Kindes wesentlich bestimmen werden. Sie können diese Checkliste bei Informationsveranstaltungen nutzen und gezielt nachfragen. So gewinnen Sie ein genaues Bild von dem, was Sie in welcher Schule erwartet.

Im zweiten Teil geht es um die pädagogischen Schwerpunkte der einzelnen Schulen. Hier steht das Lernen mitsamt den Regeln, die Ihr Kind fördern und es fit für die Zukunft machen sollen, im Vordergrund.

Zwei erste Hinweise vorab:

Privatschulen, besondere Profilschulen oder Umzug sind Möglichkeiten, eine wohnortabhängige Schulzuweisung zu umgehen.

Mancherorts gibt es Vorgaben, in welche öffentliche Schule Sie Ihr Kind schicken müssen. Das ist oft bei den Grundschulen so, aber in einigen Bundesländern auch bei den weiterführenden Schulen.

Was können Sie tun?

- Sie haben immer die Möglichkeit eines Sonderantrags auf Aufnahme, dem sicherlich stattgegeben wird, wenn noch Kapazitäten frei sind.
- Bei erheblichen Bedenken können Sie in private Schulen ausweichen.
- Vielleicht gibt es in Ihrer Nähe eine Grundschule mit besonderem Angebot, Profil genannt (zum Beispiel Sportschwerpunkt, Musikschwerpunkt, bilingualer Zug). Dann gilt der Wohnortzwang nicht, möglicherweise gibt es an diesen Schulen aber eine Aufnahmeprüfung.
- Das Kind zieht pro forma zu den Großeltern oder zur Tante (mit gleichem Nachnamen und in derselben Stadt!), die in einem anderen Schuleinzugsbereich wohnen. Allerdings wird es unangenehm, wenn dieser Täuschungsversuch auffliegt. Diese Lösung lässt sich also nur bedingt empfehlen.

Erhoffen Sie keine schnellen Änderungen, wenn Sie an einer Schule eine Unterversorgung mit Lehrkräften oder inakzeptable Gebäude stören.

Hier helfen nur Ab- oder Ummeldungen, denn die Schulen können bloß mit dem arbeiten, was sie haben. Und da kriegen sie nicht, was sie wollen. Seit Jahren nicht. »Der Lehrerbedarf orientiert sich an der Haushaltslage« (also nicht an den Schülerzahlen), bekam eine Hamburger Mutter von der Schulbehörde zur Antwort, als sie sich über Unterrichtsausfall beklagte.[12] Oder in den Worten des Hamburger Erziehungswissenschaftlers Peter Struck: »Sparen ist zur wichtigsten Gestaltungsdimension des aktuellen deutschen Schulwesens geworden.«[13]

Doch nun zum »Schultest konkret«:

Organisatorische Rahmenbedingungen

Tipp 1:

Große Klassen sind schlechte Lerngruppen.

Entgegen allen Beteuerungen von offizieller Seite: Je mehr Kinder in einer Klasse sind, umso weniger Zeit hat die Lehrkraft für individuelle Förderung und Betreuung. Je weniger Kinder dagegen in einer Klasse sind, umso mehr Aufmerksamkeit erhält Ihr Kind und umso mehr kann es sich am Unterricht mit seinen Wortmeldungen beteiligen. Diese Logik kann auch angesichts leerer Kassen und anders lautender Studien nicht wegdiskutiert werden. Die Größen der Lerngruppen einer einzigen Schule können zwar stark voneinander abweichen, aber die Frage nach der durchschnittlichen Klassengröße sollten Sie auf jeden Fall stellen.

Was können Sie tun?

- Vergleichen Sie die Klassengrößen unterschiedlicher Schulen.
- Oder achten Sie auf moderne Unterrichtsformen mit Gruppenarbeit und darauf, ob das Schulkonzept auf die schwierigen Lernbedingungen in großen Klassen eingeht (siehe auch Teil 2).

- Überlegen Sie, ob sich ein Humanistisches bzw. Altphilologisches Gymnasium in Reichweite befindet. Dort sind die Lerngruppen fast immer erheblich kleiner, denn die Alten Sprachen schrecken viele ab. Die kleinen Gruppen vermitteln Geborgenheit, was für ein sozial unsicheres Kind günstig ist. Aber Ihr Kind wächst dort in der Regel auf einer konservativen Insel mit hohem Sozialprestige und pädagogischen Defiziten auf, für Kinder mit besonderem pädagogischen Förderbedarf vielleicht nicht der richtige Ort. Denn die Schülerschaft kommt oft aus sehr bildungsstarken Elternhäusern, die entsprechende Unterstützung geben, so dass die Schule ihre Schüler daher relativ leicht ohne großes pädagogisches Engagement erfolgreich zum Abitur führen kann.

Tipp 2:

Fragen Sie nicht nach der Lehrer- und Schülerzahl, sondern nach Klassengrößen.

»Wie viele Lehrer und wie viele Schüler gibt es denn an dieser Schule?« Das wollen viele interessierte Eltern wissen. Und daraus ziehen sie dann den Schluss: Aha, an dieser Schule kommt also ein Lehrer auf 13 Schüler. Nur: An der Schule arbeiten unglaublich viele Teilzeitkräfte. »Schüler pro Lehrer« sagt etwas über das statistische Verhältnis aus, nichts über das tatsächliche im Klassenzimmer.

- Kurzum: Die Frage nach der Klassengröße ermöglicht Ihnen einen besseren Einblick in die Schule.

Qualität braucht Vielfalt im Lehrerkollegium.

Gute Lehrer gibt es unter den erfahrenen und den jungen Kollegen genauso wie unter denen in den Vierzigern oder den Fünfzigern und Sechzigern. Gut fürs Kind ist eine Mischung: Lehrer und Lehrerinnen. (Wussten Sie, dass es in der Grundschule kaum noch Lehrer gibt? Wo sollen die Jungen eigentlich ihre Vorbilder finden?) Alt und jung. Verschiedene Lehrerpersönlichkeiten. Damit ist eine gleichmäßige Altersverteilung der Idealfall. Aber die findet sich kaum. Weil es eine vernünftige Einstellungs- und Personalpolitik im verbeamteten Bildungssystem der Bundesrepublik nicht gibt. Man stellt lieber in Wellen ein, bei Lehrermangel bekommt jede Trauergestalt einen Job, auch wenn er oder sie definitiv nicht an die Schule gehört. Diese »Pädagogen«, unter denen viele Schülergenerationen leiden müssen, prägen jedoch das Lehrerbild. Alsdann folgt die Zeit des Lehrerüberflusses, wo begnadete Lehrer nach teurer Ausbildung als Taxifahrer arbeiten. Was wir davon halten – auch als Steuerzahler –, ist klar. Bleibt die Frage:

Was können Sie tun?

• Es hilft Ihnen wieder nur eines: Schauen Sie sich den Altersdurchschnitt des Lehrerkollegiums an, der sollte nicht über 50 Jahren liegen. Schließlich gibt es auch im Lehrerberuf wie in jedem anderen Beruf eine biografische Leistungskurve, und die wird im Durchschnitt mit zunehmendem Alter nun einmal nicht besser. Ist leider so.

Tipp 4:
Vorsicht vor Klassen mit hohem Jungenanteil.

Hinter vorgehaltener Hand sagen es alle: Jungenklassen sind schwerer zu unterrichten als Mädchenklassen. Und je mehr Jungen, umso mehr Energie muss die Lehrkraft für das Herstellen einer Arbeitsatmosphäre aufwenden. Die fehlt dann beim eigentlichen Unterricht. Damit aber noch nicht genug: Wussten Sie, dass die Jungen die Bildungsverlierer sind? Eine Hamburger Studie ergab, dass Jungen in den Klassenstufen 7 und 8 der Gymnasien »praktisch nichts mehr dazulernen«.[14] Jungen haben schlechtere Abschlüsse und bleiben öfter sitzen. Obwohl Lehrer und Lehrerinnen sie nachweislich öfter aufrufen und ihnen intensiver, genauer und häufiger Rückmeldung geben! Kein Wunder, dass in Städten mit Mädchenschulen diese überlaufen sind …

Was können Sie tun?

- In einer Stadt mit einer Mädchenschule sollten Sie sich diese mit Ihrer Tochter einmal anschauen. Vielleicht hat Ihre Tochter ja vom Verhalten der Jungen im Unterricht die Nase voll und will lieber auf die Mädchenschule!
- Die Jungen können da leider nicht hin. Wenn Sie einen Sohn haben, dann fragen Sie einmal nach Überlegungen zur Jungenförderung an der Schule. Zumindest sollte für den Bewegungsdrang der Jungen Verständnis gezeigt und Raum geschaffen werden. Manche Jungen gehen nur wegen des Fußballspielens in den Pausen überhaupt noch gern in die Schule. Traurig, aber wahr. Und von einer Schule mit Jungenförderung profitiert auch Ihre Tochter, wenn sie verständlicherweise nicht ganz auf männliche Klassenkameraden verzichten will.

Tipp 5:
Viele Kinder mit schlechten Deutschkenntnissen senken das Lernniveau in der Klasse!

Ausländer gibt es unter den Schülern nicht mehr. Deshalb schreibe ich darüber nichts. Schließlich gibt ja nur noch »Schüler mit Migrationshintergrund«, was nichts ändert, sich aber besser anhört.

Political correctness hin oder her: Wichtig ist allein die Sprachkompetenz in Deutsch. Und die sollte doch bei der überwiegenden Mehrheit einer Klasse gegeben sein. Oder wir brauchen Förderunterricht und »Deutsch für Ausländer«. Warum wird das nicht ausreichend angeboten? Rechnet sich das wirklich nicht? Es wäre allen geholfen!

Was können Sie tun?

- Nachfragen! Erkundigen Sie sich daher genau nach der Verteilung der Nationalitäten an der Schule – jede Schule muss in der jährlichen amtlichen Schulstatistik auch melden, wie viele Ausländer an der Schule sind. Und sie muss aufführen, wie viele davon Sprachförderunterricht erhalten. Gibt man Ihnen da keine Auskunft, dann stimmt irgendetwas nicht.

Tipp 6:
Das Gebäude darf nicht zur Belastung für seine Schüler werden.

Asbest, PCB, Lärm, extreme Temperaturen (die jeder Arbeitsplatzvorschrift spotten), herabstürzende Decken (ein bundesweites Problem), allergene Teppichböden (die seit

Jahrzehnten nicht ausgetauscht wurden, aber dafür mit einer Fußbodenheizung kombiniert sind), defekte Fenster (die sich bei über dreißig verschwitzten pubertierenden Jugendlichen in einem überhitzten Raum nicht öffnen lassen) ... die Gebäude nicht nur der Siebzigerjahre bieten einfach alles. Sie meinen, ich übertreibe? Es ist noch viel schlimmer.

Wenn es nicht mehr anders geht, wird saniert. Erst dann. Glauben Sie mir, Schulleitungen kämpfen hier oft seit langem vergeblich. Und erreichen nichts. Viele wollen ihr Tortenstück. Die Lobby für die Schulen ist erstaunlich klein, im ländlichen Raum jedoch meist einflussreicher als im städtischen.

Wenn Ihr Kind Asthma, Allergien oder Pseudokrupp hat(te), gehen Sie besser mit offenen Augen durch das Gebäude, in dem Ihr Kind nun in den nächsten Jahren viel Zeit verbringen wird. Wie gemütlich Sie es dabei finden, ist in den weiterführenden Schulen eher zweitrangig. Erst einmal kommt die Gesundheit, dann die Frage, ob Raum für Arbeitsgruppen und szenische Darstellungen außerhalb der Klassen ist, ob Raum für Bewegung im Inneren des Gebäudes vorhanden ist oder für Ausstellungen. Dann kommt die Gemütlichkeit. So dächte ich als Elternteil angesichts der Zustände. Wenn Sie einen schulfreundlichen Schulträger (Schulträger finanzieren die Gebäude und Ausstattung einer Schule, jedenfalls sollten sie das) für Ihre Schule haben, dann freuen Sie sich. Das ist nicht überall so!

Was können Sie tun?

- Im Klassenzimmer, da ist Ihr Kind die meiste Zeit, fast alles. Vom Osterschmuck über die Möblierung bis zur

Wandfarbe. Machen Sie die Klassenraumgestaltung zum Thema am Elternabend.

- Fragen Sie nach geplanten und durchgeführten Sanierungsmaßnahmen und den Ergebnissen der Schadstoffmessungen.
- Vermeiden Sie Teppichboden: Er wird an den Schulen kaum richtig gereinigt, ist nicht selten Jahrzehnte alt und gesundheitlich daher nicht unproblematisch.

Tipp 7:

Toiletten müssen sauber und benutzbar sein.

Der Sanitärbereich an Schulen spottet oft jeder Beschreibung. Gruselig. Das liegt aber nicht an den Reinigungskräften, die wir eher bewundern sollten. Vielmehr liegt es an der Ausstattung und auch am Vandalismus, kurzum am Schulklima, womit diesmal nicht die Temperatur gemeint ist.

Was können Sie tun?

- Fragen Sie mal beim Gesundheitsamt an, wenn es sehr arg ist!
- Vielleicht kann auch ein Kontrolldienst innerhalb der Schule eingerichtet werden (wie in öffentlichen Toiletten und Gaststätten auch).
- An einigen Schulen werden die Toiletten auch schon gegen ein kleines Entgelt von einer Firma bewirtschaftet.

Tipp 8:
Toiletten müssen sicher sein.

Lassen Sie Ihr Kind im Grundschulalter allein durch den Wald spazieren? Natürlich nicht. »Was soll diese Frage?«, denken Sie vielleicht. Aber sehen wir uns die Schule doch einmal unter dem Sicherheitsaspekt an! Gibt es an der Schule Ihres Kindes während der Unterrichtsstunden am Stillen Örtchen eine Möglichkeit, bei Gefahr Hilfe zu bekommen? Oder sind sie gar abgelegen? Bedenken Sie: Die Schule ist in der Regel offen zugänglich, es gibt keinen Pförtner, jeder kann hinein, jeder weiß, dass sich dort viele kleine oder junge Kinder aufhalten. Und keiner sieht etwas. Nicht nur auf dem Klo. Wie oft sind Sie denn schon als Schulfremder im Gebäude angesprochen worden? »Catch Me If You Can« – jener Steven-Spielberg-Film mit Tom Hanks und Leonardo DiCaprio, der eindrücklich darstellt, wie jemand, der sich unauffällig bewegt, überall Zutritt bekommt – lässt grüßen.

Dabei ist doch eigentlich genug passiert. Keiner hat Interesse an der Publizität solcher Fälle, auch zum Wohle des betroffenen Kindes. Aber ein wenig Sensibilität in Sicherheitsfragen kann nur helfen.

Was können Sie tun?

- Wenn die Toiletten abseits liegen, dann reden Sie mit dem Klassenlehrer und der Schulleitung: Zumindest die jüngeren Kinder sollten dann nur zu zweit auf die Toilette gehen.
- Bestehen Sie auf einem Sicherheitstraining für Kinder (siehe auch Teil 2).

Achtung Nachmittagsunterricht! Verplanen Sie Ihr Kind nicht.

Eine Unterrichtsstunde dauert im Allgemeinen 45 Minuten, ein elf- bis zwölfjähriges Schulkind kann durchaus auf über 35 Unterrichtswochenstunden kommen. Da es in Deutschland seit der Abschaffung des Samstagsunterrichts nur fünf Schultage pro Woche gibt und nur sechs Stunden in den Vormittag passen, liegt es auf der Hand, dass Ihr Kind an zwei bis drei Nachmittagen Unterricht haben wird. Sie werden in der ersten Woche des Schuljahres feststellen, was dieses für den Alltag der Kinder bedeutet. Denn Einschränkungen sind ja auch durch die Hausaufgaben gegeben. Hobbys außerhalb der Schule haben so wenig Raum, die unverplante Zeit der Kinder ist gering. Und irgendwann muss sich ein Kind auch einmal ausruhen dürfen.

Was können Sie tun?

- Fragen Sie nicht nur nach der Stundenzahl pro Woche, sondern auch nach der Anzahl der Nachmittage mit Unterricht, um die Situation an den Schulen richtig einschätzen zu können.
- Die Stundenzahlen sind durch die Schulgesetzgebung vorgegeben, hier können Sie wenig tun. Aber Sie können Freiräume in der Schulwoche für Ihr Kind schaffen, indem Hausaufgaben nach Möglichkeit auch in der Zeit von Freitagnachmittag bis einschließlich Sonntag erledigt werden. Das fällt leichter, wenn man bedenkt, dass früher auch am Samstag Unterricht stattfand und am Freitagnachmittag regulär Hausaufgaben erledigt wurden. (Und: Lesen Sie, was in Teil 2 zu den »Hausaufgaben« steht.)

Tipp 10:

Vermeiden Sie Schulen, die geschlossen werden sollen.

In Gebieten mit sinkender Schülerzahl bluten Schulen langsam aus und steuern ihrer Schließung entgegen. Das spricht sich rum und steht auch irgendwann in der Lokalpresse. Überlegen Sie sich, ob Sie auf einem sinkenden Schiff ausharren oder gar an Bord gehen wollen. Denn je näher der Tag des Untergangs kommt, umso voller sind die guten Schulen der Umgebung. Und die besten Lehrer werden auch früher weggehen wollen, denn sie suchen sich gerne eine gute Schule aus, statt sich mit einer schlechten als jahrelangem Arbeitsplatz abzufinden.

Was können Sie tun?

- Der gute, ganz ehrliche Rat: Vielleicht sollten Sie doch über einen rechtzeitigen Wechsel und längeren Schulweg nachdenken!

Tipp 11:

Ein früher Unterrichtsbeginn hat keine Vorteile.

Die erste Unterrichtsstunde des Tages kann in manchen Bundesländern schon um 7:00 Uhr anfangen. Oftmals gilt ein früher Unterrichtsbeginn noch als willkommenes Mittel zur Förderung einer guten Arbeitshaltung und zur Stärkung der Selbstdisziplin, ganz nach dem Motto des englischen Sprichwortes: »Early to bed and early to rise makes a man healthy and wealthy and wise«. Das heißt dann für Fahrschüler im ländlichen Raum, dass – ein gesundes Frühstück und die morgendliche Toilette vorausgesetzt – das Bett um kurz nach 5:00 Uhr verlassen werden muss. An den meisten deutschen Schulen dürfte die Schulglocke allerdings in der Zeit zwischen 7:30 und 8:00 Uhr den Unterricht einläuten. Auch das heißt für viele Schüler immer noch, dass sie um 6:00 Uhr aufstehen müssen.

Nun sind die Biorhythmen der Menschen unterschiedlich. In Dänemark wird gerade mit Erfolg eine sogenannte B-Gesellschaft ins Leben gerufen, die denen Rechnung tragen will, die eher ab Mittag und dann bis in den späten Abend leistungsfähig sind. Auch einige dänische Schulen beteiligen sich daran bereits.

Es gibt aber darüber hinaus auch eine biografische Entwicklung des Tagesrhythmus: Kinder und ältere Menschen haben einen ähnlichen Tagesrhythmus mit frühem Aufstehen und frühem Zubettgehen. Jugendliche sind anders: Sie wollen spät zu Bett gehen und spät aufstehen.[15] (Sehen Sie es also Ihrem 16-Jährigen nach, dass er morgens nur schwer aus den Federn kommt und abends endlos aufbleiben möchte.) Damit ist der frühe Unterrichtsbeginn der deutschen Schulen für das Gros unserer Jugendlichen Unsinn. Unsere Schulen sind leider noch weit entfernt davon, den Vorbildern unserer dänischen Nachbarn und vieler anderer Länder zu folgen.

Was können Sie tun?

- Kurzfristig wird hier keine veränderte Einstellung zu erwarten sein. Deshalb prüfen Sie die Zeiten des Unterrichtsbeginns und überlegen Sie, was das für die Planung des Tagesbeginns in Ihrer Familie heißt.
- Denken Sie auch an die Dauer des Schulwegs.

Tipp 12:

Schüler müssen während des Unterrichts trinken.

Viele Schulgebäude heizen sich im Sommer auf weit über 30 °C auf. Hinzu kommt, dass sich manchmal auch die Fenster nicht öffnen lassen. Mit der Beschattung ist das auch so eine Sache. Darum ist das Trinken während des Unterrichts wichtig. Und es hilft auch bei der Konzentration. Bill Clinton hat – als er einmal gefragt wurde, wie er denn die stunden- und tagelangen Sitzungen durchhielte – die Antwort gewusst: Das Geheimnis liege darin, die ganze Zeit viel Wasser zu trinken. Was dem ehemaligen amerikanischen Präsidenten recht ist, sollte unseren Kindern billig sein. Jederzeit trinken, vor allem aber auch bei Klassenarbeiten und langen Klausuren. Dabei trinken heute ein Viertel der Schüler über Stunden gar nichts. Und im Schnitt trinken 12 Prozent der Jungen und 23 Prozent der Mädchen zu wenig.[16]

Was können Sie tun?

- Können die Kinder im Schulhaus Getränke erwerben, falls einmal etwas vergessen wurde oder die mitgebrachten nicht reichen?
- Drängen Sie darauf, dass die Kinder während des Unterrichts trinken dürfen.
- Geben Sie Ihrem Kind keine Glasflasche oder laute Metallflasche mit, denn bei 30 Kindern fällt immer gerade eine um.

Tipp 13:

Kinder brauchen ein gutes und preiswertes Mittagessen.

Eine ausgewogene Ernährung ist für die physische Entwicklung Heranwachsender unabdingbar. Zur Mittagszeit liegen viele Stunden geistiger Arbeit, Stresssituationen in mehr oder weniger langen Prüfungen, vielleicht Sportunterricht, und hoffentlich Bewegung in den Pausen hinter Ihrem Kind. Und Hausaufgaben, vielleicht auch Nachmittagsunterricht liegen noch vor ihm. Nun ist es unbedingt Zeit, dass es gut isst und genug trinkt! Falls Ihr Kind nicht zu Hause verköstigt werden kann, weil der Schulweg zu lang ist oder Ihre eigene Berufstätigkeit das verhindert, bleibt nur eine Vesper von daheim oder das schulische bzw. gastronomische Angebot in Schulnähe.

Keinesfalls sind die Portion Pommes oder eine dünn mit Ketchup bestrichene Pizza der auf die Schülerschaft spezialisierten Billiggastronomie um die Ecke die richtige Wahl. De facto haben aber nur wenige glückliche Schulen eine gute Schulmensa. Und es ist nicht ohne Weiteres sichergestellt, dass das Geld auch dort und nicht doch für die zehn Cent billigere Pizza ausgegeben wird, um das Taschengeld aufzubessern …

Was können Sie tun?

- Fragen Sie nach der Schulmensa und schauen Sie sich Preise und Menüplan von mindestens zwei Wochen an, um beurteilen zu können, ob das Essen für Sie und Ihr Kind akzeptabel ist.
- Essen Sie mal zur Probe, wenn möglich.

- Überprüfen Sie, ob Sie Essensmarken kaufen können, damit Ihr Kind nicht in Versuchung gerät, am Essen für das Handy zu sparen!
- Wenn alle Stricke reißen: Vielleicht ist es auch möglich, dass Ihr Kind bei dem Freund oder der Freundin isst.

Tipp 14:

Kinder sollten mittags zwischen attraktiven Pausenangeboten wählen können.

Die Gestaltung der Mittagspause wird angesichts der Tendenz zur Ganztagsschule immer wichtiger. Auch schon in der 5. und 6. Klasse haben Schüler heute oftmals bereits an zwei bis drei Nachmittagen Unterricht. Die Zeit sollte in der Mittagspause zu mehr reichen als nur zum Essen. 60 Minuten Pause wären gut, 45 Minuten eher knapp. Ihr Kind sollte je nach Lust, Laune und Interesse Gelegenheit haben zum Sport und Toben, zum Ausruhen, zu ersten Hausaufgaben, zum Spielen, zum Gespräch mit den Freunden in der Klasse. Dazu müssen Betreuer, Aufsichten und Räumlichkeiten zur Verfügung stehen, was oft nicht oder nur eingeschränkt der Fall ist.

Was können Sie tun?

- Sprechen Sie mit Ihrem Kind und finden Sie heraus, wie es die Mittagspause verbringen möchte. Fragen Sie nach, ob die Schule dies ermöglicht.

Tipp 15:

Schüler müssen einen Aufenthaltsraum haben.

Wo können die Schüler ihre Hohlstunden verbringen? Wo können sie gemeinsam lernen und Hausaufgaben machen? Wie werden Sie da beaufsichtigt?

Was können Sie tun?

- Hier soll und muss die Schule wirklich eine Lösung finden. Wenn am »Tag der offenen Tür« keine befriedigende Möglichkeit der sinnvollen Beschäftigung für die unvermeidbaren Freistunden vorgestellt wird, ist das ein echtes Minus.
- Falls Ihr Kind schon die Schule besucht und diese Schule kein Konzept und keine Räume für Freistunden hat, sollten Sie über den Schulelternbeirat auf Abhilfe drängen.

Tipp 16:

Vorsicht vor langen und abgelegenen Schulwegen.

Ihr Kind sollte keinen allzu langen oder gefährlichen Schulweg haben.

Denken Sie daran, dass »lang« oder »kurz« sich auf die Zeit, nicht auf die Entfernung bezieht! Es kann durchaus sein, dass eine weiter entfernte Schule schneller und besser erreichbar ist. Denken Sie an die Energie und Zeit, die Ihr Kind auf den Schulweg verwenden muss, anstatt auszuschlafen, sich zu erholen, mit der Familie oder den Freunden zusammen zu sein oder Sport zu treiben.

Gefahren drohen vor allem Jüngeren durch schwierige Verkehrssituationen. Zwei weitere mögliche Probleme sollten bedacht werden: Zum einen kann es auf dem Schulweg zu Hänseleien und Übergriffen älterer Jugendlicher auf jüngere oder schwächere Kinder kommen, zum anderen sollte Ihr Kind aus naheliegenden Gründen einsame Wege möglichst nur zu zweit zurücklegen.

Was können Sie tun?

• Vor allem bei jüngeren Kindern: Gehen Sie den Schulweg mit Ihrem Kind ab. Machen Sie es auf Gefahren aufmerksam. Überprüfen Sie die Verkehrsanbindungen und Fahrradwege der in Frage kommenden Schulen.
• Lassen Sie jüngere Kinder, wann immer möglich, zu zweit in die Schule gehen.

Tipp 17:

Kinder brauchen einen attraktiven Pausenhof.

Der Pausenhof ist einen Blick wert. Schließlich sind für die Schülerinnen und Schüler die Pausen oft der Höhepunkt des Schultages, und deren Verlauf beeinflusst auch, wie gern oder ungern Ihr Kind in die Schule geht. Deshalb hier einige Fragen zur Orientierung: Bietet der Pausenhof Möglichkeiten der Erholung und Raum für Bewegung? Ist er teilweise beschattet bzw. überdacht? Wirkt er einladend? Ist er durch die Schüler mit- und ausgestaltet? Betrachten Sie ihn mit den Augen Ihres Kindes!

Bei jüngeren Kindern ist es auch wichtig, ob er von der Pausenaufsicht gut überschaubar ist und ob er gut von Verkehrsstraßen oder Parks abgetrennt ist.

Was können Sie tun?

- Lassen Sie sich den Pausenhof bei der Hausführung am »Tag der offenen Tür« zeigen, falls er »vergessen« wird.
- Fragen Sie nach weiteren Planungen zu seiner Ausgestaltung.

Tipp 18:

Eine Schule ohne Computerausstattung wird den Anforderungen nicht gerecht.

Computernutzung und Laptop-Einsatz, das Erstellen von PowerPoint-Präsentationen und das Erlernen einer guten und effektiven Internetrecherche sollten heute im Unterricht zu den Selbstverständlichkeiten zählen. Dazu müssen die Schulen gut ausgestattet sein, und jedes Kind muss an den weiterführenden Schulen die Gelegenheit haben, sowohl ab und zu im Unterricht allein an einem Rechner zu sitzen, als auch individuell außerhalb des Unterrichts online für Referate zu recherchieren und schließlich computerbasiert zu präsentieren. Gleichzeitig stellt sich das Problem des Jugendschutzes. Filter sind hier aller Erfahrung nach nicht ausreichend. Nichts setzt mehr Energien und Ehrgeiz bei Jugendlichen frei, als diese zu umgehen!

Was können Sie tun?

- Überprüfen Sie, ob die Schule Computerräume in Klassenstärke besitzt, damit jedes Kind an einem Computer sitzen kann.
- Vergewissern Sie sich, dass »mobile Stationen« für die Präsentation von Referaten zur Verfügung stehen.

- Achten Sie auf Online-Rechercheplätze in der Bibliothek oder einem anderen Raum, der für Ihr Kind zur selbstständigen Arbeit zugänglich ist.
- Überprüfen Sie, ob es Filter gibt bzw. wie die Aufsicht geregelt ist, damit der Online-Platz nicht nur als Spielhölle dient.

Tipp 19:

Eine gute Schülerbibliothek ist wünschenswert.

Schülerbibliotheken sind interessante Orte. In ihnen findet sich oftmals noch Jugendliteratur aus den Dreißiger- und Vierzigerjahren des letzten Jahrhunderts. Auch für Recherchen zum Stand der Wissenschaft vor Jahrzehnten finden sich aufschlussreiche Quellen. In älteren Lehrinstituten stehen gar noch ledergebundene Bände mit Goldschnitt, die besser im Archiv wären. Vielleicht hat in den östlichen Bundesländern auch das ein oder andere Werk aus stalinistischer Zeit überdauert ...

Viele Schulbibliotheken leben fast ausschließlich von gespendeten Büchern. Der Etat für aktuelle Literatur ist oftmals eher bescheiden. Das ist bedauerlich, hat doch PISA die Leseunlust deutscher Schüler als eine wesentliche Schwäche unserer Jugendlichen mit fatalen Folgen für die schulische und berufliche Laufbahn identifiziert.

Was können Sie tun?

- Werfen Sie einen Blick in die Regale der Bibliothek.
- Da den Missständen – so vorhanden – nur mit finanziellem Aufwand, der vielleicht an anderen Stellen der Schule sinnvoller investiert wäre, beizukommen ist, stellen

besser ausgestattete öffentliche Bibliotheken und deren Kinder- und Jugendbuchabteilungen die Alternative der Wahl dar. Auch wenn eine gute Bibliothek in der Schule wünschenswert wäre ... angesichts heutiger Zustände an den Schulen hat sie nicht die allerhöchste Priorität.

Tipp 20:

Der Vertretungsplan muss einen Tag vorher aushängen.

Wie geht die Schule mit Unterrichtsausfall um? Wie funktionieren die (kurzfristigen) Vertretungen? Für Sie als Eltern ist es wichtig, dass Sie möglichst verlässlich wissen, ab wann der Vertretungsplan für den Folgetag aushängt. Wird der Nachmittagsunterricht nach vorn gezogen und haben die Schulen Lehrer vor Ort, die im Notfall kurzfristig am Vormittag einspringen können?

Was können Sie tun?

- Fragen Sie Eltern höherer Klassen oder den Elternsprecher nach ihren/seinen Erfahrungen.
- Wirken Sie, falls notwendig, durch die Elternvertreter auf eine Änderung hin.

Tipp 21:

Hausaufgaben müssen regelmäßig und mit Augenmaß gegeben werden.

Schüler verbringen auch nach dem Unterricht einen erheblichen Teil ihrer Zeit für die Schule: die Hausaufgaben, die Wiederholungen und Übungen, die Vorbereitungen der Referate und Prüfungen. Eltern und Schüler meinen oft: »Zu viel Zeit für ›Hausis‹ und zu wenig Zeit für die Hobbys und die Familie.«

Was können Sie tun?

- Führen Sie zunächst ein Hausaufgabentagebuch über drei Wochen. Eine bis anderthalb Stunden täglich sind zumutbar. Gibt es unzumutbare Härten, also Wochen, in denen die Hausaufgaben sich besonders häufen? Dann fordern Sie eine stärkere Absprache der Lehrer untereinander auf dem nächsten Elternabend!
- Wenn der Großteil der Hausaufgaben zum nächsten Tag aufgeben wird und der Unterricht aber bis in den Abend dauert, dann können Sie berechtigterweise eine Änderung verlangen.
- Doppelstunden sind für die Hausaufgabenverteilung sehr günstig, denn dann können nur in maximal drei statt sechs Fächern Hausaufgaben anfallen. Und die Erledigung lässt mehr Freiräume, da die nächste Doppelstunde länger auf sich warten lässt als die nächste Einzelstunde. Damit diese Freiheit aber sinnvoll genutzt werden kann, muss gemeinsam mit dem Kind ein Wochenplan für die Hausaufgaben durchdacht werden.
- Nicht zu den Hausaufgaben zählt die 60-Minuten-Unterhaltung mit der Freundin, in der viel besprochen und gekichert wird. Der vorgebliche Grund des stundenlangen Gesprächs: »Ich ruf mal die Anna an, um zu fragen, was wir aufhaben.« Da sollte besser ein Hausaufgabenheft geführt werden!

Tipp 22:

Die Erreichbarkeit von Lehrern und Schulleitung muss geregelt sein.

Eltern klagen, dass sie Lehrer nicht schnell sprechen können. Und die Lehrer klagen, dass sie von Eltern spät abends, zu beliebigen Zeiten am Wochenende und an Feiertagen angerufen werden.

Was können Sie tun?

- Die Erreichbarkeit der Lehrer muss sichergestellt sein, und zwar entweder durch eine bekannte wöchentliche Sprechstunde in der Schule oder nach Vereinbarung.
- Falls Sie die Privatnummer des Lehrers haben, halten Sie sich an die Zeiten, in denen die Lehrkraft für Ihre Fragen zur Verfügung steht.
- Falls Sie keine Nummer haben und die Zeit eilt: Lassen Sie ihm oder ihr eine Rückrufbitte über das Sekretariat der Schule zukommen.
- Vereinbaren Sie bei Bedarf Termine, um in Ruhe sprechen zu können.

Tipp 23:

Achten Sie auf Transparenz und Lebendigkeit am »Tag der offenen Tür«.

Viele Schulen stellen sich den interessierten Eltern und möglichen zukünftigen Schülern an Informationstagen vor. Diese sind ganz unterschiedlich konzipiert:

- Mal können Besucher im Unterricht hospitieren – eine sehr künstliche Situation, in der sich Klasse und Lehrer nicht wie üblich verhalten.
- Eine Gebäudeführung wird angeboten.
- Oft ist eine Fragestunde oder zentrale Informationsveranstaltung ein fester Bestandteil des Programms.
- Informationsmaterialien oder Schulbroschüren werden ausgeteilt.
- Schülerarbeiten wie Plakate oder Kunstobjekte werden ausgestellt. Eventuell gibt es Musik-, Tanz- oder Sportaufführungen.
- Die Klassenlehrer der neuen Klassen sind anwesend.
- Die besonderen Projekte im Schuljahr werden vorgestellt.

Was können Sie tun?

- Besuchen Sie die Veranstaltungen mehrerer Schulen und prüfen Sie, ob die Schule einen lebendigen und offenen Eindruck macht. Wenn eine Schule hier wenig bietet, scheint sich wohl auch nicht viel zu bewegen.

Tipp 24:

Unterziehen Sie das Lehrer-Schüler-Verhältnis und das Schulklima einem Realitätstest!

Das geht ganz einfach:

- Stellen Sie sich einmal vor den Eingang der Schule und beobachten Sie die Schüler, wie sie bei Schulende das Gebäude verlassen. Das sagt viel über die Atmosphäre und das Lehrer-Schüler-Verhältnis aus! So wie die Mehrzahl der Schüler das Gebäude verlässt – fröhlich oder deprimiert, wach oder müde, aggressiv oder entspannt –, wird wahrscheinlich auch Ihr Kind am Ende des Schultages heimkommen.

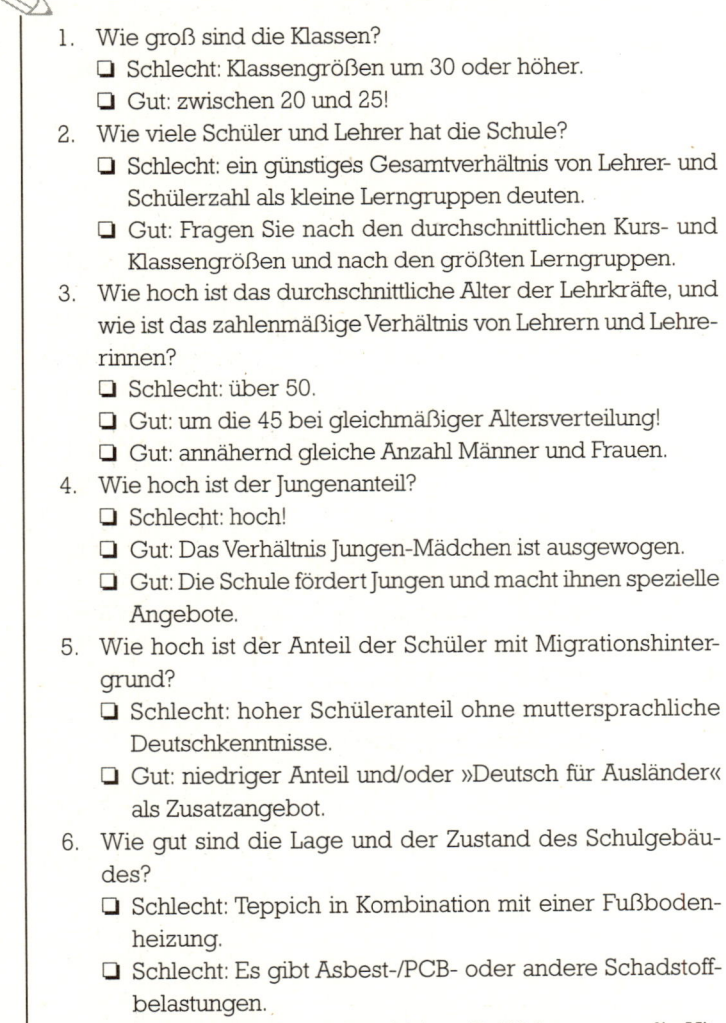

Die kleine Checkliste

1. Wie groß sind die Klassen?
   - ❏ Schlecht: Klassengrößen um 30 oder höher.
   - ❏ Gut: zwischen 20 und 25!
2. Wie viele Schüler und Lehrer hat die Schule?
   - ❏ Schlecht: ein günstiges Gesamtverhältnis von Lehrer- und Schülerzahl als kleine Lerngruppen deuten.
   - ❏ Gut: Fragen Sie nach den durchschnittlichen Kurs- und Klassengrößen und nach den größten Lerngruppen.
3. Wie hoch ist das durchschnittliche Alter der Lehrkräfte, und wie ist das zahlenmäßige Verhältnis von Lehrern und Lehrerinnen?
   - ❏ Schlecht: über 50.
   - ❏ Gut: um die 45 bei gleichmäßiger Altersverteilung!
   - ❏ Gut: annähernd gleiche Anzahl Männer und Frauen.
4. Wie hoch ist der Jungenanteil?
   - ❏ Schlecht: hoch!
   - ❏ Gut: Das Verhältnis Jungen-Mädchen ist ausgewogen.
   - ❏ Gut: Die Schule fördert Jungen und macht ihnen spezielle Angebote.
5. Wie hoch ist der Anteil der Schüler mit Migrationshintergrund?
   - ❏ Schlecht: hoher Schüleranteil ohne muttersprachliche Deutschkenntnisse.
   - ❏ Gut: niedriger Anteil und/oder »Deutsch für Ausländer« als Zusatzangebot.
6. Wie gut sind die Lage und der Zustand des Schulgebäudes?
   - ❏ Schlecht: Teppich in Kombination mit einer Fußbodenheizung.
   - ❏ Schlecht: Es gibt Asbest-/PCB- oder andere Schadstoffbelastungen.
   - ❏ Schlecht: keine funktionsfähigen Rollläden gegen die Hitze im Sommer.

- ❏ Schlecht: Das Mobiliar lässt sich nicht verschieben, so dass die Räume für moderne Unterrichtsformen ungeeignet sind.
- ❏ Gut: regelmäßige und transparente Schadstoffmessungen.
- ❏ Gut: Die Fenster lassen sich öffnen.
- ❏ Gut: Die Umgebung der Schule ist so leise, dass die Fenster auch während des Unterrichts geöffnet werden können.
- ❏ Gut: Bewegungsmöglichkeiten im Gebäudeinneren (wichtig für die Pausen bei schlechtem Wetter).
- ❏ Gut: eine einladende und freundliche Atmosphäre.

7. Sind die Toilettenräume sauber?
   - ❏ Schlecht: Viele Spuren von Vandalismus lassen beim regulären Betrieb auf Hygieneprobleme schließen.
   - ❏ Gut: bewirtschaftete oder ästhetisch ansprechende Toilettenräume.

8. Sind die Toiletten sicher?
   - ❏ Schlecht: Die Toiletten sind so gelegen, dass ein Kind sich bei Gefahr nicht bemerkbar machen kann.
   - ❏ Gut: Die Kinder dürfen in diesem Fall während der Stunde zu zweit auf die Toilette.

9. Wie viel Nachmittagsunterricht gibt es?
   - ❏ Schlecht: mehr als drei Nachmittage pro Woche.
   - ❏ Gut: zwei Nachmittage plus freiwillige Angebote.

10. Ist die Schule zukunftssicher?
    - ❏ Ganz schlecht: Die Schließung der Schule ist im Gespräch.

11. Wann beginnt die erste Unterrichtsstunde?
    - ❏ Schlecht: Ihr Kind muss vor 6:00 Uhr aufstehen.
    - ❏ Gut: Ihr Kind kann bis 6:30 Uhr schlafen.

12. Dürfen die Schüler im Unterricht trinken?
    - ❏ Schlecht: grundsätzlich nie.
    - ❏ Gut: ja, immer.
    - ❏ Gut: Es gibt in der Schule Getränke zu kaufen.

13. Gibt es Mittagessen in der Schule?
   - ❏ Schlecht: nein.
   - ❏ Schlecht: Junkfood.
   - ❏ Gut: Essensmarken zum reelen Preis.

14. Können sich die Kinder in der Mittagspause gut erholen?
   - ❏ Schlecht: Die Pause ist kürzer als 45 Minuten.
   - ❏ Gut: Es gibt verschiedene sinnvolle und betreute Angebote.

15. Was können die Kinder in den Freistunden machen?
   - ❏ Schlecht: Es gibt keinen Aufenthaltsraum.
   - ❏ Gut: Es gibt Schülerarbeitsplätze zum eigenständigen Arbeiten.

16. Wie lang und sicher ist der Schulweg?
   - ❏ Schlecht: länger als 30 Minuten.
   - ❏ Gut: kürzer als 20 Minuten.
   - ❏ Schlecht: unübersichtliche Verkehrssituationen oder einsame Wege.
   - ❏ Gut: Mein Kind kann den Schulweg gemeinsam mit anderen Kindern zurücklegen.

17. Gibt es einen geeigneten Pausenhof?
   - ❏ Schlecht: keine Überdachung und Beschattung.
   - ❏ Schlecht: Er ist nicht sicher (Übersichtlichkeit, Autoverkehr).
   - ❏ Gut: Der Pausenhof bietet Gelegenheit zu Sport und Spiel.
   - ❏ Gut: Er gefällt meinem Kind.

18. Wie setzt die Schule Computer ein?
   - ❏ Schlecht: zu wenig oder zu alte Computer.
   - ❏ Schlecht: Die Schüler werden am Computer nicht beaufsichtigt.
   - ❏ Gut: Es gibt Computerräume in Klassenstärke, mobile Medienstationen und Gelegenheit zur selbstständigen Internetrecherche.

19. Gibt es eine gut ausgestattete Schülerbibliothek?
   - ❏ Schlecht: dunkel, veraltet, schlechte Öffnungszeiten, laut.
   - ❏ Gut: aktuell, offen und einladend.

20. Werden die Vertretungsregelungen einen Tag vorher bekannt gegeben?
   - ❏ Schlecht: Der Vertretungsplan hängt nicht rechtzeitig aus.
   - ❏ Gut: Die Elternvertreter sind mit der Vertretungsregelung zufrieden.

21. Werden die Hausaufgaben sinnvoll erteilt?
   - ❏ Schlecht: mehr als 90 Minuten jeden Tag.
   - ❏ Schlecht: weniger als 30 Minuten jeden Tag.
   - ❏ Schlecht: Es gibt kein Hausaufgabenheft, Sie können nichts kontrollieren.
   - ❏ Gut: Die Lehrer sprechen sich ab, es gibt keine oder nur wenig übermäßig belastete Tage.

22. Wann und wie sind Schulleitung und Lehrer zu sprechen?
   - ❏ Schlecht: Einer Rückrufbitte wird ohne Begründung erst zwei Tage später entsprochen.
   - ❏ Gut: feste Sprechzeiten.

23. War der »Tag der offenen Tür« an der Schule überzeugend?
   - ❏ Schlecht: Probleme wurden geleugnet.
   - ❏ Schlecht: Die Antworten enthielten wenig konkrete Bespiele, eher vage Willensbekundungen.
   - ❏ Schlecht: Die Präsentationen und Vorträge waren unprofessionell.
   - ❏ Gut: Lehrer waren anwesend, insbesondere die neuen Klassenlehrer.
   - ❏ Gut: Auf die Fragen der Eltern wurde eingegangen.

24. Wie fällt der Schul-Schnelltest aus?
   - ❏ Schlecht: Die Schüler verlassen die Schule überwiegend niedergeschlagen, aggressiv und machen einen unglücklichen Eindruck.
   - ❏ Gut: Überwiegend fröhliche Kinder verlassen das Schulgebäude.

Pädagogische Konzepte

Tipp 25:
Die neue Schule muss Kinder liebevoll aufnehmen.

Die Einschulung an der Grundschule oder auch der Übergang an die größere weiterführende Schule sind für Kinder beängstigende Erlebnisse:

- In der Grundschule sind sie zum ersten Mal ohne ihre Eltern und bisherige Vertrauenspersonen auf sich allein gestellt.
- Sie müssen ihren Weg in einem fremden, für sie oftmals unübersichtlichen Gebäude finden.
- Viele leiden unter der Angst, sich zu verlaufen.
- Sie sind mit neuen Klassenkameraden konfrontiert, die ihnen wahrscheinlich nicht alle freundlich begegnen.
- Sie kennen die Lehrer und die Regeln an der neuen Schule noch nicht.
- Und in den Pausen müssen sie feststellen, dass da fast ausschließlich ältere und stärkere Schüler sind!

All dieses verunsichert und löst Ängste aus.

Wie können Schulen Ihrem Kind weiterhelfen? Gute Schulen sollten sich einiges einfallen lassen, um den Neulingen das Leben leichter zu machen:

- Ein Brief der Klassenlehrerin schon in oder vor den Ferien an die neuen Schüler der Klasse. In ihm wird – verbunden mit einer herzlichen Begrüßung – das Wichtigste über den Ablauf der ersten Tage erklärt und ein Stück Sicherheit vermittelt.
- Schulhausführungen in den allerersten Tagen.
- Zeit für Kennenlernprojekte, in denen das Kind Zutrauen zu sich selbst fasst und erfahren kann, dass die Klasse hilft und freundlich ist.
- Paten aus höheren Klassen, die bei Fragen zur Verfügung stehen und auch die Ängste gegenüber den älteren Schülern mildern.

Was können Sie tun?

- Erkundigen Sie sich schon am »Tag der offenen Tür« nach der Gestaltung des ersten Schultages.
- Nehmen Sie Ihr Kind vor Schulbeginn schon einmal mit in die Schule.
- Gehen Sie mit Ihrem Kind den Schulweg ab – aber vor dem ersten Schultag, um Zeit und Ruhe zu haben und keinen Spott der anderen Kinder zu provozieren.
- Suchen Sie schon vor Schulbeginn den Kontakt mit der neuen Klassenlehrerin, um möglichst viele Informationen zu erhalten.
- Nutzen Sie den Kontakt auch, um notfalls Anregungen – wie oben beschrieben – zu geben.

Ein starrer 45-Minuten-Takt ist schlecht für die Kinder und das Lernen.

Aus Gründen der Tradition, die im militärischen Drill der Kaiserzeit ihre Wurzeln hat, herrscht in der Schule immer noch fast ausschließlich ein starrer 45-Minuten-Takt: Unterrichtsstunden, in denen sich die Fächer in kunterbunter und beliebiger Mischung ablösen, werden zu festen Zeiten von Pausen unterbrochen. Dieser Zustand steht seit Jahren im Fadenkreuz der Kritik der Erziehungswissenschaftler. Sie fordern »flexible Lern- und Entspannungsphasen«[17], um den Schülern gerechter zu werden. Kinder brauchen flexible Arbeitszeiten, die sie nach eigener Effizienz und abhängig vom jeweiligen Lernziel selbstständig gestalten können. Stattdessen reagieren sie konditioniert wie Pawlows Hunde auf die Pausenklingel ohne Rücksicht auf ihre Arbeitslust und Leistungsfähigkeit.

Hinzu kommt, dass einzelne Stunden unterschiedlich anstrengend für die Schüler sind: Mal muss mit Hochkonzentration Neues verstanden werden, mal wird vorwiegend geübt, dann gibt es Prüfungen, kreative Phasen oder Wiederholungen. Im 45-Minuten-Takt gibt es keine Koordination und keine Absprachen zwischen den sich in rascher Folge ablösenden Lehrkräften und Fächern. Der Zufall entscheidet, ob sich sehr fordernde Stunden einmal ballen oder nicht.

Viel günstiger sind dagegen längere Einheiten, in denen eine Lehrkraft bewusst Phasen großer und geringerer Konzentration, starker oder geringerer Schüleraktivität einsetzen kann. Weitere Vorteile sind, dass

* die Schüler sich nicht ständig auf andere Fächer umstellen müssen,

- die Schultaschen wesentlich leichter werden – da sich die Anzahl der Unterrichtsfächer halbiert – und
- die Anzahl der Raumwechsel am Vormittag abnimmt.

Noch flexibler wären Formen des selbstorganisierten Lernens, bei denen das Erreichen von Zielen und Erlernen von Fähigkeiten im Vordergrund stehen und sich die Schüler auch einmal einen ganzen Vormittag lang mit einer Sache beschäftigen können. Die Schüler arbeiten eigenständig: Sie planen Pausen ein und werden von einer Lehrkraft als Lernberater begleitet.

Was können Sie tun?

- Lassen Sie sich einmal einen typischen Stundenplan zeigen.
- Fragen Sie, ob es Zeiträume im Schuljahr gibt, in denen der 45-Minuten-Takt aufgehoben wird, oder ob Planungen für eine andere Zeitstruktur auf dem Weg sind.
- Schulen sollten ihren Stundenplan mindestens so bauen, dass Bewegungsanteile und musisch-künstlerische Fächer möglichst gleichmäßig verteilt sind.

Tipp 27:

Eine gute Schule bietet Extras – Wahlfächer, Arbeitsgemeinschaften und Fördermaßnahmen.

Die Schule muss ihre Lehrer so einsetzen, dass zuallererst der Pflichtunterricht – die Fächer, die jeder belegen muss – abgedeckt ist. Darüber hinaus gibt es an den Schulen einige wenige Extra-Angebote von Lehrern, Eltern oder auch von Schülerseite. Diese Extras betreffen zum Beispiel Wahlfächer und Arbeitsgemeinschaften, vielleicht auch Förderunterricht.

Was können Sie tun?

- Bringen Sie das Zusatzangebot der Schulen in Erfahrung und sichten Sie es daraufhin, ob etwas für Ihr Kind dabei ist.
- Die Einrichtung eines neuen Wahlkurses oder einer neuen Arbeitsgemeinschaft ist auch bei gutwilligen und flexiblen Schulleitern davon abhängig, ob Lehrerstunden zur Verfügung stehen und ob sich genug Interessenten finden, die daran teilnehmen. Die Chancen, ein zusätzliches Unterrichtsangebot bei der Schulleitung durchzusetzen, sind größer, wenn Sie bereits mit einer Namensliste von Interessierten bei der Schulleitung vorstellig werden. Und noch größer sind sie, wenn an Schulen, an denen die Schülerzahl sinkt, Abmeldungen drohen.
- Es kommt mittlerweile auch immer wieder vor, dass Elternvereine Lehrer für sinnvolle Fördermaßnahmen oder Extra-Angebote bezahlen oder einstellen. Manchmal reicht auch eine solche Absichtserklärung – denn den Verantwortlichen ist diese Tatsache dann oft peinlich ... und plötzlich gibt es doch eine Lösung!

Tipp 28:

Fächerverbindender Unterricht hilft gegen Schubladendenken.

Viel Wissen geht den Kindern dadurch verloren, dass sie in Fachgrenzen und Schubladen denken. Dass sie eine Statistik in Erdkunde interpretieren, aber nicht automatisch so in Gemeinschaftskunde verfahren. Dass sie ein Wörterbuch in Englisch benutzen, aber Begriffe in Physik niemals unaufgefordert nachschlagen würden. Lernen sie das Zitieren in Deutsch, heißt das noch lange nicht, dass in Geschichte auch Anführungszeichen gesetzt werden. Dieser Schere im Kopf kann durch fächerverbindenden Unterricht – etwa in Projekten – begegnet werden. Dort wird ein Thema unter vielen verschiedenen Blickwinkeln beleuchtet. Nur so entsteht vernetztes Denken.

Was können Sie tun?

- Fragen Sie nach fächerverbindenden Unterrichtsformen. In jedem Schuljahr sollten mindestens zwei derartige Projekte fest etabliert sein.

Tipp 29:

Frontalunterricht allein ist schlechter Unterricht.

Schule muss mehr leisten, als nur Wissen zu vermitteln. In Pädagogen-Kreisen nennt man das sehr anschaulich den »Nürnberger Trichter«, ein Bild, das veranschaulichen soll, wie möglichst viel und schnell schieres Wissen in das arme Schülerhirn gepresst werden soll – aus gutem Grund ein heute verpönter pädagogischer Ansatz. Schließlich soll die Schule selbstständige Menschen und mündige Bürger hervorbringen, die sich in unserer immer schneller verändernden Berufs- und Arbeitswelt zurechtfinden. Daher müssen junge Menschen drei Dinge lernen:

- Fakten, Zahlen, Formeln bilden die Grundlage des Wissens: Wann Rom »aus dem Ei geschlüpft« ist oder wie die binomischen Formeln lauten – wichtig, aber nicht der Weisheit letzter Schluss.
- Auch Fähigkeiten der einzelnen Fächer müssen erlernt werden. Die Schüler müssen zum Beispiel folgende Auf-

gaben bewältigen können: Wie interpretiere ich eine Landkarte? Wie kann ich ein Bild beschreiben? Was kann ich aus Statistiken erfahren und was nicht? Wie löse ich ein kniffliges mathematisches Problem? Wie erstelle ich eine Versuchsbeschreibung in Chemie oder entwickle einen physikalischen Versuchsaufbau? Wie arbeite ich mit einem Wörterbuch?

- Aber Wissen und fachspezifische Fähigkeiten sind nicht genug. Beides muss ergänzt werden um das Wissen, wie der Lernprozess selbst organisiert werden kann: Wie bereite ich mich auf eine Prüfung vor? Wie lerne ich am besten Vokabeln? Wie strukturiere und halte ich ein Referat vor meinen Mitschülern so, dass ich das Wesentliche gut »rüberbringe« und sie nicht einschlafen? Wann muss ich Pausen beim Lernen einlegen? Wie motiviere ich mich selbst?

Um in allen drei Bereichen gut zu sein, müssen die Schüler immer wieder in freien Unterrichtsformen lernen. Das sind Abschnitte, in denen sie sich unter Begleitung eines Lehrers länger – und im Laufe der Zeit zunehmend selbstständiger – mit einem Gegenstand beschäftigen. Und dann ihre Ergebnisse und den Weg dorthin dem Lehrer oder der Gruppe präsentieren.

Leider ist der Anteil des Frontalunterrichts an den Schulen aber immer noch zu hoch. Freie Unterrichtsformen und Hilfe auf dem Weg, das »Lernen zu lernen«, sind die Ausnahme, nicht die Regel.

Was können Sie tun?

- Informieren Sie sich, ob die Schule ein »Methodencurriculum« besitzt, also ein Konzept, nach dem den Schülern nicht nur Inhalte, sondern auch die genannten Fertigkeiten vermittelt werden.

- Wenn einmal im Jahr eine Projektwoche vor den Ferien stattfindet, wo Schüler sich mal über einen längeren Zeitraum mit einem Thema beschäftigen, reicht das nicht, um wirklich sichere Kenntnisse über das eigene Lernen zu erwerben. Regelmäßiges Vertiefen, Wiederholen, Üben muss auch für das selbstständige Arbeiten gelten, wenn es nicht zur Feiertagspädagogik verkommen soll.
- Die Schule sollte auch die Frage beantworten können, wie diese Fertigkeiten bei den Noten berücksichtigt werden.

Tipp 30:

Schule muss soziales Lernen vermitteln.

Soziales Lernen in der Schule nimmt einen immer größeren Stellenwert ein. Die große Anzahl von Ein-Kind-Familien und die hohe Trennungsquote wirken sich aus!

- Wie verhalte ich mich in der Klassengemeinschaft?
- Wie kann ich mich in eine Gruppe integrieren und in ihr wohl fühlen?
- Was kann ich von ihr erwarten, was darf ich fordern?
- Wo ziehe ich Grenzen, wo passe ich mich an?

Die Wahrnehmung anderer, ihrer Probleme und ihrer Situation ist eine wichtige Voraussetzung für alle Arten von sozialen Kontakten. Dieses zu vermitteln ist auch eine Aufgabe der Schule!

Erlebnispädagogische Ansätze, bei denen die Klasse zusammen sportlich-spielerische Aufgaben bewältigen muss,

sind hier hilfreich. Sie verschaffen Glücks- und Schlüssel-
erlebnisse. Sie stärken den sozialen Zusammenhalt einer
Klasse, und die Kinder lernen neue Seiten bei sich und den
anderen kennen. Der wichtige »Nebeneffekt« solch positiver Erfahrungen: weniger Gewalt und weniger Drogen. Wer
im Waldseilgarten klettert und von einer Gruppe akzeptiert
wird, der braucht keinen zusätzlichen Thrill.

Was können Sie tun?

- Klassenfahrten oder Wandertage gibt es überall. Anregungen zu deren Gestaltung – wenn mehr kommt als nur
  der Fahrtenwunsch in einschlägige Vergnügungsparks –
  werden in der Regel gerne von den Klassenlehrern aufgenommen.
- Der Lions Club hat zum sozialen Lernen ein hervorra-
  gendes Programm entwickelt: Lions Quest. Dort werden
  Lehrer – manchmal in Zusammenarbeit mit den Krankenkassen – im Bereich des sozialen Lernens ausgebildet.
  Vielleicht nimmt die Schule schon an diesem Programm
  teil, sonst stoßen Sie das doch einmal an!

Tipp 31:

Schüler schlichten Streit am besten selbst.

Zu den Qualifikationen, die Schüler an den Schulen erwerben sollten, gehören auch soziale Kompetenzen. Ein wichtiger Eckpfeiler der Gewaltprävention und des sozialen Lernens sind die Streitschlichter-Programme. Streitschlichter
sind Schülerinnen und Schüler, die eine besondere Schu-
lung erhalten und dann Streit unter Schülern schlichten. Sie
lernen dabei Mediationsverfahren und werden von einer

Lehrkraft »gecoacht«. Das Programm ist an vielen Schulen ein großer Erfolg.

Was können Sie tun?

- Erkundigen Sie sich, ob es ein Streitschlichter-Programm gibt oder wie mit Streit und leichteren Formen von Gewalt an der Schule umgegangen wird.

Tipp 32:

Junge Kinder brauchen ein Sicherheitstraining.

Für alle Fälle ist ein Sicherheitstraining für jüngere Kinder im Grundschulalter gut. Die Kinder sollten wissen, wie Sie sich zu verhalten haben, wenn sie von Fremden angesprochen werden. Was sie tun können, wenn sie aufgefordert werden mitzukommen oder zu irgendetwas überredet werden, das sie nicht wollen. Später ist ein Selbstverteidigungskurs angebracht, am besten für Jungen und Mädchen getrennt! Die Polizei, aber auch Pro Familia sind gute lokale Anlaufstellen, um geeignete Programme und Anbieter vor Ort ausfindig zu machen.

Was können Sie tun?

- Fordern Sie ein Sicherheitstraining!
- Im Notfall organisieren Sie einen Selbstverteidigungskurs, aber bestehen Sie darauf, dass die Schule die Turnhalle zur Verfügung stellt.

Tipp 33:

Das Handy stört im Unterricht und ist die schärfste Mobbing-Waffe.

Ist diese Aussage nicht übertrieben? Nein, die entwürdigendsten Angriffe, die ich in meiner beruflichen Praxis erlebt habe, waren erst durch das Handy möglich.

Zunächst muss man sich klarmachen, dass Handys heute mehr sind als bloße Telefone. Sie weisen immer mehr »Features« auf, und diese Tendenz wird auch anhalten. Die heutigen komplexen Hightech-Geräte sind Foto- und Videokamera, Diktiergerät, Internetzugang, Adress- und Notizbuch, Kalender und Terminverwaltung, Uhr und Taschenrechner in einem. Klar, dass sich da zunächst aus Sicht des cleveren Schülers unzählige Möglichkeiten des Mogelns ergeben.

Handys stören und lenken ab. Lehrer klagen haufenweise über nicht ausgeschaltete Handys im Unterricht, ein Verbot ist nur schwer durchsetzbar. »Ich brauch das als Uhr« oder »Meine Freundin will mir was Wichtiges simsen« sind häufige Schüleraussagen während des Unterrichts. Ständig piept und klingelt es. Die eingezogenen Handys füllen jeden Tag die Schubladen der Schulleitungen, obwohl in der Regel die Handys erst im Wiederholungsfall abzugeben sind.

Jüngere Schüler betrachten Pornofilmchen auf dem – erfreulicherweise – kleinen Display und verschulden sich durch das Herunterladen neuer Klingeltöne. Das ist aber noch nicht das Schlimmste, schließlich wurden auch schon früher Pornoheftchen ausgetauscht und Statussymbole gekauft.

Das Bedenklichste ist der Einsatz des Handys als Mobbingwaffe: Schnell ist mal das Handy unter die Klotrennwand gehalten und ein Bild von den Geschehnissen dort aufge-

nommen. Der beleibte Mitschüler ist rasch in einer unvor-
teilhaften Pose in der Umkleidekabine fotografiert, und beides steht in Sekundenschnelle im Netz. Noch schlimmer ist
aber das Filmen von Prügelszenen, die teilweise extra für
die Handykamera inszeniert werden, und deren Veröffentlichung im World Wide Web. Das Ganze nennt sich »Happy
Slapping«. Tendenz steigend.

Was können Sie tun?

- Fragen Sie nach dem Umgang mit Handys in den Schu-
  len. Eine restriktive Hausordnung, vor allem wenn sie von
  den Eltern unterstützt wird, verhindert vieles.
- Überlegen Sie, ob Ihr Kind wirklich ein teures Hightech-
  Handy braucht, und finden Sie heraus, wie es dieses Ge-
  rät nutzt.
- Limitieren Sie die Kosten zum Beispiel durch Prepaid-
  Verfahren.
- Beteiligen Sie auf jeden Fall Ihr Kind an den Gebühren.
- Ermutigen Sie Ihren Nachwuchs, Klingeltöne selbst zu
  programmieren.
- Achten Sie auf Maßnahmen zur Medienerziehung und
  zur Gewaltprävention.

Tipp 34:

Medienerziehung am Computer muss sein.

Computer sind Risiko und Chance für die Entwicklung des
Kindes.

Die Chancen des Computers liegen auf der Hand: seine
Nutzung als Lernmittel, als kreatives Werkzeug und in Verbindung mit dem Internet als weltweit größte Wissensdaten-

bank. Man kann höchst unterschiedlich mit dem Computer kreativ sein, handeln und lesen, man kann mit ihm bauen, malen, komponieren, musizieren, rechnen, fantasieren, schreiben, forschen und planen, Vokabeln lernen, übersetzen und vor allem ganz viel lernen. Eine Medienerziehung der Schule muss diese Chancen so vermitteln, dass sie attraktiver und interessanter sind als die gefährliche, rein passiv-konsumierende »Nutzung« der Gewaltspiele.

Womit wir bei den Risiken wären: Neben pornografischen, rechtsradikalen oder gewaltverherrlichenden Inhalten und den Anleitungen zum Bau vor Rohrbomben steht auf der Risikoseite der Computer als Suchtmittel. Die Faszination kann zur Sucht werden, bei der die Betroffenen ähnliche Entzugserscheinungen wie Alkoholiker oder Drogenabhängige entwickeln, wenn Eltern beispielweise den Internet-Zugang sperren oder den Computer wegschließen. Die Jugendlichen werden unruhig, aggressiv oder depressiv. In Deutschland sind nach Schätzungen mehr als eine Million Menschen computersüchtig. Erschreckend sind die Zahlen vor allem bei Jugendlichen: Rund zehn Prozent von ihnen stehen nach Meinung von Berliner Wissenschaftlern an der Schwelle zur Sucht. Schule und Freunde werden vernachlässigt, endlose Zeit wird mit zweifelhaften Online-Spielen verbracht, und auf Essen, Schlaf oder Körperpflege verzichten diese Junkies fast gänzlich. Gesundheitliche Folgen des Bewegungsmangels und der visuellen Überreizung sind zu erwarten.

Was können Sie tun?

- Eine Welt ohne Computer ist nicht mehr denkbar. Den Computer ganz zu verbannen hieße, das Kind mit dem Bade auszuschütten.

- Vergewissern Sie sich, dass die Schule ein Konzept zur Medienerziehung hat, bei dem aufeinander aufbauend der Computer in möglichst vielen Fächern genutzt wird.
- Informieren Sie sich, was Ihr Kind am Computer macht. Spielen Sie mit ihm am Computer! Und zur Information können Sie nachschauen bei: www.bundespruefstelle.de, www.spielratgeber-nrw.de oder www.online-sucht.de.
- Und für zu Hause: Länger als 20 Minuten sollte ein sechs- bis zehnjähriges Kind nicht vor dem Computer sitzen. Spätestens dann ist eine Pause angesagt mit Bewegung, Spielen, Essen und Trinken oder Gesprächen. Am Tag sollte eine Stunde das Limit sein. Und: Die Höhe, auf welcher der Computer auf dem Tisch steht, muss zur Körpergröße passen.

Tipp 35:

Gruselfotos helfen nicht gegen Suchtgefahren.

Wahrscheinlich erinnern Sie sich: Früher zeigte man Bilder von Raucherbeinen und schilderte anschaulich den grausamen Tod bei Lungenkrebs. Auch zeigte man Bilder und Zahlen von verunglückten Jugendlichen, die unter Alkoholeinwirkung Auto gefahren waren. Der Effekt war gleich Null. Oftmals haben sogar hinterher mehr Jugendliche der Droge zugesprochen als vorher.

Und wie macht man das heute?

Ein zeitgemäßes Konzept klärt zwar auch über die Auswirkungen von Sucht auf, setzt aber viel früher an: an der Wurzel der Suchterkrankung. Am falschen Umgang mit Gefühlen, an den Unsicherheiten der Heranwachsenden, ihren Ängsten und Problemen. »Jugendliche und Kinder stark machen«, das ist ein Ziel der Suchtprophylaxe. Das zweite

Ziel ist das Angebot von sinnvollen, erfüllenden und lustvollen Freizeitaktivitäten im Bereich des Sports, der Musik und des Freundeskreises.

Was können Sie tun?

- Bringen Sie in Erfahrung, wie die Schule Suchtprävention betreibt. Ein gutes Konzept setzt früh an und begleitet die Schüler kontinuierlich.
- Schulen sollten rauchfreie Zonen sein. Da der Einfluss der Schule nur bis an den Rand des Schulgrundstücks reicht, sind diesen Bemühungen Grenzen gesetzt, aber immerhin!

Tipp 36:

Hochbegabte dürfen keine Schulversager werden.

Die Zahl der hochbegabten Schüler wird auf zehn bis 15 Prozent geschätzt, das heißt, dass 70 000 bis 80 000 Kinder pro Jahrgang in Deutschland auf Schulen gehen, an denen sie – gibt es keine besonderen Maßnahmen – nicht angemessen gefördert werden können. Viele von ihnen versagen dann auch prompt, sie verweigern sich, werden nicht als hochbegabt erkannt oder leiden mindestens unter Schulunlust: »Jede Klassenarbeit war für mich wie ein Gang zur Guillotine«, schrieb Albert Einstein noch als alter Mann. Er hatte die Schule verlassen, als sein Klassenlehrer entschied: »Deine bloße Anwesenheit verdirbt mir den Respekt in der Klasse.« Und das, obwohl er ein überdurchschnittlicher Schüler war! Er litt, denn seine Neugierde, seine Fantasie und sein Forscherdrang wurden durch Zwang und Pflichtgefühl abgetötet.[18]

Eine gute Begleitung durch Beratungslehrer, anspruchsvolle Arbeitsgemeinschaften oder die Möglichkeit, Proseminare an den Unis zu belegen, helfen diesen Kindern sehr. Daneben sollten sie nicht mehr unterfordert werden als notwendig: Eine Klasse (auch mehrmals im Schulleben) zu überspringen hat sich oftmals bewährt und gänzliches Schulversagen verhindert. Voraussetzung ist allerdings eine gute Begleitung, um soziale Probleme zu verhindern. Im Krisen-ABC finden Sie wichtige Informationen unter dem Stichwort »Hochbegabung«.

Was können Sie tun?

- Bringen Sie in Erfahrung, falls Ihr Kind erwiesenermaßen eine Hochbegabung hat, welche speziellen Fördermaßnahmen die Schule bietet.
- Fragen Sie rechtzeitig nach den Möglichkeiten des »Springens«, also des Überspringens eines Schuljahres.
- Wenn ein Klassenlehrer zunächst verständnislos reagiert (leider gibt es hier immer noch viel Unwissen), ziehen Sie den Beratungslehrer oder ein Gutachten hinzu, um Ihre Position zu untermauern.
- Eventuell sollten Sie bei zu viel Unverständnis der Lehrer und starker Schulunlust über einen Schulwechsel nachdenken.

Tipp 37:

Sommerkurse bereiten Schüler auf Nachprüfungen vor.

Mittlerweile – PISA sei Dank – setzt sich zunehmend die Erkenntnis durch, dass in Deutschland viel zu häufig eine

Klasse wiederholt wird. Deshalb ist es zunehmend möglich, durch Prüfungen nach oder am Ende der großen Ferien doch noch die Versetzung in die nächsthöhere Klassenstufe zu erreichen und somit eine frustrierende Extrarunde in einer Klasse zu vermeiden. Aber dazu braucht Ihr Kind Hilfe!

Was können Sie tun?

- Fragen Sie, ob die Schule Ferienkurse zur Vorbereitung dieser Prüfungen anbietet oder Kurse empfehlen kann.

Tipp 38:

Ohne Psychologen und Sozialarbeiter geht es nicht mehr.

Schulen sind Spiegelbilder der Gesellschaft. Auseinanderbrechen von Familien, Verschuldung oder Arbeitslosigkeit der Eltern, psychische Probleme, Gewalt oder Krankheiten in der Familie, all dieses kommt im Alltag der Schülerinnen und Schüler vor. Dabei sind die Probleme keineswegs nur auf die sogenannte Unterschicht beschränkt: »Bei vielen Schülern ist der familiäre Versorgungs- und Erziehungsteil zusammengebrochen. Sie werden als verhaltensgestört, lernschwierig, gewalttätig, süchtig oder krank beschrieben.«[19] Die Zahlen sind bedenklich: Über zehn Prozent der Schülerinnen und Schüler sind psychisch belastet und verhaltensauffällig, Forscher schließen eine Verdoppelung in den nächsten Jahren nicht aus.[20] Dies gilt meiner Erfahrung nach auch für Gymnasien mit relativ gut situiertem und intaktem familiären Hintergrund.

Die Auswirkungen dieser Situation sind nicht nur bei den einzelnen Kindern spürbar, sie wirken sich häufig auf das

Klima in einer ganzen Klasse und deren Konzentration aus. Auch Fälle von Mobbing müssen im Gesamtzusammenhang eines Klassenverbandes betrachtet werden. Das kann der Klassenlehrer, der dafür bestenfalls eine zusätzliche Wochenstunde neben seinem Fachunterricht (den er auch nicht vernachlässigen darf) zur Verfügung hat, nicht allein leisten. Zumal in dieser Stunde auch die Klassenaktivitäten geplant und besprochen werden müssen.

Beratungslehrer – die eine Art Grundschulung in Psychologie durchlaufen haben – und Sozialarbeiter – die mit den Familien zusammenarbeiten können – sind aber an vielen Schultypen nicht oder nur unzureichend vorhanden.

Was können Sie tun?

- Die Beratungslehrerin oder der -lehrer sollte Sie als Person überzeugen. Denn er oder sie nimmt sich der Probleme an, von denen auch Ihr Kind einmal direkt oder indirekt betroffen sein könnte. Würden Sie sich ihm oder ihr anvertrauen?
- Wenn es Lernschwierigkeiten, ein soziales oder psychologisches Problem gibt, zögern Sie nicht, einen Termin bei der Schulpsychologin oder Beratungslehrerin zu vereinbaren. Oft lässt sich durch frühzeitiges Eingreifen viel Leid verhindern. Zur Sicherheit klären Sie zuerst die Schweigepflicht.
- Machen Sie sich klar, dass Sie hier von Experten qualifizierte Hilfe bekommen, die Sie vor vielen Folgeproblemen bewahrt. Verstehen Sie den Gang zur Beratung nicht als Stigmatisierung!
- Psychologische Beratungsstellen und Kinder-Sorgentelefone kennen die Qualität der pädagogisch-psychologischen Beratung einer Schule. Falls Ihr Kind schon auf-

fällig ist, fragen Sie ruhig den behandelnden Arzt oder Psychologen nach seinen Erfahrungen.

Tipp 39:

Transparente und begründete Beurteilungen helfen den Schülern.

Aussagekräftiger und motivierender als Notenzeugnisse sind »Lernentwicklungsberichte«, auch »Berichtszeugnisse« genannt.

Voraussetzung ist allerdings, dass sie von Anfang der Schulzeit an gegeben werden, weil sich nur so Schüler und Eltern an ihnen orientieren und Veränderungen über einen längeren Zeitraum gezielter verfolgen können. Eine andere Voraussetzung ist, dass die Lehrer sie engagiert und liebevoll erstellen und die Leistungsentwicklung treffend wiedergeben.

Im Alltag greifen die Lehrer aber größtenteils auf Versatzstücke und Textbausteine aus dem Computer zurück – verständlich, denn sie wollen die Vergleichbarkeit der Bewertung in der Klasse gewährleisten. Leider besteht so jedoch die Gefahr, dass die Rückmeldungen für Schüler und Eltern weniger eindeutig sind als Notenzeugnisse und so die Berichtszeugnisse den Notenzeugnissen unterlegen sind.

Was können Sie tun?

- Noten müssen begründet werden, allerdings haben Sie keinen rechtlichen Anspruch auf zahlreiche Details. Nachfragen am Elternsprechtag sollten Sie bei Unklarheiten aber auf jeden Fall.

- Bleiben Sie bei schlechten Noten oder Noteneinbrüchen in Kontakt mit den Lehrern, und lassen Sie sich von der Entwicklung Ihres Kindes berichten. So behält die Lehrkraft die Leistungen Ihres Kindes auch in übervollen Klassen im Blick.
- Verweigern Sie nicht die Unterschrift unter das Zeugnis, denn Ihre Unterschrift dient nur dazu, dass die Schule prüft, ob Sie vom Zeugnis Kenntnis genommen haben. Eine Notenänderung erreichen Sie so nicht, und Sie belasten einen konstruktiven Dialog mit der Schule.

Tipp 40:

Der Aufbau eines Portfolios ergänzt das Zeugnis.

Schulen können, um den Weg ihrer Schüler zum selbstständigen Lernen zu dokumentieren, auf den Portfoliogedanken zurückgreifen: Dabei sammeln die Schüler nicht nur Zeugnisse, sondern erhalten »Scheine«, mit denen ihre Leistungen auch bei den Methoden dokumentiert werden, zum Beispiel:

- Erstellen mündlicher und schriftlicher Referate
- Halten einer PowerPoint-Präsentation
- Anfertigen von Lernplakaten bzw. Wandzeitungen
- Durchführen einer Internetrecherche
- Führen eines Lerntagebuchs
- das Ergebnis der Diagnose des eigenen Lerntyps
- die erlernten Forschungsmethoden der Fächer usw.

Die Sammlung dieser Scheine verdeutlicht den Schülern und Ihnen als Eltern den Lernfortschritt. Sind diese Scheine liebevoll gestaltet und würdigen die Leistung der Schüler, ist der Motivationseffekt nicht zu unterschätzen!

Was können Sie tun?

- Regen Sie doch einmal eine »Scheinsammlung« auf dem Elternabend an. Damit fordern Sie das Lehrerteam der Klasse auf, ihre Anforderungen zu koordinieren.
- Auf einer Übersicht im Klassenzimmer sollten die Fortschritte auch im »Lernen lernen« dokumentiert sein.

Tipp 41:

Schule muss sich öffnen und kooperieren.

Gute Schulen arbeiten heute mit anderen Institutionen zusammen: mit Universitäten, Einrichtungen aus der Erwachsenenbildung oder der Jugendarbeit, mit Institutionen wie Pro Familia oder Wirtschaftsbetrieben und Banken. Mit Theatern und Zeitungen. Auswärtige Experten besuchen den Unterricht und stellen sich Schülerfragen. Schüler machen Praktika und Erkundungen.

Was können Sie tun?

- Fragen Sie am Informationstag nach der Kooperation mit anderen Institutionen.
- Falls Sie beruflich beitragen können – machen Sie doch ein Angebot an die Lehrer! Gehen Sie in die Klasse oder laden Sie einmal ein. Vielleicht ziehen andere Eltern mit!

Tipp 42:

Der Fremdsprachenunterricht profitiert durch einen Schüleraustausch.

Ein Schüleraustausch, bei dem die Partner in der jeweils anderen Gastfamilie untergebracht werden, ist ein wichtiger Qualitätsbaustein einer Schule. Leider hat »Deutsch als Fremdsprache« in Großbritannien und Irland nicht den Stellenwert, der es ermöglichen würde, alle Schulen in Deutschland mit einem britischen oder irischen Austauschpartner zu versorgen. Ausweichmöglichkeiten bestehen in Skandinavien und Israel – wo hervorragend Englisch gesprochen wird – oder in Übersee. Bei den anderen Fremdsprachen ist die Partnersuche weniger problematisch.

Was können Sie tun?

- Erkundigen Sie sich nach den Partnerschulen und Austauschmöglichkeiten – Ziele, Klassenstufen, Dauer, Preis und im Fall des Falles auch nach finanziellen Zuschussmöglichkeiten.

Tipp 43:

Schule braucht Feedback.

»Wie gut sind wir?«, »Woher wissen wir das?«, »Wie können wir noch besser werden?« und »Wie überprüfen wir das?« – diesen Fragen müssen sich Schulen heute stellen. Sinnvolle Evaluation ist wichtig, noch wichtiger sind jedoch die Maßnahmen, die daraus abgeleitet und dann umgesetzt werden. Sonst gerät das Nebensächliche – die Evaluation – zum Hauptzweck.

Was können Sie tun?

- Fragen Sie nach den Ergebnissen der letzten Evaluation und den Konsequenzen, die daraus gezogen worden sind. Überzeugt Sie die Antwort?

Tipp 44:

Schule muss Eltern ernst nehmen.

Für Sie als Eltern ist es aufschlussreich, wie die Schulleitung und der Schulelternbeirat zusammenarbeiten. Werden die Eltern ernst genommen? Wie wird mit Anregungen von Elternseite umgegangen? Werden Sie von der Schule als »Erziehungspartner« oder als lästiges Übel, vielleicht gar als Gegner wahrgenommen? Folgen dem Austausch von Freundlichkeiten auch Maßnahmen?

Was können Sie tun?

- Suchen Sie das Gespräch mit den Elternvertretern der Schule. Fragen Sie mindestens zwei Elternvertreter nach ihren Erfahrungen.

Tipp 45:

Elternseminare helfen mit Expertenwissen bei Erziehungsfragen.

Eltern sollten in die Schule einbezogen werden. Dabei denke ich nicht nur an die ungeliebten Elternabende auf zu kleinen Stühlen, wo Klassenkasse, Klassenfahrt und Hausaufgabenlänge besprochen werden. Und wo der längste

Tagesordnungspunkt die Frage ist, wer sich denn nun endlich für die Klassenelternvertretung zur Verfügung stellt.

Sie als Eltern haben gewiss Fragen zur Erziehung Ihrer Kinder, die die Schule beantworten könnte: Organisation des häuslichen Arbeitsplatzes Ihres Kindes, Probleme in der Pubertät, Suchtgefahren, Umgang mit Notenängsten. Auch im Kreis Ihrer Miteltern sind hier Experten zu finden.

Was können Sie tun?

- Fordern Sie über den Klassenlehrer oder die Schulleitung das Know-how der Schule zu konkreten Themen ein.
- Regen Sie Seminare von Eltern für Eltern an.
- Bieten Sie Ihr Wissen als Arzt, Therapeut, Computerexperte oder auch Ihr berufliches Wissen zu Jobchancen an, wenn das Thema angefragt wird!

Tipp 46:

Arbeiten und Feiern gehören zusammen.

Klassen-, Stufen- und Schulfeiern sind für den sozialen Zusammenhalt und für die Schullust der Kinder wichtig. Schule ist Gemeinschaft. Schule ist Lebensraum. Nach der Arbeit muss zusammen gefeiert werden!

Was können Sie tun?

- Achten Sie auf die Schulfeste und besuchen Sie diese mit Ihren Kindern.
- Nutzen Sie die Gelegenheit des Informationsaustausches.

Die kleine Checkliste

25. Wird den Kindern der Anfang an der neuen Schule erleichtert?
    - ❏ Schlecht: Es gibt keine Schulhausführungen.
    - ❏ Schlecht: In den ersten Tagen finden keine Kennenlernspiele oder -projekte statt.
    - ❏ Gut: Die Klassenlehrerin schreibt dem Kind einen Brief, oder es gibt eine kindgerechte Broschüre mit den wichtigsten Informationen.
    - ❏ Gut: Es gibt Schülerpaten aus höheren Klassen.
26. Ist die Unterrichtszeit gut strukturiert?
    - ❏ Schlecht: Der 45-Minuten-Takt wird nie durchbrochen.
    - ❏ Schlecht: Kunst, Sport und Musik sind nicht gleichmäßig über die Woche verteilt.
    - ❏ Gut: Es gibt flexible Lern- und Entspannungsphasen.
    - ❏ Gut: Es wird mindestens teilweise in Doppelstunden unterrichtet.
27. Haben die Schüler gute Wahlmöglichkeiten?
    - ❏ Gut: Arbeitsgemeinschaften, Wahlfächer und Förderkurse.
    - ❏ Gut: Leistungskurse gemäß Interesse und Begabung meines Kindes.
28. Wo und wann wird fächerübergreifend unterrichtet?
    - ❏ Schlecht: gar nicht oder nur in der Projektwoche.
    - ❏ Gut: mehrmals im Schuljahr in unterschiedlichsten Fächern.
29. Lernen die Schüler auch Methoden, oder wird nur Wissen eingetrichtert?
    - ❏ Schlecht: viel Frontalunterricht.
    - ❏ Gut: Projekte, Formen selbstständigen Arbeitens wie Lernzirkel, Wochenplanarbeit, Anfertigen von Methodenkarten im Fachunterricht.
30. Wie wird das »soziale Lernen« unterstützt?
    - ❏ Schlecht: Die Antwort lautet: »Was ist das?«

❏ Gut: Die Schule nimmt an Programmen wie etwa Lions Quest teil.

❏ Gut: Die Schule arbeitet mit anderen Institutionen im Bereich der Gewaltprävention zusammen.

31. Gibt es Schüler-Streitschlichter an der Schule?

❏ Schlecht: nein.

❏ Gut: ja, in verschiedenen Altersstufen, Jungen und Mädchen.

32. Lernen die Kinder sich zu schützen und sich zu wehren?

❏ Schlecht: »Das brauchen wir hier nicht.«

❏ Gut: Die Kinder können an einem Sicherheitstraining teilnehmen.

❏ Gut: Es gibt Selbstverteidigungskurse für Mädchen.

33. Wann dürfen die Kinder ihre Handys benutzen?

❏ Schlecht: immer.

❏ Schlecht: Die Mitnahme in den Unterricht ist erlaubt.

❏ Schlecht: In der Pause kommt es immer mal wieder zu Zwischenfällen. Aber trotzdem ist das Handy erlaubt.

34. Werden die vielfältigen Einsatzmöglichkeiten des Computers altersgerecht vermittelt?

❏ Schlecht: Es gibt keine Computer.

❏ Schlecht: Es gibt keine Aufsicht im Computerraum.

❏ Gut: Der Computer wird in den Unterricht integriert.

❏ Gut: Es gibt mobile Arbeitsstationen zur Präsentation, Computerräume in Klassenstärke, Arbeitsplätze zur selbstständigen Recherche.

35. Wie gut ist die Suchtprävention:

❏ Schlecht: Es werden nur Gruselfotos gezeigt.

❏ Schlecht: In der Schule darf noch geraucht werden.

❏ Gut: Schwerpunkte in der Erlebnispädagogik, im sozialen Lernen und ein überzeugender Beratungslehrer.

36. Werden besonders begabte Schülerinnen und Schüler gefördert?

❏ Schlecht und falsch: »Wer begabt ist, braucht keine Hilfe, weil er ohnehin gute Noten hat.«

❏ Gut: Immer mal wieder überspringen Schüler eine Klassenstufe und werden dabei sozial betreut.

❏ Gut: Die Schule arbeitet mit Universitäten zusammen oder bietet besondere Arbeitsgemeinschaften an.

37. Wie wird schlechten Schülern geholfen?

❏ Schlecht: Die Schüler wiederholen das Schuljahr.

❏ Schlecht: Die Eltern müssen privat Nachhilfe organisieren.

❏ Gut: Die Schule bietet eine Hausaufgabenhilfe an.

❏ Gut: Es gibt Ferienkurse zur Vorbereitung von Nachprüfungen, die eine nachgeschobene Versetzung vorbereiten.

38. Welche Unterstützung gibt es bei psychischen und sozialen Problemen eines Kindes?

❏ Schlecht: »Wer hier nicht zurechtkommt, ist auf der falschen Schule, denn wir sind dafür nicht zuständig.«

❏ Gut: Ein(e) überzeugende(r) Beratungslehrer/-in stellt sich vor.

❏ Gut: Es gibt Sozialarbeiter.

39. Werden wir gut über den Lernfortschritt unseres Kindes informiert?

❏ Schlecht: nur Zeugnisnoten.

❏ Schlecht: Berichtszeugnisse sind lieblos nur mithilfe von Textbausteinen zusammengesetzt und wenig aussagekräftig.

❏ Gut: regelmäßige Gespräche und schnelle Rückmeldungen bei Problemen.

❏ Gut: Es gibt aussagekräftige Berichtszeugnisse.

40. Wie werden besondere Schülerleistungen beim Methodenlernen und im sozialen Bereich gewürdigt?

❏ Schlecht: »Fachnoten reichen.«

❏ Gut: Sie werden mithilfe eines Portfolios dokumentiert.

41. Arbeitet die Schule mit außerschulischen Institutionen zusammen?

❏ Schlecht: weniger als drei.

❏ Gut: mit vielen aus unterschiedlichsten gesellschaftlichen Bereichen.

42. Gibt es einen Schüleraustausch?
    ❏ Schlecht: nein.
    ❏ Schlecht: Er ist teuer, und es gibt im Bedarfsfall keine finanzielle Unterstützung.
    ❏ Gut: in unterschiedlichen Sprachen und Klassenstufen.

43. Überprüft die Schule durch Befragung von Eltern, Schülern und Lehrern ihre Arbeit?
    ❏ Schlecht: nein, nie.
    ❏ Schlecht: Die Ergebnisse bleiben geheim, und es gibt keine sichtbaren Konsequenzen.
    ❏ Gut: regelmäßig. Sie ist bestrebt, sich beständig zu verbessern.

44. Wie arbeiten Eltern, Lehrer und Schulleitung zusammen?
    ❏ Schlecht: Die Elternvertreter werden als notwendiges Übel betrachtet.
    ❏ Gut: Der Schulelternbeirat äußert sich positiv über die Zusammenarbeit.

45. Werden Elternseminare angeboten, um über pädagogische Themen zu informieren?
    ❏ Schlecht: Es gibt nur Elternabende.
    ❏ Gut: Immer wieder werden Elternfragen zum Anlass genommen, um Themenabende und Expertenrunden zu organisieren.

46. Feiert die Schule rauschende Feste?
    ❏ Schlecht: Höchstens mit viel Alkohol kann man sich außerhalb des Unterrichts ertragen.
    ❏ Gut: altersgemäße Feste. Gestaltung durch alle am Schulleben Beteiligten. Arbeitsergebnisse, Projekte und Ehrungen kommen vor.

2. Kapitel:
Wie kann ich mein Kind beim Lernen unterstützen?

Sie wollen Ihrem Kind beim Lernen helfen, damit es mit einem guten Schulabschluss in das Erwachsenenleben starten kann.

Wie aber gelingt das am besten? »*Wir* müssen jetzt Latein lernen!« – lachend oder genervt sagen und denken das viele Mütter und Väter gegen Ende der Grundschulzeit. Müssen sie das wirklich? Wie viel Hilfe in welchem Alter des Kindes oder Jugendlichen sinnvoll ist und wie die optimale Unterstützung aussieht, das beschäftigt viele Eltern. Sie überlegen schon lange vor bedrohlichen »blauen Briefen«, ob eine Nachhilfe oder eine Lernunterstützung nicht nur durch Familienmitglieder sinnvoll ist, um Misserfolgserlebnisse zu vermeiden. Und die Hausaufgaben sind zu Hause ein Dauerbrenner: Vielleicht sind Sie empört über eine Unmenge an Hausaufgaben, die abends noch erledigt werden muss, und überlegen, ob Sie das nicht selbst schnell noch machen. Oder Sie kämpfen jeden Tag mit dem Nachwuchs, wenn es um die sorgfältige und gewissenhafte Erledigung der Hausaufgaben geht. Eltern Pubertierender sind ratlos und besorgt, wenn Lustlosigkeit und Desinteresse vorherrschen. Wenn der Schulranzen mit den Worten »Da gehe ich nicht mehr hin, und Hausaufgaben mache ich auch nicht mehr!« in die Ecke geschleudert wird. Unsicher fragen Sie sich, wie das alles gut gehen kann. Hier möchte dieses Kapitel weiterhelfen.

Im ersten Teil erfahren Sie Grundsätzliches über die Noten, die Intelligenz und das Lernen. Diese Informationen sind wichtig, um einzelne Empfehlungen zu verstehen und Lernverhalten grundsätzlich zu beurteilen. Auch Entwicklungen können von Ihnen dann besser eingeschätzt werden. So erkennen Sie, wie das Lernen funktioniert und was die häufigsten Missverständnisse sind. Im zweiten Teil folgen konkrete Tipps und Tricks für effektives und erfolgreiches Lernen: wann und wie Ihr Kind seine Hausaufgaben machen sollte, wie Prüfungssituationen besser gemeistert werden können und wie und wie viel Sie helfen sollten. Auch die Arbeitsplatzgestaltung, Lernmethoden, Hausaufgaben, Nachhilfe sowie Zeiteinteilung, Organisation und Prüfungsvorbereitung werden angesprochen, damit Ihnen und Ihrem Kind der Schulalltag gut gelingt!

Warum hat mein Kind schlechte Noten, obwohl es doch eigentlich so clever ist?

»Mein Kind ist wirklich nicht dumm. Es lernt auch. Die Arbeiten gehen trotzdem daneben. Was können wir bloß tun?« Manchmal arbeiten Kinder viel, sie lernen intensiv. Am Abend vorher wissen sie alles, aber am Tag der Prüfung versagen sie, als hätten sie nie gelernt. Kaum eine Vokabel ist richtig. Die Daten stimmen nicht. Das Diktat ist eine Katastrophe. Keine Frage ist richtig beantwortet. Eine albtraumhafte Situation für jeden Schüler: Der Lehrer glaubt nicht, dass jener doch gelernt hat, er hält Faulheit für die wahre Ursache und reagiert sauer oder übt Druck aus. Fast schlimmer ist, dass diese Kinder selbst sich bald für hoffnungslos dumm halten und das Lernen »sowieso« sinnlos finden. Prüfungsangst vor der nächsten Klassenarbeit entsteht. Sie verlieren die Lust und verzweifeln. Die verunsicherten Eltern reagieren ehrgeizig und investieren in Nachhilfe, oder sie haben Mitleid und denken über einen Wechsel in eine andere Schulform nach. Was von ihnen und ihrem Kind letztendlich doch als persönliches Versagen gesehen wird.

Wenn Ihr Kind intelligent ist und lernt, aber trotzdem immer wieder in Arbeiten »daneben haut«, dann sollten Sie die Qualität der Aufgabenstellungen überprüfen, ob die Fragen verständlich sind und der Stoff im Unterricht behandelt wurde. Aber Sie sollten auch einen kritischen Blick auf das Lernverhalten Ihres Kindes werfen, denn genau das ist ganz häufig das Kernproblem. Kinder lernen vielleicht nicht nur ineffektiv, sie vergessen Gelerntes auch sofort wieder, möglicherweise weil es durch die anschließenden Aktivitäten regelrecht aus dem Gedächtnis ausradiert wird. Auch Prüfungsängste können zu einem Blackout führen, und persönliche bzw. familiäre Krisen können das Lernen und Behalten stören. Werfen wir zuerst einen Blick auf die Aussagekraft von Schulnoten und Intelligenzquotienten, bevor wir uns dem Vorgang des Lernens selbst zuwenden.

Sagen Schulnoten etwas über die Intelligenz aus?

Schulnoten allein sind keine verlässliche Aussage über die Intelligenz eines Menschen. Und Intelligenz ist keine Garantie für ein gutes Zeugnis oder einen guten Schulabschluss.

Hinter diesen Aussagen steckt mehr als nur die Tatsache, dass während familiärer Krisen – Arbeitslosigkeit, Krankheit oder Trennung spielen oft eine Rolle – verständlicherweise die Konzentrationsfähigkeit und damit die schulische Leistungsfähigkeit der Kinder und Jugendlichen sinken. Wem ginge das nicht so? Auch die Tatsache, dass in der Pubertät das Interesse an der Schule nachlässt – wer kann sich nicht an die eigenen Unsicherheiten und die erste Liebe erinnern? –, so dass die Noten nach unten purzeln, erklärt den Widerspruch zwischen Noten und Intelligenz noch nicht vollständig. Zu Ihrer Beruhigung kann ich Ihnen aber in diesen beiden Fällen versichern: Die Kids kriegen in aller Regel bei liebevoller Begleitung und unter der Voraussetzung, dass Schule und beide Elternteile zusammen statt gegeneinander arbeiten, rechtzeitig wieder die Kurve!

Hinter den Widersprüchen zwischen Schulzensur und Intelligenz steckt auch mehr als schiere Faulheit: »Ohne Fleiß kein Preis«, dieses alte Sprichwort ist für die meisten Kinder zutreffend. Fleiß macht oft mangelnde Begabung wett und trägt dann lang- und mittelfristig meist mehr zu besseren Noten oder gar zur Versetzung bei als schiere Begabung. Das beständige Ansammeln von Wissen, das Üben von Fähigkeiten und die daraus gewonnene Sicherheit in Prüfungssituationen sind ein vielfach erprobter Weg, der erfolgreich zum Ziel führt.

Die beiden genannten Ursachen schlechter Noten – Krisensituationen und Faulheit – sind bekannt. Weniger bekannt ist allerdings, dass manchmal die Schulzensuren davon unabhängig geradezu irreführend sein können, wenn es um die Beurteilung der Intelligenz eines Kindes geht. Ein extremes Beispiel dafür sind die besonders Begabten, deren Noten oft das Potenzial in keiner Weise widerspiegeln: »Meine drei Kinder sind alle nachweislich hochbegabt getestet. Und die ›Dümmste‹ hat die besten Schulnoten«, sagte einmal halb lachend, halb weinend eine Mutter zu mir. Ich kannte alle drei Kinder und wusste, dass sie Recht hatte. Die Regelschule kann besonders begabte Kinder ohne besondere Maßnahmen nicht fördern. Sie langweilen sich, erhalten nicht genug Herausforderungen, schalten ab und müssen dann erleben, wie sie von den anderen überflügelt werden.

Aber grundsätzlich wird in der Praxis immer wieder deutlich: Viele Faktoren sind für den schulischen Erfolg entscheidend: neben der intellektuellen Kapazität eines Kindes das richtige Lernen, ein stabiles Umfeld, ein unbelastetes Verhältnis zwischen Lehrendem und Lernendem. Auch eine intakte Klassengemeinschaft mit guter Lernatmosphäre ist ein wichtiger positiver Faktor für den Lernerfolg der Kinder und Jugendlichen. Wenn alles gut läuft, dann können Zensuren auch die Begabung eines Kindes zutreffend widerspiegeln!

Wie aussagekräftig ist eigentlich ein Intelligenzquotient?

Ein Intelligenzquotient, der IQ, wird seriös in einem wissenschaftlichen Testverfahren ermittelt. Das durchschnittliche Abschneiden in der jeweiligen Altersgruppe wird dabei gleich 100 gesetzt.

Nicht nur in Deutschland ist eine gängige Testmethode der Hamburg-Wechsler-Intelligenztest für Kinder »HAWIK«. (Für Erwachsene gibt es einen Extra-Test.) Der aktuelle HAWIK (Version vier) enthält insgesamt 15 Untertests, teils verbal, teils handlungsgebunden. Er ermittelt fünf Intelligenzwerte, die beim einzelnen Kind stark voneinander abweichen können: Sprachverständnis, wahrnehmungsgebundenes logisches Denken, Arbeitsgedächtnis, Verarbeitungsgeschwindigkeit und Gesamt-IQ. Damit wird nach Einschätzung von Experten ein fundiertes und differenziertes Bild des kognitiven Entwicklungsstandes erstellt, sehr genaue Aussagen über die Stärken und Schwächen eines Kindes sind möglich.[21]

Wechsler teilt die Werte für Kinder und Jugendliche im Alter von 6 bis 15 Jahren wie folgt ein:

IQ	Intelligenz	Häufigkeit in Prozent
über 130	extrem hoch	2,2
120 – 129	sehr hoch	6,7
110 – 119	hoch	16,1
90 – 109	durchschnittlich	50,0
80 – 89	niedrig	16,1
70 – 79	sehr niedrig	6,7
unter 70	extrem niedrig	2,2

Wichtig zu wissen ist, dass mindestens bis zur Adoleszenz mit erheblichen IQ-Schwankungen gerechnet werden muss. Sichere Voraussagen sind nicht möglich. Kinder fallen zurück oder entwickeln sich im Vergleich zu ihren Altersgenossen einmal schneller. Das ist ein normaler Vorgang. Deshalb wäre es verfrüht, auf der Grundlage von Testergebnissen unwiderrufliche Entscheidungen zu treffen.

Ebenso wenig angemessen sind der Wettbewerb und das »Angeben« mit hohen IQs, die das pädagogische Eingreifen oder die soziale Integration des Kindes nicht fördern. Daher führen Sie bitte auch keine halbseidenen Tests Ihres Kindes online durch!

Fazit:

- Intelligenzquotienten sind nur aussagekräftig, wenn die Ergebnisse der Untertests mit einbezogen werden, da diese vom Durchschnitt erheblich abweichen können.
- Wenn ein Kind immer denselben IQ hat, sagt das nur etwas über seine Stellung innerhalb der Gruppe Gleichaltriger aus. Trotzdem ist das Kind mit wachsendem Alter natürlich intelligenter geworden, denn mit dem Her-

anwachsen werden bekanntlich auch die intellektuellen Fähigkeiten größer.

- Umgekehrt ist ein Absinken des IQ nicht unbedingt mit einem Rückgang der Intelligenz gleichzusetzen, es bedeutet nur, dass in der Gruppe der Gleichaltrigen sich der Rangplatz verschlechtert hat. In anderen Worten: Das Entwicklungstempo des Kindes hat sich verlangsamt. So etwas kommt vor. Kinder fallen manchmal zurück oder machen Entwicklungssprünge.
- Der IQ ist immer ein Schätzmaß für eine vermutete Fähigkeit, die wir nicht genau definieren können: Im Vergleich bedeutet ein IQ von 60 gegenüber einem IQ von 120 nicht, dass ein Mensch doppelt so intelligent wie der andere ist.
- Kein Testverfahren ist wirklich zuverlässig, ein qualifizierter Kinder- und Jugendpsychologe sollte es angemessen interpretieren.

Wie funktioniert das Lernen?

Vor der wissenschaftlichen Erforschung des Gehirns versuchte man das Lernen mit Modellen zu erklären, die auf Beobachtungen basierten und die bis heute als Ansichten verbreitet sind: Ein antikes griechisches Modell verstand das Lernen beispielsweise als einen Eintrag, der jederzeit wieder abgerufen werden konnte, etwa so wie eine Notiz auf einer Wachstafel. Mit dem Eintrag ist der Lernvorgang abgeschlossen.

Aber in Wirklichkeit können wir nicht alles Gelernte jederzeit abrufen. Es ist dann zum Verzweifeln! Wir wissen, dass wir etwas eigentlich wissen, können uns aber partout nicht erinnern. Informationen müssen also immer wieder abgerufen werden und nicht einfach nur irgendwo eingetragen sein. Das Lernen ist nicht durch einen Eintrag abgeschlossen!

Heute ist die Hirnphysiologie, die Erforschung des menschlichen Gehirns, an der Erforschung des Lernens wesentlich beteiligt. Was passiert beim Lernen im Gehirn?

Zunächst ist das Gehirn ein hoch komplexes menschliches Organ mit bis zu 100 Milliarden Neuronen, die durch Billionen von Schaltstellen, die sogenannten Synapsen, miteinander verbunden sind. Seine Leistungsfähigkeit, so meinen die Hirnforscher, wird eigentlich von keinem Menschen ausgeschöpft.

Unterschieden werden gemeinhin die linke Hirnhälfte, wo das Logische, der rationale Verstand, die Zahlen und Raumvorstellungen lokalisiert werden, und die rechte Hälfte mit den musischen, kreativen, sozialen, kommunikativen und emotionalen Anteilen des Menschen. Negative Lernvoraussetzungen des Kindes (Bewegungsmangel, Krankheit, Angst vor Lehrern, Mitschülern oder Fehlern sowie ein geringer Selbstwert) schlagen sich in der Konzentration unterschiedlicher Botenstoffe und ihrem Verhältnis zueinander nieder. So steigt zum Beispiel die Ausschüttung von Vasopressin im Gehirn, während die Konzentration von Serotonin abnimmt. In der Folge fehlt es an Entspannung und Vertrauen, Ängstlichkeit und Aggression nehmen hingegen zu. Kein Wunder, dass Stress und Angst und fehlender Ausgleich keine guten Lernbegleiter sind!

Einen Lernvorgang muss man sich nun, vereinfacht gesagt, physiologisch so vorstellen, dass ein komplexes Muster von Neuronen, also Nervenzellen, gleichzeitig erregt wird. Je häufiger das geschieht, umso geringer wird der Widerstand zwischen den Neuronen in den Leitungen. Das heißt also, dass die Erregungsenergie innerhalb dieses Musters von Neuronen leichter weitergeleitet wird.

Wenn wir nun die Erfahrung des Lernenden betrachten, werden die praktischen Auswirkungen dieses Vorgangs im Gehirn wieder deutlich: Der Lernende nimmt eine Information auf und vergisst sie zwingend, wenn sie nicht immer wieder abgerufen wird. Geschieht das, so kann sie in den Langzeitspeicher gelangen, wo sie ohne Abruf eine Weile erhalten bleibt. »Lernen ist wie Rudern gegen den Strom«, soll Benjamin Franklin, der amerikanische Erfinder des Blitzableiters, dazu einmal treffend gesagt haben. Er meinte damit: »Wer nicht weitermacht, fällt zurück.«

Je öfter die Information abgerufen wird, umso tiefer ist die Gedächtnisspur, die umso sicherer wieder zur Information führt. Denn dann ist das Neuronenmuster umso besser mit Leitungen geringen Widerstands vernetzt.

Stimmt es, dass man durch Wiederholungen lernt?

Eine sehr populäre Ansicht besagt, bei genügenden Wiederholungen des Lernstoffes würde man gut lernen. Die wissenschaftliche Erforschung des Gedächtnisses brachte jedoch eine andere Erkenntnis: Durch Wiederholungen des Lernstoffes allein lernen wir wenig, vielleicht sogar überhaupt nichts! Anschaulich berichtet Professor E.C. Sanford, dass er seiner Gemeinde ein Morgengebet viele Jahre lang, also einige tausend Mal, vorgelesen habe. Als er sein Gebetsbuch einmal nicht dabei hatte, merkte er zu seiner großen Überraschung, dass er es immer noch nicht auswendig beherrschte.[22] Wir können also unendlich oft hören, ohne zu lernen. Die wiederholte Eingabe der Information ist keine gute Lernmethode! Das läuft in der Praxis der Hausaufgaben häufig falsch. Es wird halt nur alles immer mal wieder durchgelesen. So geht es nicht!

Wiederholungen helfen nur, wenn es um den Informationsabruf, und nicht, wenn es um die Informationseingabe geht. Wir müssen die Informationen wiederholt abrufen, um zu lernen. Denken Sie nur an das Auswendiglernen von Nummernschildern. Wir müssen sie immer wieder nennen, um sie zu behalten. Auch nutzt das eifrige Betrachten der Schwimmer und der Wasseroberfläche nichts. Erst der Sprung in das Wasser, das Wiederholen der Schwimmbewegungen helfen mir weiter, wenn ich das Schwimmen lernen will.

Fazit: Informationen können nur gespeichert werden, wenn sie wiederholt abgerufen werden. Heutige Lernpsychologen sprechen deswegen von »Erhaltungswiederholungen«, die dazu dienen, die Information ein wenig im Kurzzeitspeicher unseres Gedächtnisses zu behalten, um sie dann in unseren Langzeitspeicher aufnehmen zu können. Eine Rekapitulation des Stoffes nach drei, zehn, 30 und besser auch noch einmal nach 90 Tagen bewirken so eine Verankerung im Langzeitgedächtnis. Ohne diese Form von Wiederholung, Übung und Anwendung wird etwa 70 Prozent des Gelernten binnen kürzester Zeit wieder vergessen, wusste schon im 19. Jahrhundert ein Pionier der Gedächtnisforschung namens Hermann Ebbinghaus.

Stimmt es, dass laute Musik beim Lernen hilft?

Ihre Tochter behauptet, ohne laute Musik nicht lernen zu können. Und Ihr Sohn will sogar während der Klassenarbeiten den MP3-Kopfhörer im Ohr haben und hat sich deswegen mit der Lehrerin angelegt. Er sagt, dass er sich dann besser konzentrieren kann. Wie soll man das deuten? Sind das nur Ausreden des Nachwuchses, um mehr Musik zu hören und sich wegträumen zu können?

Auch hier hilft die Lernpsychologie mit ihren Erkenntnissen weiter. Die Gedächtnisspur zur richtigen Information wird durch sogenannte Abrufreize gestärkt. »Abrufreize« sind alles, was in der Umgebung beim Lernen vorhanden ist: Gerüche, Geräusche, optische Eindrücke, Stimmungen. Werden diese Reize dann später in Erinnerung gerufen, fällt es auch leichter, das Gelernte wieder zu memorieren. So hilft zum Beispiel die Vorstellung einer bestimmten Lehrbuchseite, alles genau wiederzugeben. Die Erinnerung an das Zimmer, in dem man immer lernt, hilft dabei zu erinnern, was man dort gelernt hat. Wenn man nun die Lernumgebung öfter wechselt und in verschiedenen Stimmungen gelernt hat, dann sind die Abrufreize vielfältiger. So kommt es, dass bei gleicher Lernzeit Lernen an verschiedenen Orten zu verschiedenen Zeitpunkten einen größeren Lernerfolg bringt, als alles auf einmal in ein und derselben Umgebung zu lernen. Die Abrufreize sind dann vielfältiger.

Nun wird verständlich, warum Vokabeln oder Texte in unterschiedlicher Reihenfolge gelernt werden sollten: um die Bedeutung eines Wortes oder einer Textpassage auch außerhalb der vorgegebenen Reihenfolge wiedergeben zu können.

Zurück zur lauten Musik: Was sie anbelangt, rate ich eindeutig zur Vorsicht. Erstens ist die Konzentration bei lauter Beschallung nicht wirklich auf den Lernstoff fokussiert, und zweitens ist der MP3-Player in Prüfungen zu Recht verboten. Wie sollte auch die Lehrkraft alle Tonträger abhören, um zu überprüfen, ob sich dort nicht etwa der Prüfungsstoff findet? Also gilt als Faustregel: Keine laute Musik während des Lernens, auch wenn damit vereinzelt Abrufreize gesetzt werden können. Lieber die Abrufreize auf andere Hilfen lenken wie etwa Gerüche, die man sich später gut vorstellen kann, Farben oder Körperbewegungen oder eine kleine Geschichte, in der die zu lernenden Gegenstände vorkommen.

Machen Fernseher und Computer dumm?

Einerseits ist heute jeder ohne souveräne Computerkenntnisse in der Arbeitswelt extrem benachteiligt. Selbst bei der Bewältigung von Alltagsaufgaben wie Bankgeschäften, Informationsbeschaffung oder Einkaufen werden sich zunehmend Einschränkungen ergeben. Damit lässt sich die Notwendigkeit einer Computererziehung nicht wegdiskutieren.

Andererseits gibt es erschreckende Aussagen von ernst zu nehmenden Hirnforschern. Manfred Spitzer, Professor für Psychiatrie und Ärztlicher Direktor der Psychiatrischen Universitätsklinik in Ulm, lässt keine Zweifel zu: »Bildschirmmedien … machen tatsächlich dick, dumm und gewalttätig. Sie stören die Aufmerksamkeit. Sie führen zu Lese- und Rechtschreibstörung. Sie machen das, was wir nicht wollen, was mit unseren Kindern und Jugendlichen geschieht.«[23] Also stellt er klar, dass Fernseher und PC im Kinderzimmer nichts zu suchen haben. Und in der Schule auch nicht. »Kinder lernen besser ohne Computer«, lautet seine klare Aussage, und er zeigt auch die Konsequenz der drohenden Verdummung auf: »Wir Westeuropäer werden in 30 Jahren die T-Shirts für China nähen.«[24]

Schwerer Tobak. Wieder so ein wirklichkeitsfremder reaktionärer Professor, der in die Schlagzeilen kommen will?

Zunächst bestätigt meine Erfahrung, dass Kinder, die viele Stunden am Computer spielen und vielleicht dabei ein Suchtverhalten entwickelt haben, eindeutig ihre schulischen Pflichten vernachlässigen und sozial unverträglich werden. Oft sind sie dick. Und aggressiv werden sie spätestens dann, wenn sie ihren Computer ausstellen sollen. Aber Kinder, die gesund und intelligent sind, gehen mit dem Computer genauso kreativ um wie mit Papier und Bleistift. Sie spielen nicht nur, sie streben einen souveränen Umgang mit dem

Computer als Werkzeug an. Vielleicht manchmal mit zu viel Technikbegeisterung. Wenn nun die Frage geklärt werden soll, ob Intelligenz den Umgang mit den Medien prägt oder umgekehrt der Medienkonsum das Ausmaß der Intelligenz bestimmt, muss wiederum die wissenschaftliche Forschung weiterhelfen. Also noch einmal zurück zur Lernpsychologie und zur Neurologie des Gehirns.

Lernen entsteht durch die Anlage einer Gedächtnisspur. Dafür gibt es einprägsame Bilder: ein Trampelpfad im Tiefschnee, der sich verfestigt, je öfter er benutzt wird. Im Gehirn laufen ständig Impulse über die Synapsen der Nervenzellen. Wenn sie immer wieder ähnlich verlaufen, entstehen Spuren in einfachen, dann in komplexen Arealen. Das Gelernte prägt sich durch aktives Wiederholen ein.

Fernsehen und realitätsnahe Computerspiele bieten eine sehr reduzierte Wirklichkeit, die das Gehirn nicht ausreichend fordert. Der Tastsinn, der Hörsinn, der Geruchssinn, all das wird nicht ausreichend am realen Objekt gebildet. Spuren fehlen. Überdies präsentiert sich ein schlecht koordinierter Bild-Ton-Brei, Ton und Bild stimmen oft nicht überein. Das ausgereifte Erwachsenengehirn koordiniert das nebenbei, bei einem nicht ausgereiften Gehirn geht sozusagen die Kalibrierung schief. Die Spuren im Schnee bilden keinen Pfad. Diese beiden beispielhaft genannten Aspekte machen die Problematik stundenlangen Medienkonsums deutlich. Schlägt er sich aber auch im Schulerfolg nieder?

Niedriger Bildungsabschluss und hoher Fernsehkonsum hängen statistisch eng zusammen. Die naheliegende Erklärung, dass dumme Kinder mehr Fernsehen schauen, ist unzulänglich. Durch die statistische Bereinigung der Daten – geringer IQ oder finanzielle Familiensituation beispielsweise können herausgerechnet werden – lässt sich ganz klar belegen, dass mit erhöhtem Fernseh- und Computerkonsum unabhängig von Intelligenz und finanziellen Mitteln das Bildungsniveau eindeutig sinkt.

Diese Erkenntnisse sollten genügen, um den Fernsehkonsum und das Sitzen vor dem Computer zeitlich und inhaltlich zu beschränken. Zumindest, wenn es nur um das Berieseln und das »Ruhigstellen vor dem Fernseher« geht. Gemeinsame Videoabende oder TV-Dokus mit anschließenden Gesprächen stehen auf einem anderen Blatt.

Kann man Lernen lernen?

Lernen – das kann jeder mehr oder weniger effektiv gestalten. Und jeder muss herausfinden, auf welche Art des Lernens er oder sie am besten anspricht und wie das in die tägliche Praxis eingebaut werden kann.

Wichtig ist zum Beispiel, auf welchem Weg und Sinneskanal eine Information das menschliche Gehirn erreicht. So behält der Mensch im Allgemeinen – zu den individuellen Lerntypen kommen wir gleich – nur 10 Prozent von dem, was er liest. Das Doppelte behält er, wenn er etwas hört. 30 Prozent des Gesehenen oder auch Gelesenen kann man im Allgemeinen behalten. Wenn jemand aber etwas sieht und hört, behält er nicht 50 Prozent, sondern 70 Prozent, das ist ein großer Sprung! Hier gibt es echte Synergieeffekte. Noch besser aber ist es, etwas selbst auszuführen, dann bleiben 90 Prozent im Gedächtnis. Das ist eine wichtige Beobachtung für Lernende. Die Methoden, die möglichst viele Sinne einbinden, sind der Königsweg. Sprechen beim Lesen und Lernen, aufschreiben, selbst tätig werden. Wissen strukturieren und umstrukturieren, zum Beispiel, indem eigene Fragestellungen entwickelt werden oder ein eigenes Schaubild entworfen wird. Und dann sollte mit Blick auf die

Ergebnisse der Lernpsychologie noch das Üben so gestaltet werden, dass Informationen wiederholt abgerufen werden – etwa durch Aufzeichnen eines Schaubildes, anstatt sie immer wieder nachzulesen. »Output-Orientierung statt Input« heißt das in der Pädagogik heute auf Neudeutsch. Das kann man mit ausgefeilten Methoden zur Textarbeit, zum Vokabellernen, zum Konzipieren von Referaten oder zum Erstellen von Merkheften sehr wohl lernen. Hier gibt es heute umfangreiche Ratgeber für alle Fächer, denn dass man Lernen lernen kann, gilt für alle Fächer, selbst für Mathematik und die Naturwissenschaften. Mit den richtigen Lernmethoden können beide, Mädchen und Jungen, Spaß und Erfolg in Chemie und Physik haben. Konkrete Tipps finden Sie in Teil 2 dieses Kapitels und weitergehende Buchtitel im Literaturverzeichnis.

Was sind eigentlich Lerntypen?

Lerntypen können unter unterschiedlichen Gesichtspunkten definiert werden:

Zum einen kann man die Aufnahmefähigkeit der Kinder auf den verschiedenen Sinneskanälen für die Einteilung in Typen verwenden. Die individuellen Fähigkeiten, Gehörtes, Gesehenes und Gelesenes zu behalten, sind verschieden ausgeprägt. Es ist hilfreich, seinen eigenen Lerntyp zu kennen und dieses Wissen beim Lernen gezielt einzusetzen. Wenn jemand zum Beispiel ein fast absolutes Gedächtnis für gelesene Texte oder für Gehörtes hat, sollte er oder sie das selbstverständlich nutzen und nach einer Quelle suchen, die den Lernstoff entsprechend darstellt. Wenn es nicht regulär geschieht, sollte die Schule Sie daher mindestens auf

Anfrage bei der Bestimmung des Lerntyps Ihres Kindes unterstützen und Ihnen einen Test zur Verfügung stellen.

Es gibt aber noch eine andere Möglichkeit, Lerntypen einzuteilen, nämlich nach Aktivitätsgrad und Lernentwicklung, so wie der Erziehungswissenschaftler Peter Struck das vorschlägt.[25] Auch wenn seine Einteilung stereotyp wirkt und sehr grob rastert, gebe ich sie hier wieder, denn beim allerersten Blick auf ein Kind ist sie hilfreich:

- *Der wissbegierige Typ.* Er will früh alles Mögliche wissen und begeistert sich sehr für naturwissenschaftliche Fragestellungen, er konsumiert Lexika und Fachbücher am laufenden Meter. Oft wird er als altklug empfunden und eckt bei Freunden und Erwachsenen an.

  Es wäre falsch, den Wissensdrang auszubremsen. Suchen Sie eine Schule mit hohem Leistungsanspruch, und geben Sie ihm die Fachliteratur, die er wünscht. Achten Sie aber auch auf ausreichend Bewegung.
- *Der lernunwillige Typ* ist schon als Kind ein bequemer Mensch, der gerne genießt und im Unterricht passiv ist. Ehrgeiz entwickelt er vielleicht in Gruppenspielen oder bei handwerklichen Aufgaben. Sonst lässt er sich auch manchmal von Lehrerpersönlichkeiten begeistern.

  Vielleicht sollten Sie die schulischen Ziele nicht zu hoch stecken. Gute Lehrer und kleine Lerngruppen sind besonders wichtig, damit er motiviert werden kann und nicht in der Masse untergeht.
- *Spätentwickler* sind nicht automatisch dumm, sie erreichen nur später als die Altersgenossen einen bestimmten Entwicklungsstand.

  Rückstufungen in die nächst niedrigere Klasse zur Mitte des Schuljahres, die nicht mit der Aura des Scheiterns verbunden sind, tun ihnen gut.

- Auch *langsame Schüler* müssen nicht dumm sein. Selbst eine Hochbegabung kann sich hier verstecken. Einmal habe ich einen Schüler kennen gelernt, bei dem mir nur das Bild von einem Auto einfiel, dessen Räder sich mit hoher Geschwindigkeit auf der Stelle drehen. Das komplexe Wissen fand einfach so schnell keinen Ausgang, denn er sah vor seinem geistigen Auge immer schon meterlange logische Bedingungen und hatte Schwierigkeiten, eine Reduktion mit seinem logischen Gewissen zu vereinbaren. Langsame Schüler sind also vielleicht einfach nur sehr ängstlich und gründlich.

  Verständnisvolle Lehrer, die genau hinsehen, welches Potenzial jemand hat, helfen, die Schulzeit gut zu überstehen.

- *Faule Überflieger* gibt es auch. Die beliebten Strahlejungs und Sunnygirls der Klasse. Sie schweben gut gelaunt und optimistisch durch die ersten Jahre der Schulzeit. Die Mühen der Ebene und Plackerei sind ihnen fremd. Wenn aber in der 8./9. Klasse Durchhaltevermögen gefragt ist oder wenn länger Materialien gesammelt und zusammengestellt werden müssen, dann scheitern sie.

  Aufwendig müssen sie dann extra gefördert werden und das Arbeiten spät lernen.

- *Hochbegabte* können sich hinter allen möglichen Phänomenen verbergen.

  Hier schafft ein Test Klarheit, und dann müssen sich die Eltern mit anderen Betroffenen austauschen. Durch AGs, besondere Schulen oder Springen nach gründlicher Beratung sollten sie besondere Maßnahmen ergreifen.

Lernen Kinder gern?

Lernen kann high machen. Aber wer – um wieder mit Benjamin Franklin zu sprechen – schwimmt schon gerne gegen den Strom und wiederholt ständig, um nicht zurückzufallen? Von Lust bis Qual reicht denn auch die emotionale Skala, die die Kinder beim Lernen erfahren.

Im frühkindlichen Alter lernen Kinder außerordentlich gern. Das Krabbeln, das Laufen, das Sprechen. Und das ganz ohne Strafe und aus eigener Motivation heraus. Die Kinder wollen die Welt erobern und be-greifen. Die Eltern finden jeden Versuch, zu sprechen oder zu krabbeln, niedlich und bestärken ihr Kind, egal, ob Fehler passieren oder Erfolge sich einstellen. Vielleicht korrigieren sie wohlwollend die Fehler, aber keinesfalls strafen sie. In der Grundschule lernen die meisten Kinder – nicht alle – auch noch sehr gern. Ab der 5./6 Klasse sehen die Lehrkräfte nicht mehr nur strahlende Augenpaare und hören Juchzen, wenn neue Aufgaben angekündigt werden. Aber auch hier gibt es noch Schüler und Schülerinnen, die freudig zu Beginn der Stunde vor einem stehen und fragen: »Was machen wir heute?« Diese noch nicht ganz verflogene kindliche Lernbegeisterung wird in der Lehrerausbildung übrigens gern etwas liebevoll-ironisch mit dem Satz kommentiert: »Die Sextanerinnen und Sextaner (so der alte Ausdruck) sind für die psychologische Gesundheit der Lehrkräfte da.«

Dennoch kann man auch bei älteren Kindern und Jugendlichen der Mittel- und Oberstufe beobachten, dass sie gerne lernen, nämlich wenn sie Dinge selbst tun wollen, zum Beispiel einen Miniroboter programmieren oder ein Theaterstück vorführen. Dann beweisen sie Durchhaltevermögen und sind eventuell sogar umso motivierter, je länger die Suche nach der richtigen Lösung oder der besten Variante dauert. Denken Sie nur an Computerspiele. Von Aufgeben auch nach Stunden kann da auch zu Hause nicht die Rede sein. Selbst Einzelgänger fragen Freunde um Rat, wie sie das schaffen. Was also läuft in der Schule falsch?

Was muss geschehen, damit Kinder auch in der Schule gern lernen?

Zuerst einmal ist ganz klar: Das Unterrichtsgeschehen muss auf Erfolgserlebnisse und auf Lob ausgerichtet sein. Die Wertschätzung der Person des Schülers soll spürbar sein. Die schwarze Pädagogik, die mit Angst und Scham arbeitet, ist dagegen tödlich für die Lernfreude. Stundenlanges An-der-Tafel-Stehen, wenn ein Schüler die Aufgaben offensichtlich nicht gut kann, ist ein Horror, der auch vielen Erwachsenen noch Jahre später im Gedächtnis geblieben und pädagogisch völlig sinnlos ist. Lernen aus Angst ist kein gutes Erfolgsrezept.

Wenn Noten nun als Belohnungs- und nicht als Disziplinierungsinstrument eingesetzt werden sollen, dann hört sich das in vielen Ohren wie eine Aufforderung zur Noteninflation an. Aber das ist nicht gemeint, denn dieses entwertet nur die gute Note. Und die Schüler wollen und brauchen eine klare Rückmeldung. Der richtige Weg liegt darin, die guten oder sehr guten Teilleistungen, die ein Schüler bringt, ebenfalls in den Blick zu nehmen und nicht ausschließlich auf das wenig erfreuliche Gesamtergebnis zu starren. Viele Schüler berichteten mir immer wieder von der neuen Zuversicht und Lernfreude in ihren verhassten schwachen Fächern, wenn sie in den Ferienkursen unter Anleitung und mit Gleichaltrigen ihre Lücken aufarbeiteten und Fortschritte sahen. So kann man Misserfolge und Lernfrust in den Griff kriegen!

Und noch etwas ist wichtig, wenn das Lernen in der Schule wieder Spaß machen soll: Schülerinnen und Schüler lernen am besten von Gleichaltrigen. Lehrerzentrierung, Frontalunterricht sowie Einzel- und Stillarbeit dürfen nicht die hauptsächliche Unterrichtsmethode sein. Kinder und Jugendliche lernen besser, wenn sie selbst lernen, statt belehrt zu werden.

Wenn diese beiden Dinge an deutschen Schulen gelängen, wäre das ein echter Turnaround!

Lerntipps und Lerntricks konkret

Tipp 47:

Schlechtes Konzentrationsvermögen kann man verbessern.

Durchschnittlich 40 Prozent aller Eltern schulpflichtiger Kinder in Deutschland sind der Meinung, dass ihr Kind sich nicht ausreichend konzentrieren kann. Dabei fällt auf: Je älter die Kinder und je höher die Schulform, umso zufriedener sind die Eltern mit der Konzentrationsfähigkeit ihrer Sprösslinge.[26] Aber selbst in der gymnasialen Oberstufe ist fast jeder Zehnte nicht zufrieden. Und die Lehrer sind es auch nicht: Oft wenden sie nach spätestens 10 Minuten einen didaktischen oder methodischen Kunstgriff an, damit die Klasse bei Laune gehalten wird.

Das ist nicht überraschend! Konzentration ist schließlich harte Arbeit, die älteren Kindern und den in unserem Schulsystem erfolgreichen Kindern eher gelingt. Denn sie lässt sich nur im Zusammenhang mit anderen Tätigkeiten wie Vokabeln lernen oder Formeln anwenden trainieren.

Das »Verstehen wollen«, der eigene innere Antrieb, erhöht die Konzentration. Und es gibt noch ein interessantes Ergebnis der Gehirnforschung: Kinder, die früh zu lesen beginnen, können sich länger konzentrieren.

Was können Sie tun?

- Unterstützen und fördern Sie auf jeden Fall eine frühe Lesebegeisterung.
- Verlängern Sie die Intervalle von Arbeit und Freizeit allmählich. Mit der Zeit setzt dann eine Erfolgsspirale ein, und die Sache wird zum Selbstläufer.
- Versuchen Sie Ehrgeiz zu wecken. Gemeint ist damit der Wunsch des Schülers oder der Schülerin, realistische Ziele zu erreichen: eine halbe Note besser, ein Referat mehr, eine gute Hausaufgabe abgeben, sich drei Mal pro Stunde melden … Dann gibt es keine Motivationsprobleme mehr.

Tipp 48:
Verstehen wollen ist besser als lernen müssen.

Die richtige Grundeinstellung beim Lernen ist zentral, denn nur die aktive Durchdringung des Lernstoffes führt wirklich zum Erfolg. Wenn man für die Eltern, den Lehrer oder gute Noten lernt, bleibt das Lernen immer ein Prozess, der als Zwang und Fremdbestimmung empfunden wird. Erst wenn man forschend Antworten auf Fragen sucht oder die Sprache eines fremden Landes wirklich verstehen will, lernt man gerne und gut. Obendrein kann man sich länger konzentrieren.

Was können Sie tun?

- Vermeiden Sie die Reduzierung des Lernens auf das schulische Lernen. Lernen im Alltag mit Lebensbezug, bei Beobachtungen der Natur, der Menschen und der technischen Geräte ist genauso wichtig. Dann fällt es auch leichter, auf den Schulstoff neugierig zu sein.

Tipp 49: 👉

Pausen erhöhen die Konzentrationsfähigkeit und verbessern den Lernerfolg.

Wenn gar nichts mehr geht, ist es allerhöchste Zeit für eine Pause, in der etwas ganz anderes gemacht wird. Klavier spielen, Sport, etwas basteln oder eine Spielrunde mit Freunden. Nur keine Computerspiele oder Fernsehen, das wirkt wie die »Delete-Taste« des PC. Aber bis zur Erschöpfung sollte es gar nicht kommen. Besser ist es, von Anfang an regelmäßige Pausen einzuplanen. Das ist keine Zeitvergeudung, denn das Gehirn braucht die Pausen und arbeitet unbewusst weiter. Vielleicht kennen Sie das: Nach Pausen kommen Fragen und Antworten, die vorher nicht möglich gewesen wären. Zudem sind kleine Hausaufgabenhäppchen viel appetitlicher als große!

So lange können sich Kinder im Schnitt ohne Unterbrechung auf eine Sache konzentrieren:

5–7 Jahre	8–9 Jahre	10–12 Jahre	über 12 Jahre
15 Min.	20 Min.	25 Min.	30 Min.

Was können Sie tun?

- Wichtig ist, dass die Lernphasen nicht zu lange dauern: Bei Kindern im Grundschulalter sollte es nach 15 Minuten eine kleine Pause geben, bei älteren Kindern spätestens nach 30 Minuten.

Das Gehirn braucht Schlaf, um das Gelernte zu verarbeiten.

Schlaf ist eine wichtige Lernvoraussetzung: Während des Schlafens verankert das Gehirn die aufgenommenen Informationen dauerhaft. Man weiß sogar, was wann »abgespeichert« wird: Im Tiefschlaf der ersten Nachthälfte Vokabeln, mathematische Formeln und Daten. In der zweiten Nachthälfte Prozesse wie Klavier spielen oder Rad fahren. Wenn wir uns nun daran erinnern, dass effektives und nachhaltiges Lernen Wiederholungen und Selbsttätigkeit beinhaltet, also Modelle zu entwickeln und Schaubilder zu erstellen wirksamer ist, als nur zu lesen, dann verstehen wir, wie wichtig es ist, dass der Schlaf in der zweiten Nachthälfte nicht zu kurz kommt. Hätten Jugendliche – davon sind wir heute weit entfernt – mindestens sieben Stunden Schlaf, bevor sie morgens zur Schule kommen, wären Deutschlands Schüler wohl besser im internationalen Vergleich.

Es ist in diesem Zusammenhang alarmierend, wenn 35 Prozent aller Kinder und Jugendlichen in einer Befragung über Schlafmangel und Müdigkeit klagen und nur 25 Prozent der Eltern von diesem Problem wissen![27]

Was können Sie tun?

- Sorgen Sie für ausreichend Schlaf: Grundschulkinder brauchen durchschnittlich zehn bis elf, Jugendliche »nur« noch neun bis zehn Stunden Schlaf.
- Bei schweren Schlafstörungen suchen Sie mit Ihrem Kind am besten einen Spezialisten auf.

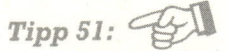
Sorgen Sie für guten Schlaf.

Am Schlafdefizit muss gar nicht das »lange Aufbleiben« schuld sein. Denn fast jedes fünfte Grundschulkind leidet auch nach strengen wissenschaftlichen Kriterien unter Schlafstörungen.

Die Ursachen sind zahlreich: exzessiver Fernsehkonsum, ungeeignete Schlafräume, psychische Probleme oder auch Entwicklungsstörungen und Überforderung. Die Folgen sind teilweise dramatisch: Übermüdung, Unausgeglichenheit, Aggression, Kopfschmerzen, Konzentrationsprobleme und Kreislaufbeschwerden sowie Schwächung des Immunsystems.

Was können Sie tun?

- Das Schlafzimmer sollte dunkel, leise und kühl sein.
- Gegen Angst vor Dunkelheit hilft bei jüngeren Kindern eine kleine Nachtlampe in der Steckdose.
- Lassen Sie besonders bei Grundschulkindern den Tag ruhig ausklingen. Die Gute-Nacht-Geschichte ist ein bewährter Klassiker.
- Schicken Sie Ihr Kind nicht mit vollem Magen ins Bett. Eine Stunde sollte die letzte Mahlzeit mindestens her sein.
- Wer zu viel fernsieht, kann nicht gut schlafen. Nach abendlichem Sport und Lernen müssen Sie noch anderthalb Stunden Chill-out rechnen.
- Bei anhaltender Übermüdung gehen Sie mit Ihrem Kind zum Arzt oder in ein Schlaflabor.

Tipp 52:

Eselsbrücken und Merksprüche sind sinnvoll.

Wenn wir uns bewusst machen, dass das Gehirn mit Vernetzungen arbeitet und Unbekanntes mit Bekanntem verbindet, dann wird klar, warum Eselsbrücken helfen. Die Effekte sind verblüffend. Ein Beispiel: Zu den Pflichten der Fünftklässler in manchen Bundesländern gehört es auch heute noch, das Inhaltsverzeichnis der Bibel in Klasse 5 auswendig zu lernen. Lerntechnisch eine enorme Herausforderung, sind doch die Propheten und Bücher mit fremdartigsten Namen bezeichnet, die eigentlich das Lernen in kleinen Portionen erzwingen. Ein Schüler in meinem Unterricht hatte aber das komplette Inhaltsverzeichnis fehlerfrei bis zum nächsten Tag parat. Wie das? Er erfand eine Geschichte, in der er den Klang der Namen mit Orten und Gegenständen, die darin in einer bestimmten Reihenfolge vorkamen, in Verbindung brachte. Habakuk war ein Pullover, der nicht über den Kopf passte, Haggai ein Essen, das nicht schmeckte, und Nahum ein Räuspern. Genial! Versuchen Sie diesen Trick doch einmal mit Ihrem Nachwuchs, wenn so etwas ansteht und Sie sonst nicht recht weiterkommen.

Was können Sie tun?

- Ermuntern Sie Ihre Kinder, mit Eselsbrücken und Merksprüchen zu lernen.
- Hören Sie ab, notfalls erst einmal auch mit den Eselsbrücken.

Greifen Sie beim Schreiben- und Lesenlernen nicht ohne Absprache mit der Grundschule ein.

Lese- und Schreibkompetenz sind Schlüsselqualifikationen für das weitere Lernen, sie sind Grundlage des Lernerfolgs vieler Fächer. Leider waren gerade hier deutsche Schüler im internationalen PISA-Vergleich nicht brillant. Deshalb ein eigener Tipp für die Grundschuleltern, die hier angesichts neuer Methoden oft sehr verunsichert sind.

Falls Ihr Nachwuchs sich das Lesen und Schreiben vor der Schulzeit selbst beibringt, dann legen Sie seinem Forscherdrang keine Steine in den Weg. Überlegen Sie aber, ob er nicht besser gleich in die zweite Klasse einsteigt, statt sich ein Jahr zu langweilen und womöglich gar zur Überzeugung zu gelangen, dass die Schule langweilig ist.

Wenn Ihr Kind jedoch das Schreiben und Lesen in der ersten Klasse erlernt, wie es die Mehrzahl der Kinder tut, dann sollten Sie häusliche Übungen nur in Absprache mit dem Lehrer durchführen. Sonst kommt es zu großer Verwirrung. Buchstabieren und strenge Korrekturen passen nämlich nicht zu denjenigen Methoden, die zuerst intuitiv und nach Gehör vorgehen.

Was können Sie tun?

- Begleiten Sie die Fortschritte mit Interesse.
- Führen Sie häusliches Extra-Training nur in Absprache mit der Lehrkraft durch.
- Fördern Sie selbstständiges Lesen, egal, ob per Comic, Pferdebuch, Sachbuch oder Märchen. Was immer Ihr Kind mag, ist in Ordnung.

- Besser langsam und intensiv lesen, als schwere Textstellen zu überfliegen. Die sollten sogar besonders gründlich studiert werden.
- Lineale oder Lesezeichen helfen am Anfang, in der richtigen Zeile zu bleiben.

Tipp 54 – für Eltern der Mittelstufe:

Fachbücher sind kein Harry Potter, nur lesen reicht nicht.

Einen Harry Potter kann man ohne nachzudenken verschlingen. Das geht bei Fachbüchern, wenn wirklich etwas gelernt werden soll, jedoch nicht. Ganze Bibliotheken sind in den letzten Jahren darüber geschrieben worden, was man mit Fach- beziehungsweise Schulbuchtexten so alles machen kann, um ihren Inhalt zu erfassen und aufzunehmen. Und vieles davon wird einem Schulkind im Laufe seines Schullebens im Unterricht vermittelt, entweder direkt als Methode für das selbstorganisierte Lernen oder aber nur indirekt als Aufgabe, die zu einem Text gestellt wird. Alle Methoden aber sind im Wesentlichen Variationen eines Grundvorgehens:

- Erster Schritt: Sich einen Überblick verschaffen, zum Beispiel mithilfe der Überschrift, der einleitenden Bemerkungen und der Aufgabe. Worum geht es? In welchem Zusammenhang steht der Text? Welche Fragen soll die Lektüre beantworten?
- Zweiter Schritt: Den Textinhalt erschließen, also gezielt lesen, dabei unverständliche Wörter nachschlagen. Falls es sich um sehr komplexe oder lange Texte handelt, ist eine Gliederung des Textes mit Abschnitt-Überschriften hilfreich.

- Dritter Schritt: Die gestellten Fragen anschließend aus dem Gedächtnis schriftlich beantworten und dann die Antworten anhand des Textes prüfen.

Was können Sie tun?

- Greifen Sie ein, wenn Ihr Kind nur einmal den Text überfliegt und meint, damit wüsste es alles. Fragen Sie nach dem Inhalt des Textes und nach der Bedeutung der Fremdwörter.
- Erkundigen Sie sich bei Mit-Eltern oder der Lehrerin, welche Textarbeitsmethode angewendet werden soll, und achten Sie darauf, dass das auch zu Hause geschieht.

Tipp 55:

Ein übersichtliches Heft hilft beim Lernen.

Selbststrukturierte Lernmaterialien sind unerlässlich. Ein vollständiges Heft ist darum die beste Grundlage für die Prüfungsvorbereitung und sollte schon Grundschulkindern zur Selbstverständlichkeit werden – denn Pubertierende, insbesondere die Jungen, noch an die Heftführung zu gewöhnen, ist ein hartes Geschäft. Der Unterrichtsgang ist dokumentiert, die Stoffgebiete können leicht gesichtet werden, Datumsangaben helfen, den Prüfungsstoff einzugrenzen. Vokabelkästchen, selbst erstellte Fachlexika oder Formelsammlungen ergänzen das Heft als Lernhilfe.

Was können Sie tun?

- Achten Sie auf eine vollständige und übersichtliche Heftführung, vor allem auf Vollständigkeit der Tafelabschriften und der Schulaufgaben.

- Dulden Sie keine losen Blätter.
- Erkundigen Sie sich auf dem Elternabend nach zusätzlichen Arbeitsmitteln wie Vokabelkästchen und Fachlexika. Überprüfen Sie deren Einsatz zu Hause.

Tipp 56:

Lernen lernen mit einem Lerntagebuch.

Jedes Kind ist anders. Jeder Schüler hat seine eigenen Lernwege. Die Lernvorlieben sind auch unterschiedlich. Um die kennenzulernen, braucht man ein Lerntagebuch. Es dient der kontinuierlichen Beobachtung und Überprüfung des eigenen Lernens. Eine spannende Sache! Welche unbewussten Strategien werden angewandt? Wird die schwierige Aufgabe immer aufgeschoben? Oder werden Freunde zu Rate gezogen? Welche Probleme gibt es wann? Sich selbst zu beobachten und herauszufinden, was gut läuft und was wie verbessert werden kann, dazu ist das Lerntagebuch ein gutes Instrument – vorausgesetzt, es wird täglich und regelmäßig eingetragen. Und je detaillierter und wahrheitsgetreuer es geführt wird, desto größer ist sein Nutzen. Die Schüler erfahren beispielsweise, ob Vokabeln lernen durch systematisches Auswendiglernen mit Karteikarten oder als Wortfeldarbeit besser funktioniert. Und wenn es immer wieder Probleme mit englischen Konditionalsätzen gibt, wird es Zeit, etwas dagegen zu tun.

Was können Sie tun?

- Entwerfen Sie zusammen mit Ihrem Kind ein Lerntagebuch oder bitten Sie die Klassenlehrerin, das im Unterricht mit der gesamten Klasse zu tun.

- Ein Vorschlag für den Inhalt eines Lerntagebuches: Was will ich lernen? – Was habe ich gemacht? – Mit wem habe ich gelernt? – Welche Methode habe ich angewendet? – Was kann ich gut? – Wo gibt es Probleme? – Welche Lösungen und Ideen habe ich? – Wie bin ich mit mir zufrieden?

Tipp 57:

Computerspiele oder Fernsehen unmittelbar nach dem Lernen radieren das Gelernte wieder aus!

Mit Computerspielen oder Fernsehen nach dem Lernen tut sich niemand einen Gefallen, auch wenn er meint, sich damit gut zu entspannen. Die Schnelligkeit und Aufmerksamkeit, die hier herrschen, geben den vorher aufgenommenen Informationen nicht genug Zeit, in das Mittel- und Langzeitgedächtnis zu gelangen. Sie werden regelrecht »überschrieben«. Dieses Phänomen ist die häufigste Erklärung dafür, dass beispielsweise Vokabeln, die bei der Abfrage am Abend vorher »saßen«, am Morgen danach wie »ausradiert« sind.

Was können Sie tun?

- Computerspiele und Fernsehen sind nach dem Lernen verboten, mindestens zwei Stunden lang.
- Wenn das Verbot nicht befolgt wird, muss leider die Störung des Familienfriedens riskiert werden: Raus mit den Dingern aus dem Kinder- bzw. Jugendzimmer!

Tipp 58:

Der häusliche Arbeitsplatz muss hell und ruhig sein.

Der Arbeitsplatz zu Hause muss die Möglichkeit ungestörten und guten Arbeitens eröffnen. Ihr Kind braucht zu Hause einen festen Ort für die Hausaufgaben. Das muss nicht unbedingt ein eigenes Zimmer sein, obgleich das natürlich ideal ist. Ein Arbeitszimmer kann auch mit dem Bruder oder der Schwester geteilt werden, aber nur, wenn die Arbeitszeiten dann den vielleicht täglich variierenden Bedürfnissen angepasst werden können. Unbedingt erforderlich sind aber ein eigener Schreibtisch und ein fester Ort – ein Regal oder ein Schrank – mit ausreichend Ablage für die Hefte und Bücher.

Was können Sie tun?

- Überprüfen Sie, ob der Arbeitsplatz hell genug ist.
- Ist es ein einladender Ort oder nicht? Was könnte man verbessern? Überlegen Sie gemeinsam mit Ihrem Kind.
- Die Arbeitsleuchte muss bei Rechtshändern links und bei Linkshändern rechts angebracht sein, so dass die Schreibhand keinen Schatten wirft.

Tipp 59:

Der häusliche Arbeitsplatz muss übersichtlich und bequem sein.

Wenn der richtige helle und bequeme Ort für den häuslichen Arbeitsplatz gefunden ist, beginnt die eigentliche Herausforderung: Wie bleibt der Schreibtisch übersichtlich und aufgeräumt? Wie wird verhindert, dass er nicht innerhalb kurzer Zeit mit verschiedenen Arbeitsmaterialien, Heften, Süßigkeiten, Mp3-Player oder auch Abfall und gebrauchtem Geschirr »zugemüllt« ist? Wenn der Schreibtisch selbst groß genug und ausreichend Ablagefläche vorhanden ist, dann ist das »nur« noch eine Frage der Organisation.

Was können Sie tun?

- Solange Ihr Kind sich das gefallen lässt: Überprüfen Sie jeden Abend, ob der Arbeitsplatz aufgeräumt und der Schulranzen gepackt ist.
- Sind Tisch und Stuhl der Körpergröße angepasst? Mittlerweile gibt es auch »mitwachsende Büromöbel für Kinder«. Wie auch immer Sie sich hier entscheiden: Die Füße müssen gerade auf dem Boden stehen können, und bei aufrechter Sitzhaltung müssen sich die Unterarme im rechten Winkel abgeknickt in Schreibhöhe befinden.
- Überprüfen Sie, ob die Arbeitsfläche groß und frei ist: Ein Ordner und ein aufgeschlagenes Buch sollten mindestens neben- oder übereinander Platz haben.
- Stifte gehören in die Schublade, nicht kreuz und quer über den Tisch oder gar auf dem Boden verteilt.
- Gibt es ein Regal in Griffhöhe für ein Lexikon und – wichtig! – einen Duden? Schaffen Sie dafür einen guten und zugänglichen Platz.
- Achten Sie darauf, dass Kalender mit Ferien und Arbeitsterminen, der Stundenplan und andere Übersichten wie Lerntagebuch oder Wochenplan gut sichtbar sind.

Tipp 60:

Der richtige Zeitpunkt für die Hausaufgaben ist, wenn sich Ihr Kind konzentrieren kann.

Sollen die Hausaufgaben gleich nach der Schule oder erst später gemacht werden? Diese Frage kann nicht pauschal beantwortet werden, denn eine individuell unabhängige »gute Zeit« zum Lernen gibt es nicht. Wichtig ist allein, dass Ihr Kind aufnahmebereit ist und konzentriert arbeiten kann. Die Aussicht auf das Treffen mit der Freundin – »Wenn alles fertig ist!« – kann Wunder wirken. Genauso kann es aber richtig sein, dass Spiel und Sport oder ein kurzes Nickerchen – besonders für die Fahrschüler, die vielleicht schon eine lange Hin- und Rückfahrt bewältigt haben – zuerst kommen, damit ein Kind nicht schon wieder sitzt und lernt. Suchen Sie eine Antwort auf folgende Fragen: An welchen Wochentagen ist die Schule besonders anstrengend? Braucht das Kind erst einmal Erholung und Bewegung? Oder hatte es vormittags schon Sport und kann daher gut zuerst arbeiten?

Was können Sie tun?

- Reagieren Sie flexibel auf die tägliche Situation und achten Sie darauf, dass die Hausaufgaben erledigt werden sowie Bewegung und Freizeit vorhanden sind.
- Verplanen Sie Ihr Kind nicht vollständig. Leistungstraining und die Hobbys müssen zu den Anforderungen der Schule passen, die immer mehr zur Ganztagsschule wird.

Tipp 61:

Erledigen Sie nicht die Hausaufgaben für Ihr Kind.

Keinesfalls sollten die Eltern die Hausaufgaben der Kinder machen, denn es sind die Kinder, die so wiederholen oder lernen sollen. Auch wenn sie möglicherweise mit nicht altersgerechten Aufgabenstellungen konfrontiert werden. Da gibt es zahllose Beispiele, hier nur eines aus meinem Bekanntenkreis: Ein Grundschulkind erhielt die Aufgabe, die Tagesschau um 20:00 Uhr anzusehen und die wichtigsten Nachrichten zum nächsten Tag zusammenzufassen. Eindeutig eine Elternaufgabe: Sprachniveau, Zeitpunkt der Sendung, Gewaltszenen, intellektuelles Anforderungsniveau und auch die Aufgabenerledigung zum nächsten Tag – ein Unsinn für ein Grundschulkind. Was passierte? Am nächsten Tag hatten fast alle Kinder eine wohl formulierte Zusammenfassung dabei. Raten Sie, von wem? Ein Kind aber hatte nur ein Schreiben der Eltern, das begründete, warum keine Zusammenfassung vorlag. Diese Schülerin kassierte vorübergehend eine »Sechs« für die Hausaufgabe. Da waren dann das Gespräch mit der Lehrerin und der Gang zur Schulleitung angesagt. Die schlechte Note wurde schließlich annulliert, und die Erledigung weiterer Elternaufgaben stand nicht mehr zu befürchten.

Was können Sie tun?

- Falls Ihr Kind einmal aus gesundheitlichen oder zeitlichen Gründen keine Hausaufgabe machen kann, dann entschuldigen Sie es. Mit einer kurzen Bemerkung im Heft. Oder in einem kurzen Telefonat mit der Lehrkraft.

- Wenn Hausaufgaben für Ihr Kind immer wieder zu schwer sind, ziehen Sie die Lehrerin oder den Lehrer zu Rate. Suchen Sie gemeinsam nach Gründen und Unterstützungsmöglichkeiten.
- Wenn Hausaufgaben Elternaufgaben sind, dann klären Sie das mit der Lehrkraft und der Schulleitung. Scheuen Sie diesen kleinen Konflikt nicht, denn wenn Eltern sich höflich Respekt verschaffen, hat das den Kindern noch nie geschadet. Und eine sorgfältigere Vorbereitung der Lehrkraft, die dann erfolgen wird, kann auch kein Schaden sein.

Tipp 62:

Leisten Sie Hilfe zur Selbsthilfe!

In Deutschland investieren Mütter viel Zeit in die Schularbeiten: Knapp die Hälfte der Mütter hilft mindestens fünf Stunden pro Woche bei den Hausaufgaben und der Vorbereitung von Klassenarbeiten. Nur vier Prozent helfen gar nicht.[28]

Wie aber unterstützen Sie als Eltern Ihr Kind zu Hause am besten? Soll man überhaupt nicht helfen?

Eben dieses wird gelegentlich bestritten: Wissenschaftler des Max-Planck-Instituts für Bildungsforschung in Berlin gaben nach großem Forschungsaufwand – 2123 Schüler wurden befragt – die Empfehlung aus: »Nicht bei den Hausaufgaben helfen!«[29] Durch dieses Ergebnis wurden Eltern und Praktiker gleichermaßen in tiefe Verwirrung gestürzt. Weitere Ergebnisse dieser Studie: Ein Schüler erreicht »einen höheren Wissensstand ...«, wenn er selbstständig die Aufgaben erledigt« und »zu viele Hausaufgaben« bremsen eher Lernfortschritte, als sie zu fördern. Auch da sind wir zu Recht verwirrt. Dass ein Zuviel genauso schadet wie ein Zuwenig und dass selbstständiges Lernen erfolgreicher ist als geführtes Lernen oder gar belehrt zu werden, was ist daran neu? Lassen Sie sich nicht verunsichern! Erfahrungswerte und der gesunde Menschenverstand sind in diesem Fall um einiges hilfreicher als diese viel kritisierte Studie.

Was können Sie tun?

- Wenn Sie ein Kind haben, das allein und gut die Hausaufgaben bewältigt, braucht es natürlich keine Unterstützung und sollte sie auch nicht aufgedrängt bekommen.
- Bei jedem Kind sollten Sie sich für die Hausaufgaben interessieren, sich die Hefte ab und zu zeigen lassen und jeden Tag einmal über die Hausaufgaben schauen. Fragen Sie ruhig auch gelegentlich Vokabeln ab!
- Vergessen Sie nicht zu loben! Verdiente Anerkennung tut Ihrem Kind gut. Ausbleibende Anerkennung enttäuscht und frustriert.
- Wenn Ihr Nachwuchs – egal welchen Alters – sich nach redlichem Bemühen Hilfe suchend an Sie wendet, dann dürfen Sie sich nicht entziehen. Hilfe bei anderen »Experten« zu suchen ist ja schließlich eine Komponente der »Informationsbeschaffungskompetenz« (so heißt das heute), über die jeder Lehrer glücklich ist! Geben Sie bei Bedarf Hilfe zur Selbsthilfe und Anregungen, helfen Sie »auf die Sprünge« und zeigen Sie, falls die Arbeit ganz unproduktiv erledigt wird, einen besseren Arbeitsweg auf.

Tipp 63:

Vermeiden Sie Sätze wie: »Da war ich auch nicht gut in der Schule!«

Der Satz »Mathe konnte ich auch nie!« ist völlig kontraproduktiv. »Wenn die Eltern das auch nicht konnten, dann ist es sinnlos. Warum sollte ich mich noch anstrengen?«, lautet die natürliche Reaktion eines Kindes. Der Matheunterricht der nächsten Jahre kann dann fast so gut sein wie er will, es wird nichts mehr werden. Dabei ist der Mathematikunterricht heute nicht mehr mit dem von vor 30 Jahren vergleichbar. Außerdem: Wer sagt denn, dass Kinder nicht besser sein können als ihre Eltern?

Was können Sie tun?

- Auch wenn Sie Ihr Kind angesichts seiner Schwierigkeiten in einem Fach trösten wollen und Sie sich an sich selbst erinnert fühlen – ermutigen Sie es! Aber geben Sie kein Alibi für zukünftiges Versagen.
- Die gute Alternative sind Sätze wie: »Da hatte ich auch Schwierigkeiten, aber mit etwas Arbeit habe ich es geschafft!« oder »Ja, ich erinnere mich. Das war auch bei mir nicht leicht. Aber dann ging es doch.«

Tipp 64:

Lernfreunde können Hausaufgaben erleichtern.

Lernen zu zweit kann mehr Spaß machen und viel effektiver sein. Aber zwei Gefahren lauern: Erstens muss auch gearbeitet, nicht nur geschwätzt und gespielt werden. Zweitens ist nicht jede Aufgabe für Teamwork geeignet. Ein und derselbe Deutschaufsatz – das riecht verdächtig nach Abschreiben und kann, wenn es dann in der Unterrichtsstunde oder bei der Korrektur auffällt, unangenehme Folgen haben. Vokabeln abfragen, an Matheaufgaben knobeln, Grammatiübungen bewältigen und vieles mehr kann aber mindestens genauso gut zu zweit erledigt werden. Schüler lernen am besten von anderen Schülern oder wenn sie anderen etwas erklären müssen. Sie sind dann »Output«-orientiert und nicht nur Nürnberger Trichter, die möglichst viel aufnehmen müssen. So werden Aufgaben gelöst, dann mit der Freundin abgeglichen, der Lösungsweg begründet und erklärt. Besser geht es nicht.

Was können Sie tun?

- Unterstützen Sie regelmäßige Treffen Ihres Kindes mit anderen für die gemeinsame Erledigung der Hausaufgaben.
- Stellen Sie diskret – etwa wenn Sie ein Getränk bringen – sicher, dass sinnvoll gearbeitet wird. Wenn nicht, müssen Sie eingreifen und notfalls das Treffen beenden.

Tipp 65:
Hausaufgaben müssen gleichmäßig über die Woche verteilt sein.

Nicht immer lässt sich eine Häufung der Hausaufgaben an einem Abend oder Nachmittag vermeiden. Aber überlange häusliche Sitzungen, wie sie immer wieder – zu Recht – heftig von Eltern und Schülern beklagt werden, sollten die Ausnahme bleiben. Wie kann das erreicht werden?

Die Lehrer sollten umfangreiche Hausaufgaben nicht zum nächsten Tag aufgeben. Die Schüler selbst führen am besten ein Hausaufgabenbuch, in das alle, wirklich alle(!) Aufgaben, Tests und Klassenarbeiten eingetragen werden. Damit wird nichts »vergessen«. Vor allem können mithilfe dieses Büchleins die Nachmittage und Abende geplant werden. In letzter Minute Hausaufgaben für den nächsten Tag erledigen – das sollte dann nicht nötig sein. Und es wird nicht auf den letzten Drücker noch voll Panik gelernt – eine denkbar ungünstige Voraussetzung für den Test am nächsten Tag.

Was können Sie tun?

- Thematisieren Sie vermeidbare Hausaufgabenhäufungen auf dem Elternabend oder in der Elternsprechstunde. Seien Sie konkret. Sagen Sie nicht: »Immer wieder kommt es zu Häufungen«, sondern: »Im Fach Englisch können die längeren Aufgaben doch aufgegeben werden, wenn nicht am nächsten Tag schon wieder Unterricht ist, sondern erst am übernächsten Tag.« Nennen Sie notfalls Ross und Reiter.
- Kontrollieren Sie ab und zu, ob das Hausaufgabenbuch vollständig geführt wird.
- Wenn Ihr Kind keine Probleme mit seiner Zeitplanung hat, brauchen Sie nicht einzugreifen.
- Sonst: Überlegen Sie gemeinsam mit Ihrem Kind, bis wann welche Aufgabe erledigt werden muss, wie lange sie dauert und wann sie gemacht werden soll. Wenn das Routine geworden ist, können Sie sich langsam immer mehr aus dieser Planung zurückziehen.

Wenn man nicht selbst helfen kann, holt man Hilfe.

Eltern fühlen sich oft überfordert, wenn es darum geht, ihren Kindern bei den Hausaufgaben zu helfen. 33 Prozent der Schüler haben in Mathematik die größten Probleme, und 28 Prozent der Eltern fällt es genau in diesem Fach schwer zu helfen! Das Fach Deutsch folgt, allerdings mit einigem Abstand: 19 Prozent der Schüler haben hier ihre Hauptschwierigkeiten, 12 Prozent der Eltern ebenfalls. An dritter Stelle steht Englisch, mit 14 Prozent auf Schülerseite und bemerkenswerten 29 Prozent bei den Eltern. Auch bei Latein, Französisch und in den Naturwissenschaften können viele Eltern kaum helfen.[30]

Was können Sie tun?

- Nehmen Sie nicht alles selbst in die Hand. Organisieren Sie einen älteren Schüler oder einen Nachhilfelehrer, wenn ein Mitschüler auch nicht weiterhelfen kann.
- Zahlen Sie einem qualifizierten Nachhilfelehrer im Einzelunterricht in etwa 30 Euro/60 Minuten, einem Schüler ca. 10 Euro.

Hausaufgabenhilfe muss zeitlich begrenzt sein.

Angesichts des gefühlten Leistungsdrucks ist heute für Eltern die Versuchung groß, durch zusätzliche, privat organisierte Förderung das Kind an einer bestimmten Schulart zu halten. Aber Nachhilfe ist als Dauerinstitution nicht sinnvoll, denn es befreit die Schüler davon, im Unterricht aufzupassen, und erschwert den Weg zum selbstständigen Arbeiten und zur eigenverantwortlichen Arbeitsstruktur. Auch wenn Ihr Sohn kein motivierter Lerner ist: Soll er im Leben Erfolg haben, dann muss er sich selbst motivieren können und selbstständig arbeiten. Schließlich hören Lehrer zu oft: »Nö, das lass ich mir heute Nachmittag erklären«, wenn sie zu mehr Aufmerksamkeit im Unterricht mahnen.

Fazit: Nachhilfe oder intensivere Hausaufgabenbetreuung sind dann sinnvoll, wenn durch eine persönliche, gesundheitliche oder familiäre Krise ein Leistungstief entstanden ist, ein Schulwechsel bewältigt oder neue Motivation vermittelt werden müssen.

Was können Sie tun?

- In spätestens einem dreiviertel Jahr sollten die Lücken aufgearbeitet sein: Setzen Sie der Nachhilfelehrkraft und Ihrem Kind ein klares zeitliches Limit und definieren Sie auch ein Leistungsziel, zum Beispiel inhaltlich oder zensurenmäßig.
- Nachhilfe darf keine Dauereinrichtung werden. Falls die Lücken trotz guter Nachhilfe nicht in den Griff zu kriegen sind, denken Sie über einen Schul- oder Klassenwechsel nach. Lassen Sie sich dabei von den fraglichen Lehrkräften und der Klassenlehrerin beraten.

Tipp 68:

Hausaufgabenhilfe darf nicht nur Inhalte eintrichtern.

Normalerweise geht es in vielen Nachhilfestunden nur darum, konkrete Aufgaben zu bearbeiten, die dann als Hausaufgabe in der Schule mit guten Noten honoriert werden. Oder es geht darum, das Kind überhaupt durch eine Aufsichtsperson zum Arbeiten zu bewegen.

Aber es reicht nicht nur, den Stoff zu büffeln. Auch die Lern- und Fachmethoden des jeweiligen Faches und neue Motivation sollten durch eine gute Nachhilfe vermittelt werden. Schließlich darf der Nachhilfeunterricht nicht wie anno dazumal beschaffen sein, sondern muss sich als Lernberatung verstehen. Denn auch im guten Unterricht wird Wert auf Kompetenzen, Selbstständigkeit und Selbstorganisation gelegt.

Was können Sie tun?

- Wählen Sie die Nachhilfe gründlich aus: Wenn Ihr Kind wirklich nur fachliche Lücken hat, reicht eine rein inhaltliche Nachhilfe.
- In allen anderen Fällen brauchen Sie einen qualifizierten Lernberater, der Lernmethoden, Fachmethoden, Erfolgserlebnisse und damit Motivation vermitteln kann.
- Gute Lernberater vor Ort sind über die Beratungslehrer oder sonst leider nur durch Mund-zu-Mund-Propaganda zu finden.

Tipp 69:

Nachhilfe durch Dritte ist besser als durch Familienmitglieder.

Wenn es irgend geht und finanzierbar ist, rate ich unbedingt zur Wahl eines fremden Nachhilfelehrers. Warum?

In der Praxis zeigt sich immer wieder, dass Personen, die dem Schüler nicht so nahestehen, bessere Erfolge erzielen als Familienmitglieder. Das liegt unter anderem daran, dass familiäre Konflikte zwischen Geschwistern oder Konflikte zwischen Eltern und Kind hinderlich sind und den Erfolg schmälern. Es müssen sich doch zu Hause keine Dramen abspielen oder Hausaufgaben gar als »Hausfriedensbruch« verstanden werden. Wie sollen da Lernlust oder Erfolgserlebnisse entstehen? Oder die Abneigung gegen ein Fach überwunden werden? Und Ihrem Familienleben wird das Ganze gewiss auch nicht guttun.

Was können Sie tun?

- Suchen Sie sich einen fachkundigen, erfahrenen Nachhilfelehrer, der zielgerichtet, aber verständnisvoll arbeitet und hin und wieder einen Scherz wagt oder auch mit den Kindern tobt.
- Auch ältere Schüler können geeignet sein: Sie kriegen oft einen guten Draht zu den Jüngeren und ihren Schwierigkeiten, sie kennen die Methoden und vielleicht sogar den unterrichtenden Lehrer. Verlässlichkeit und Sympathie zwischen beiden sind hier wichtige Voraussetzungen.
- In einigen Schulen bieten Studenten oder ältere Schüler verbilligte oder gar kostenlose Nachhilfe an – dank kräftiger Zuschüsse der öffentlichen Hand.

Tipp 70:

Gute Aufzeichnungen und genaues Nachfragen sind die halbe Prüfungsvorbereitung!

Das hört sich selbstverständlicher an, als es ist. Selbst wenn die Lehrerin oder der Lehrer sagt: »Das ist wichtig für die

Arbeit!«, gibt es noch genug Schüler und auch Schülerinnen in der Klasse, die mit ihren Gedanken woanders sind und nichts mitbekommen. Dabei wollen die Lehrer im Allgemeinen, dass die Arbeit gut ausfällt, und geben deshalb fast immer hilfreiche Tipps: Manchmal wird der Lernstoff bis auf die Buchseite genau eingeschränkt, manchmal thematisch begrenzt. Auch über die Art der Aufgabenstellung lassen sich Informationen entlocken. Bei vielen Lehrern ist es mittlerweile üblich, dass schon bei Beginn einer Einheit mitgeteilt wird, was bis wann geübt und gelernt werden wird, so dass eine Wiederholung fortwährend möglich ist und die eigentliche Vorbereitung auf eine Arbeit gar nicht mehr viel Zeit in Anspruch nehmen muss.

Was können Sie tun?

- Stellen Sie sicher, dass Ihr Kind kontinuierlich arbeitet und die Aufzeichnungen ordentlich geführt werden. Dann entfällt der große Stress vor der Arbeit, der nicht mit der Suche nach verschlampten Kopien beginnen muss!
- Fordern Sie Ihr Kind auf, genau mitzuschreiben, was in der Arbeit drankommt.

Tipp 71:

Die Prüfungsvorbereitung wird mit Zeit- und Arbeitsplan leichter.

Alles auf einmal und »auf den letzten Drücker« lernen zu wollen, funktioniert nicht. Wer zu viel auf einmal lernen soll oder will, der verzweifelt und überanstrengt sich. Das Lernen wird zum Stress und ist nicht mehr zu bewältigen. Misserfolge stellen sich ein, und der Frust wird dafür sorgen, dass das Lernen keinen Spaß macht. Es ist dann etwas Unangenehmes, dem nach Möglichkeit ausgewichen wird.

Wenn eine Arbeit ansteht, ist es daher wichtig, sich als Einstieg einen Lern-Zeitplan zu machen und zu überlegen, was man wiederholen muss, wie lange man wohl dazu braucht und in welchen Häppchen das zu bewältigen ist. Erst dann sollte es losgehen. Und mit Pausen und gutem Zeitpolster lernt es sich komfortabel.

Was können Sie tun?

- Das Arbeitsmaterial muss zusammengestellt und gesichtet werden. Dabei werden die letzten Unklarheiten über den Umfang des Lernstoffes beseitigt.
- Entwerfen Sie einen konkreten Lern- und Zeitplan zusammen mit Ihrem Kind. Danach kann es losgehen.

Tipp 72:

Ein festes Schema hilft bei Prüfungsvorbereitungen.

Rituale geben Sicherheit und beruhigen durch Routine. Ein fester Ablauf bei der Prüfungsvorbereitung hilft, nichts zu vergessen oder gar das Falsche zu lernen, weil die Abklärung des Prüfungsstoffes zu spät erfolgt ist. Es motiviert, wenn kleine Lernetappen abgehakt werden und Belohnungen, Pausen und Erfolgserlebnisse in greifbarer Nähe winken.

Was können Sie tun?

- Erster Schritt: Wissen gliedern. Eine Lernlandkarte oder eine grafische Übersicht des Themas nach Stichpunkten oder Leitfragen erstellen. Die Umstrukturierung und die Vernetzung mit neuen Kontexten ist ein ganz wichtiger Schritt beim Lernen.

- Zweiter Schritt: Richtig loslegen. Nun wird der Lernstoff gedanklich durchdrungen und visualisiert. Memorykarten, ein Lernposter, Vokabelkärtchen, sich ein Quiz ausdenken, mit Freunden lernen.

- Konzentrieren Sie sich beim Üben auf Fehler und Lücken. Verhindern Sie, dass Ihr Kind der Versuchung erliegt, nur immer wieder das anzuschauen und wiederzugeben, was es schon gut kann.

- Dritter Schritt: Wissen verpacken – auch das will gelernt und geübt sein. Die Hauptfehler müssen vermieden werden: Wichtige Infos gehören nicht in Nebensätze. Kürzere Sätze durch »wie«, »obwohl«, »dennoch«, »trotzdem« oder »weil« verbinden statt mit »und«. Aktive Formulierungen wählen und Wiederholungen vermeiden. Fachbegriffe und Fremdwörter anwenden und richtig zitieren (mit Anführungszeichen und Seiten-/ Zeilenangaben).

Tipp 73:

Prüfungen mit alten Klassenarbeiten vorbereiten.

Das ist immer noch ein wirkungsvoller Trick, auch wenn er uralt ist! Es ist gar nicht unwahrscheinlich, dass bestimmte Aufgaben oder Texte in der Prüfung wieder auftauchen werden. Denn der Fundus vieler Lehrer an geeigneten Texten und Aufgaben ist nicht unerschöpflich. Da ist es auf jeden Fall besonders interessant, wenn von älteren Geschwistern oder Freunden aus höheren Klassen frühere Klassenarbeiten gerade dieser Lehrkraft organisiert werden können.

Selbst wenn es dann doch nicht die gleiche Arbeit sein wird, hilft eine Simulation unter denselben Zeitbedingungen auf jeden Fall weiter und gibt Sicherheit.

Was können Sie tun?

- Bewahren Sie Klassenarbeiten älterer Geschwister auf und geben Sie sie, wenn es thematisch passt, an die jüngeren weiter.
- Erkundigen Sie sich in Ihrem Umfeld, ob Freunde Arbeiten des betreffenden Lehrers aufbewahrt haben. Sicher sind aber die Wege der Informationsbeschaffung, die Ihre Kinder finden, effektiver. Sie werden staunen!

Tipp 74:

Wer eine Prüfung selbst entwerfen kann, besteht auch die Prüfung.

Mindestens genauso gut wie das Schreiben alter Klausuren oder Klassenarbeiten ist das eigene Entwickeln einer Prüfungsarbeit oder eines Wiederholungstests. Welche Themenbereiche gibt es, die geprüft werden könnten? Welche Fragen sind jeweils möglich? Welche Aufgabentypen sind wahrscheinlich oder zählen zu den Vorlieben des Lehrers? Was wurde letzte Zeit im Unterricht besonders lange geübt? Was ist zentral? Welche Fragen sind einfach? Was kann im schwierigen Teil gefragt werden?

Optimal ist es, wenn zwei Kinder diese Fragen unabhängig voneinander entwickeln und dann den jeweils anderen prüfen: Fragen formulieren, Antworten definieren, die Arbeit des anderen korrigieren und ihm die Korrektur erklären. So wird der Stoff richtig aufbereitet und bleibt »haften«. Noch vorhandene Lücken werden sichtbar und können aufgearbeitet werden.

Was können Sie tun?

- Fordern Sie Ihr Kind auf, eine Arbeit zu entwerfen. Geben Sie Tipps, indem Sie die obigen Fragen stellen.
- Wenn möglich: Lassen Sie sich zwei Kinder gegenseitig »probeprüfen«.

Tipp 75:

Spickzettel machen das Mogeln überflüssig!

So ist es! Am Ende der Prüfungsvorbereitung einen kleinen »Spicker« anzufertigen ist fast ein todsicherer Tipp, denn dabei wird der Lernstoff automatisch nach Lücken durchforstet. Die Zusammenstellung dieser Fakten – wo dann alles Überflüssige entfällt – hat einen verblüffenden Effekt: Das Aufgeschriebene ist größtenteils in das Gedächtnis gewandert, und der Spicker wird nicht mehr gebraucht. Dabei ist er umso besser, je bildlicher oder schematischer er ist: MindMaps (auch treffend und schön »Gedankensterne« genannt), bei denen der wichtige Begriff in der Mitte steht und die einzelnen Gedanken sich an Unterästen immer differenzierter aufschlüsseln, Tabellen, Symbole, Übersichten – alles ist möglich.

Was können Sie tun?

- Lassen Sie Ihr Kind gegen Ende der Vorbereitung auf eine Prüfung einen Spickzettel erstellen.
- Aber geben Sie den nicht mit in die Schule!

Keine Panik vor der Panik!

Lampenfieber ist normal. Jeder Schauspieler und jeder Musiker weiß: Wenn vor einer Aufführung, in der pannenfreie Höchstleistung verlangt wird, nicht ein Mindestmaß an Anspannung und Nervosität vorhanden sind, wird es sicher nichts mit einer gelungenen Darbietung. Und gegen Lampenfieber helfen bei Künstlern auch viele Jahre Berufserfahrung nicht. Wen wundert es da, dass Schulkinder und Jugendliche Prüfungen nicht gelassen entgegensehen können? Das ist auch gut so: Wie den Künstlern hilft auch ihnen ein gewisses Maß an Psychostress vor Klausuren und Klassenarbeiten, ein möglichst gutes Ergebnis zu erzielen. Nur so lässt sich die Aufmerksamkeit fokussieren und können wirklich gute Leistungen erbracht werden.

Manchmal sind Prüfungsängste aber Ausdruck dafür, dass keine ausreichende Vorbereitung stattfand. Und dann äußert sich das schlechte Gewissen wahrscheinlich in berechtigter Panik. Ein sehr unangenehmes Gefühl, das hilft, die Vorbereitung nächstes Mal ernster zu nehmen.

Wenn Ihr Kind aber zu denen gehört, die sich trotz guter Vorbereitung zu viel Prüfungsstress machen, die Schlafstörungen, Albträume und dann in der Prüfung das berühmte »Brett« vor dem Kopf haben, bei denen also ein Blackout alles Denken blockiert, dann besteht Handlungsbedarf!

Was können Sie tun?

- Bei leichter Prüfungsangst beruhigen Sie Ihr Kind: Erklären Sie ihm, dass das normal ist und hilft, in der Prüfung ganz wach und konzentriert zu sein.

145

- Wenn trotz guter Vorbereitung und beruhigendem Ein-
  wirken Prüfungsängste zu einem Problem werden, dann
  zögern Sie nicht, sich Unterstützung bei einer Beratung
  zu holen.
- Auf keinen Fall sollten Sie in Eigenregie Beruhigungs-
  mittel einsetzen. Und schon gar nicht vor einer Prüfung,
  ohne die Wirkung zu kennen.

Tipp 77:

Wer geprüft wird, muss an sich glauben.

Wer von seinem eigenen Misserfolg ausgeht, der geht ihm
auch sicher entgegen. Das Phänomen der »self-fulfilling
prophecy«, das in zahlreichen Bereichen – von der Welt der
Börse bis hin zur persönlichen Lebensplanung – erforscht
ist, gilt auch für Prüfungssituationen. Schon in den Achzi-
gerjahren war bekannt, dass das Abschneiden von Studenten in mündlichen Prüfungen unabhängig von der Qualität
ihres tatsächlichen Kenntnisstandes in erster Linie von ihrer
Zuversicht und ihrer eigenen Prüfungsprognose beeinflusst
wird: Wer von sich überzeugt ist und ein gutes Ergebnis
erwartet, der erhöht seine Erfolgschancen! Souveränes Auftreten, positive Ausstrahlung, sichere Stimmführung, weniger Nervosität. Gewarnt werden muss natürlich trotzdem
vor Überheblichkeit angesichts schlechter Prüfungsvorbereitung, aber die Macht der Autosuggestion und des positiven Denkens kann man auf jeden Fall nutzen!

Was können Sie tun?

- Ermutigen Sie Ihr Kind: Machen Sie ihm bewusst, was es
  alles weiß, was es beantworten und zeigen kann.

- Selbst bei schlechter Vorbereitung sollte unbedingt vermieden werden, dass man in eine Prüfung mit dem Gedanken »Ich kann nichts, das geht schief!« hineingeht.
- Rufen Sie vergangene, gut gelaufene Prüfungen in Erinnerung.

Tipp 78:

Mit Entspannungstechniken und Strategie kommt man gut durch die Prüfung.

Auf jeden Fall sollten kleine Tricks für die Prüfung selbst erlernt werden:

Wenn trotz aller Vorbereitung die richtige Lösung bei einer Aufgabe nicht einfällt, dann ist es sinnvoll, diese erst einmal liegen zu lassen und etwas anderes zu machen. Das beruhigt und kostet nicht unnötig Zeit. Sich zu verbeißen bringt nichts. Wie oft habe ich aber als Aufsicht das Gegenteil beobachten können! Es ist oft ganz offensichtlich, wie die Verzweiflung dann wächst und schließlich gar nichts mehr geht. Und auf keinen Fall mit der schwersten Aufgabe beginnen. Wenn erst mal der Einstieg in die Arbeit gelungen ist, dann gibt das Selbstvertrauen – ein gutes Mittel gegen Angst.

Setzt dennoch eine Denkblockade ein, braucht man Entspannungstechniken, die den Puls wieder in den Normalbereich bringen.

Was können Sie tun?

- Bringen Sie Ihrem Kind bei, wie es Panik in der Prüfung vermeidet: indem es mit einer leichten Aufgabe beginnt und so Ruhe und Zuversicht gewinnt.

- Wenn es mal nicht weiterkommt, dann sollte es nach drei Minuten zu einer anderen, leichteren Aufgabe übergehen und sich später wieder der kniffeligen zuwenden, anstatt sich zu verzetteln und in Panik zu geraten.
- Bringen Sie Ihrem Kind zwei Entspannungstechniken für den Notfall bei:

  Eine Hand liegt auf dem Zwerchfell, die andere auf dem Brustbein; dann wird ganz bewusst eine Minute lang tief und langsam ein- und ausgeatmet. Das beruhigt. Oder: Der beruhigende Akkupunkturpunkt in der Mitte zwischen Nasenende und Oberlippe wird massiert.

Tipp 79:

Keine Klassenarbeit ohne Überblick beginnen.

Spätestens ab der 7. oder 8. Klasse ist es gut, nicht einfach blind draufloszuarbeiten, sondern seine Zeiteinteilung auch während einer schriftlichen Prüfung zu planen. Wie geht das?

Es gibt zwei Hinweise, die helfen, den Zeitbedarf einer Aufgabe richtig einzuschätzen: Das sind erstens die Aufgabenstellung und zweitens die Bewertungseinheiten oder Verrechnungspunkte je Aufgabe. Die Aufgabenstellung sagt zum Beispiel, ob Stichwörter reichen oder ein Lückentext ausgefüllt werden muss. So was kostet wenig Zeit. Oder aber, ob etwas erläutert und ausgeführt werden muss. Dafür muss genügend Zeit bleiben. Die sogenannten Verrechnungspunkte oder auch »Bewertungseinheiten« geben Auskunft, wie viel jede Aufgabe zählt, wie stark sie gewichtet wird. Und die wichtigen Aufgaben, mit denen man punkten kann, dürfen keinesfalls zeitlich zu kurz kommen, auch wenn sie vielleicht am Ende der Klassenarbeit stehen.

- Lassen Sie Ihr Kind die Zeiteinteilung in den Hausaufgaben üben, dann geht es auch in den Arbeiten leichter!
- Schon Ihr jüngeres Kind sollte zuerst kurz die Aufgaben und die damit verbundenen Punktzahlen sichten. Dann diejenigen einkreisen, die viele Punkte bringen, und genug Zeit für diese einplanen.
- Auf keinen Fall sollte bei Aufgaben mit wenig Bewertungspunkten viel Zeit investiert werden.
- Bei älteren Schülern und längeren Klausuren: Am besten ein richtiges Zeitraster entwerfen, dabei nicht die Dauer der Aufgaben auf das Aufgabenblatt schreiben, sondern – wenn die Reihenfolge der Bearbeitung schon feststeht – auch die Uhrzeit, bei der die Aufgabe jeweils begonnen werden muss.

Tipp 80:

Mündliche Prüfungen muss man trainieren.

Die größte Angst haben Schülerinnen und Schüler nicht vor schriftlichen, sondern vor den selteneren mündlichen Prüfungen. Sie fürchten eine Blamage. Während bei schriftlichen Prüfungen schnell zur nächsten Frage übergegangen werden kann, kann das »Nachbohren« des Prüfers hier ungeahnte Abgründe aufdecken. Ein Albtraum! Vielleicht greift auch ein Vorsitzender, den man nicht kennt, mit Fragen ein, die man nicht versteht. Was ist, wenn die eigene Stimme wegbleibt? Oder wenn der Prüfer barsch und unfreundlich ist? Schließlich prüfen die Prüfer ja oft mehrere Tage und stundenlang am Stück – womit ich beileibe kein Mitleid erwecken will, aber die Prüfungssituation mal von der anderen Seite aus beleuchten möchte.

Was können Sie tun?

- Üben Sie das deutliche und nicht zu schnelle Sprechen mit Ihrem Kind.
- Fordern Sie ihn oder sie auf, zu Hause vor dem Spiegel (das ist völlig ernst gemeint!) eine Probeprüfung oder einen Probevortrag zu machen und auf »Ticks« zu achten. Die sollten nach Möglichkeit abtrainiert werden.
- Ihr Kind sollte versuchen, Blickkontakt mit den Prüfern/ den Zuhörenden zu halten. (In der Prüfung können der Mimik des Prüfers vielleicht schon Hinweise über die erwartete Antwort entnommen werden.)
- Beginnen Sie/Ihr Sohn/Ihre Tochter mit diesen kleinen Übungen nicht erst im Abitur, sondern schon früh bei jeder Gelegenheit wie Kurzvorträgen, Präsentationen, Abfragen.

Tipp 81:

Bei mündlichen Prüfungen ist es gut, die Initiative zu ergreifen.

Eine mündliche Prüfung bietet mehr Chancen als eine schriftliche: Der Prüfling kann genauso wie der Prüfer auf den Prüfungsverlauf Einfluss nehmen und Wissen und Kenntnisse an den Mann oder die Frau bringen, die sonst unbeachtet blieben. Denn er oder sie kann von sich aus ein Thema anschneiden in der Hoffnung, dass dort nachgefragt wird.

Missverständnisse können ausgeräumt werden, und Hinweise und Hilfestellungen sind möglich, die vielleicht doch noch auf die richtige Spur führen. Die Chancen fest im Blick – so muss man die Prüfung angehen!

- Machen Sie Ihrer Tochter oder Ihrem Sohn bewusst, dass sie oder er die Prüfung mitbestimmen kann und dass das Gefühl des »Ausgeliefert-Seins« falsch ist!
- Erstellen Sie eine Liste von Dingen, die »sitzen«. Und dann muss versucht werden, die in der Prüfung anzubringen: »Ich würde gern auch etwas zu folgendem Punkt sagen.«
- In der Prüfung soll man sich möglichst nicht unterbrechen lassen, wenn man einen guten Gedanken zu Ende führen will: »Entschuldigen Sie bitte, aber ich würde das gerne noch kurz ausführen. Mir erscheint das wichtig. Dann gehe ich selbstverständlich auf Ihre Frage ein.«

Tipp 82:

Für mündliche Prüfungen sollte man Notfall-Sätze parat haben.

Schnell werden auch bei einem Erwachsenen, dessen Schul- oder Studienzeit in grauer Vorzeit liegt, unangenehme Erinnerungen an die eigenen Ängste vor mündlichen Prüfungen wach. Die Horrorvorstellungen sind aber beherrschbarer, wenn man das »Worst-case«-Szenario nicht nur mehr oder minder erfolgreich verdrängt, sondern durchgespielt und hilfreiche Sätze für diesen Fall im Hinterkopf hat. Denn so ohnmächtig, wie man zuerst denkt, ist man gar nicht.

Den Prüfern wiederum gefällt es, wenn ein Dialog entsteht, wenn sie um Hilfe gebeten werden, und das gelingt. Trotz Strenge sind die allermeisten Prüfer fair. Sie möchten lieber mit dem guten Gefühl nach Hause gehen, erfolgreich geprüft und gelehrt zu haben, als Frust, Tränen und Enttäuschung zu erleben.

Hinzu kommt: Wenn jemand sich wie ein verschrecktes Kaninchen vor der Schlange verhält oder aus Unsicherheit gar »pampig« wird – auch das kommt vor –, wie soll die Prüfung da angemessen weitergeführt werden?

Was können Sie tun?

- Weiß Ihr Sohn oder Ihre Tochter, dass er/sie um einen hilfreichen Hinweis bitten kann? Statt etwa zu sagen: »Weiß ich nicht!«, kann er/sie fragen: »Worauf wollen Sie hinaus?« Vielleicht kommt dann ein guter Tipp.
- Geschickt ist auch: »Können Sie die Frage anders formulieren?« Das gibt zumindest etwas Zeit zum Nachdenken. Und die Frage in eigenen Worten zu wiederholen: »Zu … möchte ich Folgendes sagen …«, mildert die Nervosität.
- Bei einem Blackout ist es besser, die Aufregung zu formulieren und um etwas Zeit zu bitten, als nur stumm dazusitzen. Denn kaum etwas verärgert Prüfer meiner Erfahrung nach mehr. »Entschuldigen Sie, ich bin so nervös, ich kann gerade nicht richtig nachdenken. Gleich geht es wieder.« Da gewinnt man mindestens etwas Zeit und bekommt Sympathiepunkte, vor allem, wenn man sich danach wieder fängt.
- Wenn der Prüfer etwas falsch verstanden hat, muss man das sagen: »Ich glaube, da gibt es ein Missverständnis. Ich wollte Folgendes sagen …«

Gut präsentiert wird besser bewertet.

Natürlich zählt der Inhalt. Aber eben nicht nur.

Eine wichtige Erkenntnis in einem Nebensatz geht unter. Die Fixierung auf die zahlreichen »Ähs« lenkt ab oder verärgert die Zuhörer. Die zu kleine Schrift der PowerPoint-Präsentation verdirbt den Effekt, auf den die stundenlange Vorbereitung zielte. Der Rücken zum Publikum verbaut den Blickkontakt und verhindert jede Interaktion. Eine gelungene Präsentation eines Themas aber ist nicht nur für die Zuhörer ein Genuss, sondern bringt ein Thema erst richtig zur Geltung.

Was können Sie tun?

- Stellen Sie sich bei einem Referat Ihres Kindes als Probepublikum zur Verfügung.
- Achten Sie auf die Stimme (Zu laut/leise? Zu schnell? Räuspern oder Füllwörter?) und die Körperhaltung. Falls etwas auffällt: üben. Aber mit Geduld und nicht kurz vor Schluss noch zusätzlich verunsichern.
- Einen Schluck Wasser zu trinken hilft bei dem berühmten Frosch im Hals – übrigens ein häufiges Stresssymptom – und gibt Zeit zum Nachdenken.
- Falls kein Getränk zur Verfügung steht, helfen die Profi-Tricks der Schauspieler und Sänger gegen einen trockenen Mund: Bevor man drankommt, das Ohrläppchen reiben (Akupressurpunkt). In der Prüfung kann man sich auch ganz leicht auf die Zungenspitze beißen oder sich vorstellen, dass man in eine Zitrone beißt.
- Werden die Ausführungen angemessen durch Folien, PowerPoint oder Plakate etc. unterstützt? Reines Ablesen ist ungünstig!

- Raten Sie von unkommentiertem »Durchjagen« von Bildern und Tabellen ab. Auch wenn es schwerfällt: lieber kürzen!
- Prüfen Sie, ob alles gut lesbar ist.

Tipp 84:

Eine gute Gliederung ist wichtig.

In vielen Bundesländern hat sich etwas getan bei den mündlichen Prüfungen: Die Konfrontation mit einem unbekannten Text oder einer Aufgabe, dann einige Minuten Vorbereitungszeit und schließlich die Prüfung, so war es in der Vergangenheit. Das aber wurde ergänzt oder ersetzt durch eine vorbereitete Präsentation eines Themas und ein darauf aufbauendes, sich anschließendes Kolloquium. Eine vernünftige Maßnahme, wenn man vorher in der Schule Präsentationstechniken übt und daran denkt, was später im Beruf erwartet wird.

Zu einer guten Präsentation oder einem guten Referat gehören ein gelungener Aufbau und ein roter Faden. Die folgenden Tipps können auch schon Fünftklässler mit ein wenig Unterstützung umsetzen.

Was können Sie tun?

- Der Aufbau sollte zur Orientierung während des Vortrags sichtbar sein.
- Gibt es eine gute Einleitung (eine Frage, ein Zitat, ein Rätsel, ein Bild …) und einen schlüssigen Schluss?
- Ist ein »roter Faden« erkennbar?
- Sind wesentliche Inhalte hervorgehoben, und ist weniger Zentrales auch untergeordnet präsentiert?

- Stoppen Sie die Zeit. Muss gekürzt oder etwas hinzugefügt werden?

Tipp 85:
Alles Nötige für die Prüfung mitnehmen.

In den Klassenarbeiten und Klausuren offenbart sich die ganze Bandbreite an vorausschauender Planung in einer Klasse. Teilweise bauen die Schüler Verpflegung für eine ganze Großfamilie vor sich auf: Getränke und eine große Auswahl an Nahrungs- und Genussmitteln. Dann die Maskottchen: Steine und Kuscheltiere. Dagegen ist nichts zu sagen. Essen und Trinken helfen bei langen Klausuren, und wenn ein Glücksbringer die Nerven beruhigt und Geborgenheit vermittelt – warum nicht?

Die gut Organisierten haben auch Ohropax dabei, Reservestifte, ja selbst Heftzettel, um Notizen und Stichwörter aus der Textaufgabe bequem umstrukturieren zu können. Ein großer Wecker steht auf dem Tisch. Die langen Haare sind zusammengebunden. So weit zu den Profis.

Andere Schüler dagegen sind völlig »verpeilt«. Sie kommen selbst im Abitur zu spät in die Klausur oder Klassenarbeit und borgen sich erst einmal Papiere und Stifte aus. – Liebe Eltern, ich scherze nicht! Das ist in jeder Altersstufe auch am Gymnasium ein sich wiederholendes Bild! Dann kann es endlich losgehen, wobei allerdings beständiges Fragen nach der Uhrzeit oder Taschentüchern den gewonnenen Eindruck abrunden. Manche Situationen haben die Qualität eines gelungenen Slapsticks. Die Geduld und das Verständnis, die die anderen Schüler lange – aber nicht endlos – aufbringen, sind bewundernswert, sie sind Ausdruck von Mitleid und Solidarität in der Prüfung.

Was können Sie tun?

- Verpflegung und Getränke für lange Klausuren sollten selbstverständlich sein. Jeder Sohn und jede Tochter weiß dieses kleine bisschen Extra-Fürsorge zu schätzen.
- Eine Uhr muss sein. Die am Handy geht nicht, wie sollte hier kontrolliert werden, ob nicht geschummelt wird? Und wie sollte sichergestellt sein, dass es stumm bleibt?
- Ohropax und eine dünne Jacke (falls man am Fenster sitzt) können nicht schaden.
- Wenn Ihr Kind es gewöhnt ist, seine Arbeitsmaterialien einzupacken, wird es auch nicht ohne Material zur Klassenarbeit erscheinen.

Die kleine Checkliste

47. Kann sich mein Kind gut konzentrieren?
    - ❏ Schlecht: Ritalin ohne Erwägung von alternativem Training.
    - ❏ Gut: viel und früh lesen.
    - ❏ Gut: Belohnungen und langsam längere Lernintervalle.
    - ❏ Gut: Der Ehrgeiz wird geweckt.
48. Lernt mein Kind gern?
    - ❏ Schlecht: Mein Kind empfindet die Schule als Zwang.
    - ❏ Gut: Mein Kind will die Dinge verstehen und ist im Alltag und in der Schule neugierig.
49. Macht mein Kind genug Pausen?
    - ❏ Schlecht: Die Pausen fallen wegen Zeitdruck aus.
    - ❏ Gut: im Grundschulalter alle 15 bis 20 Minuten.
    - ❏ Gut: sonst alle 30 Minuten.
50. Hat mein Kind genug Schlaf?
    - ❏ Schlecht: zu wenig Schlaf. (Macht krank und verhindert, dass das Gehirn das Gelernte abspeichern kann.)
    - ❏ Gut: 10 bis 11 Stunden im Grundschulalter, später noch 9 bis 10 Stunden.
51. Kann mein Kind gut schlafen?
    - ❏ Schlecht: mit vollem Magen ins Bett.
    - ❏ Schlecht: Mein Kind ist (im Unterricht) oft müde.
    - ❏ Gut: Das Schlafzimmer ist dunkel, leise und kühl.
    - ❏ Gut: Eine Nachtlampe hilft gegen Angst im Dunkeln.
    - ❏ Gut: Eine Gute-Nacht-Erzählung für Kinder bis etwa 12 Jahre.
    - ❏ Gut: nach Sport oder Lernen noch mindestens anderthalb Stunden Chill-out.
    - ❏ Gut: maßvolles Fernsehen.
52. Macht sich mein Kind das Lernen leicht oder schwer?
    - ❏ Schlecht: Unbekannter Stoff wird ohne Verbindung zu Bekanntem oder Anschauung gepaukt.
    - ❏ Gut: »Eselsbrücken« und Merksprüche.

53. Klappt das Schreibenlernen?
   - ❏ Schlecht: Sie greifen ohne Rücksprache mit der Lehrkraft in die Rechtschreibung ein und verunsichern Ihr Kind.
   - ❏ Schlecht: Ihr Kind geht über schwierige Textpassagen hinweg.
   - ❏ Gut: Mein Kind hat sich das selbst beigebracht.
   - ❏ Gut: Sie wecken und unterstützen das Interesse durch alle möglichen zufälligen Leseanlässe.

54. Geht mein Kind mit Fachtexten richtig um?
   - ❏ Schlecht: Sie werden nur »durchgelesen«.
   - ❏ Gut: ein sinnvolles Schema für die Erarbeitung und Wiedergabe.
   - ❏ Gut: Tipps des Lehrers für die Textarbeit kommen zum Einsatz.

55. Hat mein Kind gute Lernmaterialien?
   - ❏ Schlecht: Einzelne Kopien »fliegen herum«.
   - ❏ Gut: Das Heft ist vollständig und übersichtlich.
   - ❏ Gut: Vokabelkästchen und selbsterstellte Lexika.

56. Weiß mein Kind, wie es am besten lernt?
   - ❏ Schlecht: Das eigene Lernverhalten wird nicht reflektiert.
   - ❏ Gut: ein Lerntagebuch.

57. Hat mein Kind am nächsten Morgen alles wieder vergessen?
   - ❏ Schlecht: ein Fernseher oder Computerspiele im Kinderzimmer.
   - ❏ Gut: keine Computerspiele und kein Fernsehen mindestens zwei Stunden nach dem Lernen.

58. Hat mein Kind zu Hause einen guten Arbeitsplatz?
   - ❏ Schlecht: Ihr Kind kann nicht ungestört arbeiten, wenn es will.
   - ❏ Gut: Er ist hell und ruhig.
   - ❏ Gut: Die Schreibhand wirft keinen Schatten.

59. Ist der Arbeitsplatz bequem und aufgeräumt?
   - ❏ Schlecht: Der Arbeitsplatz ist unaufgeräumt, und der Schulranzen wird erst morgens gepackt.

❏ Schlecht: Die Arbeitsfläche ist zu klein für Buch und Ordner.

❏ Gut: Die Möbel sind der Körpergröße angepasst.

❏ Gut: Stifte sind in der Schublade.

❏ Gut: Lexikon und Duden sind griffbereit.

❏ Gut: Lernübersichten sind immer sichtbar.

60. Werden die Hausaufgaben zum richtigen Zeitpunkt gemacht?

❏ Schlecht: ein straffes Tagespensum ohne Rücksicht auf die Leistungs- und Konzentrationsfähigkeit.

❏ Gut: Die »Hausis« werden jeden Tag dann gemacht, wenn Bewegungsdrang und Erholungsbedürfnis befriedigt worden sind.

61. Wer macht die Hausaufgaben?

❏ Schlecht: Sie.

❏ Gut: mein Kind – begleitet durch wohlwollendes Interesse und gelegentliche Unterstützung.

62. Wie helfe ich bei den Hausaufgaben?

❏ Schlecht: Sie kritisieren nur oder loben zu wenig.

❏ Schlecht: Sie zeigen kein Interesse an der Erledigung der Hausaufgaben.

❏ Gut: Mein Kind kommt gut allein klar. Ich vergewissere mich nur ab und zu, dass das so ist.

❏ Gut: Wenn ich um Hilfe gebeten werde, dann zeige ich Lösungswege auf.

❏ Gut: Ich nehme Kontakt mit der Schule auf, wenn mir etwas unglaubwürdig oder unlogisch erscheint.

63. Ermutige ich mein Kind?

❏ Schlecht: »Das habe ich auch nie gekonnt.«

❏ Gut: »Das ist mir damals auch nicht leichtgefallen, aber dann habe ich es doch hinbekommen.«

64. Ist mein Kind teamfähig?

❏ Schlecht: Mein Kind kann anderen nicht zuhören oder etwas erklären.

❏ Schlecht: Die häusliche Lerngruppe lässt sich zu leicht ablenken.

❑ Gut: Lernfreunde unterstützen sich gegenseitig und arbeiten effektiv zusammen.

65. Sind die Hausaufgaben gleichmäßig über die Woche verteilt?

❑ Schlecht: viele unnötige Häufungen von Hausaufgaben und Klassenarbeiten, weil die Lehrer keine Rücksicht nehmen oder weil Ihr Kind nicht plant.

❑ Gut: Längere Hausaufgaben werden langfristig aufgegeben.

❑ Gut: Ein Hausaufgabenheft erleichtert die Planung des Kindes und die Absprache zwischen Elternhaus und Schule.

66. Was kann ich tun, wenn ich selbst nicht helfen kann?

❑ Schlecht: Sie trauen Ihrem Kind auch nicht mehr zu und wechseln den Schultyp.

❑ Gut: Hilfe durch qualifizierte Dritte.

67. Wie lang soll die Nachhilfe dauern?

❑ Schlecht: Die Nachhilfe dient als Dauereinrichtung, um Defizite der Schule oder des Kindes auszugleichen.

❑ Gut: Die Nachhilfe dauert höchstens ein dreiviertel Jahr.

❑ Gut: Der Nachhilfelehrer und mein Kind haben ein klares Ziel und kennen das Zeitlimit.

68. Ist die Nachhilfe qualifiziert?

❑ Schlecht: Die Nachhilfe macht sich selbst unabkömmlich, indem sie fachliches Wissen nur »eintrichtert«.

❑ Gut: Motivation, fachliches und methodisches Wissen werden vermittelt.

69. Wer gibt Nachhilfe?

❑ Schlecht: Familienmitglieder.

❑ Gut: ein qualifizierter Nachhilfelehrer.

❑ Gut: ein guter älterer Schüler.

70. Hat mein Kind gute Unterrichtsaufzeichnungen für die Prüfungsvorbereitung?

❑ Schlecht: Die Suche nach »Blättern« beginnt, und die Übersicht fehlt.

❑ Gut: ein übersichtliches, regelmäßig geführtes Heft.

71. Lernt mein Kind rechtzeitig?
    ❏ Schlecht: Überforderung durch schlechtes Zeitmanagement.
    ❏ Schlecht: Unklarheiten über den Umfang des Prüfungs-
       stoffes.
    ❏ Gut: ein zeitiger Lern- und Arbeitsplan.
    ❏ Gut: Wenn dieser realistisch ist und eingehalten wird.
72. Hat mein Kind die Prüfungsvorbereitung im Griff?
    ❏ Schlecht: Es drückt sich um die Vorbereitung.
    ❏ Schlecht: Es wird nur einmal »draufgeschaut«.
    ❏ Gut: Mein Kind strukturiert den Stoff neu, visualisiert,
       gliedert und übt auch die Wiedergabe des Erlernten.
73. Hat mein Kind alte Klassenarbeiten?
    ❏ Gut: Probeprüfungen.
74. Hat mein Kind den Stoff gedanklich durchdrungen?
    ❏ Schlecht: Ihr Kind hat keine Idee in Bezug auf mögliche
       Prüfungsfragen.
    ❏ Gut: Er oder sie kann selbst Prüfungsfragen entwickeln,
       beantworten, korrigieren und erklären.
75. Gibt es am Ende der Vorbereitungszeit noch Lücken?
    ❏ Schlecht: einen Spicker in der Prüfung benutzen (und er-
       wischt werden).
    ❏ Gut: Alles auf einem Spicker notieren und dann diesen
       Stoff im Kopf haben.
76. Wie geht man mit Prüfungspanik um?
    ❏ Schlecht: Tranquilizer in Eigenregie verabreichen.
    ❏ Schlecht: übermäßige chronische Prüfungsängste, die
       nicht behandelt werden.
    ❏ Gut: beruhigen und die Zuversicht stärken.
77. Glaubt mein Kind an sich?
    ❏ Schlecht: vom eigenen Scheitern ausgehen und es damit
       heraufbeschwören.
    ❏ Gut: positiv denken.
78. Bleibt mein Kind während der Arbeit ruhig?
    ❏ Schlecht: sich zu lange bei dem aufhalten, was man nicht
       kann, und dann in Panik geraten.

❏ Gut: mit dem beginnen, was man gut kann.

❏ Gut: Entspannungstechniken kennen und anwenden.

79. »Verzettelt« sich mein Kind in schriftlichen Prüfungen?

❏ Schlecht: zu viel Zeit mit gering gewichteten Aufgaben vergeuden.

❏ Gut: Aufschreiben, wann welche Aufgaben fertig sein sollten.

❏ Gut: aufgabengewichtungen bei der Zeitplanung berücksichtigen.

80. Ist mein Kind gut auf mündliche Prüfungen vorbereitet?

❏ Schlecht: zu viele »Ticks«.

❏ Gut: Es spricht deutlich und nicht zu schnell.

❏ Gut: Blickkontakt mit den »Prüfern«.

❏ Gut: eine Probeprüfung vor dem Spiegel.

81. Kann mein Kind die mündliche Prüfung aktiv gestalten?

❏ Gut: die Initiative ergreifen und sich möglichst wenig unterbrechen lassen.

❏ Gut: Wissen, was man auf jeden Fall in der Prüfung »loswerden will«.

82. Weiß mein Kind sich in der Prüfung zu helfen?

❏ Schlecht: patzig werden.

❏ Schlecht: stumm dasitzen.

❏ Gut: Notfall-Sätze vorbereiten.

❏ Gut: bei Blackout die Aufregung formulieren.

83. Kann mein Kind präsentieren?

❏ Schlecht: Materialschlachten.

❏ Gut: Der Vortrag wird mindestens einmal zur Probe gehalten.

❏ Gut: Die Stimme ist deutlich und die Körpersprache zugewandt.

❏ Gut: Visualisierungen unterstützen die Ausführungen.

84. Ist alles gut gegliedert?

❏ Schlecht: Die Zeit wird deutlich überzogen, oder das Referat ist zu kurz.

❏ Gut: Eine übersichtliche Gliederung ist dem Vortrag vorangestellt.

❑ Gut: Die Inhalte sind richtig gewichtet.

❑ Gut: Es gibt einen roten Faden, eine Einleitung und einen Schluss.

85. Hat mein Kind alles für die Prüfung dabei?

❑ Schlecht: nur eine Uhr am eingeschalteten Handy.

❑ Gut: Verpflegung.

❑ Gut: eine Jacke.

❑ Gut: Ohropax.

❑ Gut: Schreibutensilien und die erlaubten Hilfsmittel, wie Taschenrechner oder Formelsammlung.

3. Kapitel:
Wie soll ich mich gegenüber der Schule und den Lehrern verhalten?

Selbst wenn Ihr Kind in eine Schule geht, mit der Sie im Großen und Ganzen zufrieden sind, und auch wenn alles insgesamt rund läuft, sind Sie als Eltern im Alltag immer wieder unsicher, wie Sie gegenüber der Schule auftreten sollen. Viele Eltern fragen sich, ob und wie sie sich in der Schule engagieren sollen. »Wird mein Einsatz gewürdigt? Kommt er meinem Kind zugute? Oder handle ich mir am Ende doch nur Ärger ein?« Schwierig wird es, wenn Sie am Mittagstisch von Ihrem Kind etwas über die vormittäglichen Geschehnisse in der Schule erfahren, was Ihnen ganz und gar nicht gefällt: Ihr Sohn wird im Unterricht übergangen! Ungerecht behandelt! Er oder sie ist ohne eigene Schuld für etwas bestraft worden. Sie möchten zum Wohl Ihres Kindes handeln – aber wie?

Strafarbeiten oder »Nachsitzen« für das eigene Kind einfach akzeptieren, auch wenn Sie als Vater oder Mutter das eigentlich nicht einsehen, fällt schwer. Da ruhig zu bleiben und einen guten Weg oder auch nur den richtigen Tonfall im Gespräch mit der Schule zu finden ist nicht einfach.

Was müssen Sie als Mutter und Vater akzeptieren und was nicht? Müssen Sie zu einem bestimmten Termin in der Schule erscheinen, wenn Sie dazu von der Schulleitung schriftlich aufgefordert werden? Der richtige Umgang mit der Schule und den Lehrern ist schwierig. Schon die Frage, ob die Informationen, die man vom Nachwuchs oder von anderen Eltern erhält, richtig sind, lässt einen manchmal grübeln.

Zunächst muss man wissen, dass Schule und Eltern juristisch gesehen in einem Verhältnis zueinander stehen, das offiziell als »Erziehungspartnerschaft« bezeichnet wird. Beide Seiten sind zur Zusammenarbeit verpflichtet. Was aber bedeutet das? Was können Sie tun, um diese Partnerschaft erfolgreich zu gestalten?

Die dazu notwendigen Hintergrundinformationen erhalten Sie im ersten Teil dieses Kapitels: Fakten zur Situation der Lehrer, Merkmale eines guten Pädagogen, Rechte und Pflichten aller Beteiligten.

Im zweiten Teil dieses Kapitels erhalten Sie konkrete Tipps, wie Sie den Umgang mit der Schule im Alltag sinnvoll gestalten können. Wie man sich auf ein Gespräch mit Lehrern vorbereiten sollte und wie sinnvolles Elternengagement aussehen kann.

Was bedeutet »Erziehungspartnerschaft«?

»Erziehungspartnerschaft« ist der Begriff, den Pädagogen und Juristen gebrauchen, um das Verhältnis von Schule – also Lehrkräften und Schulleitung – auf der einen sowie Eltern auf der anderen Seite zu beschreiben. Der Begriff soll ausdrücken, dass für eine gelingende Erziehung eines Kindes beide Seiten aufeinander angewiesen sind und partnerschaftlich, das heißt auf Augenhöhe(!), die Entwicklung von jungen Menschen fördern müssen. Da in der Praxis Eltern und Schule nicht immer an einem Strang ziehen und nicht immer vertrauensvoll zusammenarbeiten, haben Juristen das Verhältnis Eltern-Schule mittlerweile bis ins Detail geregelt. Es steht genau fest, welche Rechte und Pflichten beide Seiten haben. Hier ein Überblick:

- Die Eltern suchen in der Regel die Schule aus. Sie müssen den Schulbesuch des Kindes ermöglichen und sind für sein allgemeines Wohl verantwortlich. Sie treffen alle für die Bildung und Erziehung ihres Kindes wichtigen Entscheidungen, wählen beispielsweise die Schulart oder die zu erlernenden Fremdsprachen. Sie entscheiden über Details wie die Teilnahme an der Klassenfahrt.

Die Eltern haben die Möglichkeit, das Schulleben mitzugestalten: Sie unterstützen die Schule organisatorisch und immer öfter auch finanziell. Außerdem entscheiden sie in den Schulgremien gemeinsam mit Schülern, Lehrern und Schulleitungen über die schulischen Schwerpunkte – wie Profilbildung (auch Differenzierung genannt), die Hausordnung oder das Fächerangebot der Schule.

- Die Schulleitung kann innerhalb des so festgelegten Rahmens und unter Berücksichtigung der gesetzlichen Vorschriften über das konkrete Fächerangebot jeder Jahrgangsstufe und die Einteilung der Lehrer und Schüler in die Klassen entscheiden. Bei Disziplinarmaßnahmen gegen Schüler muss sie deren Eltern mindestens anhören, bei weitergehenden Maßnahmen wie Schulausschluss oder Versetzung in eine andere Klasse sind auch die Elternvertreter der Schule an der Entscheidung beteiligt. Welche Mitbestimmungs- oder Anhörungsrechte von Eltern im einzelnen Fall gelten, darüber geben die Schulgesetze der jeweiligen Bundesländer Auskunft. Die Internetseiten der Kultusministerien oder die Elternvertretungen in den Schulen bzw. auf Länderebene sind hier die besten Informationsquellen. (Postalische Adressen erhalten Sie im Sekretariat der Schulen oder vom Elternbeirat Ihrer Schule.)
- Die Schule als Ganzes hat einen Bildungs- und Erziehungsauftrag: Sie soll die Kinder und Jugendlichen zu mündigen Staatsbürgern und -bürgerinnen erziehen und Werte wie Achtung der Menschenrechte, Leistungsbereitschaft und Solidarität vermitteln. Auch Heimatliebe,

Umweltschutz, Achtung der Familie und »christliche Werte« finden sich in den Schulgesetzen mancher Bundesländer. Genau umrissene Fähigkeiten und Kenntnisse sollen in festgelegten Altersstufen und Fächern vermittelt werden. Außerdem soll Schule Kinder stark machen: Suchtprävention, Gesundheitserziehung, Verkehrserziehung, Teamfähigkeit.

- Bei Problemen (Leistung, Sozialverhalten, Gesundheit) ist die Schule verpflichtet, die Eltern zu informieren, sie zu beraten und nach Möglichkeit Hilfe anzubieten. Die Schule kann aber auch die Eltern um Unterstützung bitten und sie auffordern, stärker auf die Kinder einzuwirken (zum Beispiel mehr Hausaufgabenkontrollen, früheres Zu-Bett-Gehen, pünktliches Erscheinen zum Unterricht).
- Wird die Schulpflicht wiederholt nicht erfüllt (und die Eltern wissen das, billigen es vielleicht sogar) oder verwahrlosen Kinder, dann schaltet die Schule andere Ämter ein (Schulamt, Jugendamt, Polizei, medizinische Dienste) und wirkt so gesehen im Extremfall auch als staatliche Kontrollinstanz gegenüber dem Elternhaus. Aber das ist glücklicherweise die Ausnahme.

Sind Lehrer »faule Säcke« oder »arme Schweine«?

Die Lehrer, die kennt man, oder? Aus eigener Anschauung, dem »Lehrer-Hasserbuch« und von unseren Politikern weiß man es doch: Das sind diejenigen unter uns, die bekanntermaßen morgens Recht und nachmittags frei haben. Das sind die »faulen Säcke« (legendäre Äußerung Gerhard Schröders, seinerzeit Ministerpräsident in Niedersachsen) mit den vielen Ferien, zweifelhafter Arbeitsmoral und hohem Einkommen.

Diese verbreitete Einschätzung hat mit der Realität nicht viel gemeinsam, konterte E. Geyer, damals Vorsitzender des deutschen Beamtenbundes, schon vor Jahren und sprach von Lehrern als »armen Schweinen«.[31] Lehrer müssen austragen, was ihnen vom Kultusministerium an Lehrplänen und Arbeitsumfang, von der Gesellschaft an Problemen aufgebürdet wird. Kraft und Zeit reichen nicht, alles ein Berufsleben lang abzufangen. Warum?

- Lehrer mit einer Vollzeitstelle arbeiten mehr als 50 Stunden die Woche. Die Arbeit der Lehrkräfte umfasst nicht nur den eigentlichen Unterricht, sondern auch die Vor- und Nachbereitungen (es sei denn, man behält sein einmal entwickeltes Konzept jahrzehntelang bei), Konferenzen, Evaluation und Schulentwicklung, Schüler- und Elterngespräche, Exkursions- und Klassenfahrten, Aufsichten, Vertretungen und Korrekturen. Was in den Augen des Nachbarn wie Erholung im heimischen Garten aussieht und zu bissigen Kommentaren führt, sind vielleicht die Abiturkorrekturen.

- Lehrer unterliegen besonderen gesundheitlichen Belastungen am Arbeitsplatz, die erst seit kurzem von der Arbeitsmedizin wissenschaftlich untersucht werden: Raumklima und Beleuchtung sind in der Schule belastend, vor allem aber stellt der Lärmpegel langfristig eine nennenswerte Gesundheitsgefahr dar. Zwischen 63 und 85 Dezibel müssen Schüler- und Lehrerohren aushalten, das entspricht dem Lärm einer Hauptverkehrsstraße! Will ein Lehrer unter diesen Bedingungen seine Schüler akustisch erreichen, muss er diesen Lärmpegel um mindestens 15 bis 18 Dezibel übertönen – eine Herausforderung für die im Allgemeinen nicht professionell ausgebildeten Stimmbänder.

- Heutzutage sind auch die rauen Sitten an deutschen Schulen zu einer großen gesundheitlichen Belastung für Lehrer geworden! Die Ergebnisse einer Untersuchung von Wissenschaftlern aus Freiburg und Dresden[32] sind alarmierend: Ein Jahr lang untersuchten sie eintausend Lehrer von Hauptschulen und Gymnasien im allgemein als beschaulich geltenden Städtchen Freiburg. In diesem Zeitraum wurden 42 Prozent der Lehrer von Schülern massiv beleidigt, mehr als vier Prozent begegneten Gewaltandrohungen oder tätlichen Angriffen, und sieben Prozent mussten die mutwillige Beschädigung ihres persönlichen Eigentums durch Schüler erleben! Von den Eltern erhielten diese Pädagogen wenig Unterstützung, Vorwürfe oder Beleidigungen auch von dieser Seite. Dabei ist der Tonfall an der Hauptschule erwartungsgemäß rauer, aber die Unterschiede zu anderen Schularten sind nicht so gravierend, wie man auf Anhieb vermuten könnte.

- So überrascht es wenig, dass 30 Prozent der betroffenen Kollegen in einer schlechten seelischen Verfassung waren. Oft handelte es sich dabei um eine chronische Erschöpfung, dem Burnout-Syndrom, das vorwiegend besonders engagierte Kollegen trifft, deren Arbeit entweder nicht genügend gewürdigt wird oder nicht den erhofften Erfolg bringt. Mindestens ein Drittel – manche Studien sprechen von über 58 Prozent[33] – der 740 000 hauptberuflichen Lehrer in Deutschland zeigt Symptome des Burnout-Syndroms. Dazu zählen Zynismus gegenüber den eigentlich Schutzbefohlenen und dem eigenen Beruf, Gefühlsabstumpfung, Niedergeschlagenheit und Leistungsschwäche – Symptome, die die Lehrkräfte erst richtig zur Zielscheibe von Aggressionen machen.[34] Ein wahrer Teufelskreis!

Was fehlt Lehrern angesichts der Herausforderungen in ihrem Beruf?

Auch bei guter Zusammenarbeit mit den Eltern fehlen den Pädagogen wichtige Hilfen und Voraussetzungen:

- *Unterstützendes Fachpersonal*, zum Beispiel in den Bereichen der interkulturellen Kommunikation, der Sozialarbeit und der Familien- oder Jugendtherapie. Denn: Auch ein Lehrer kann nicht alles können!
- Mehr *Selbstbewusstsein und Anerkennung.* Lehrer müssen überhaupt aus der Rolle des Jammerlappens herauskommen und sich weigern, als Prügelknaben für die vom Rotstift gerupften Bildungsinstitutionen zu dienen. Das fängt damit an, den eigenen Beruf mit Stolz zu vertreten und nicht vor den Schmähungen, die so oft folgen, zu weichen. Haben Sie schon einmal einen Pädagogen gehört, der auf die Frage nach seinem Beruf so antwortete, wie Joachim Bauer, Experte auf dem Gebiet der Lehrergesundheit, es vorschlägt: »Ich bin Pädagoge mit Leib und Seele, ich unterrichte ... und plage mich seit Jahren mit schwierigen Kindern ab, die uns die Eltern und die Gesellschaft in die Schule schicken. In vielen Fällen gelingt es mir, aus hoffnungslosen Fällen ziemlich gute Schüler zu machen! Das ist mein Job!« Oder einen, der negative Vorurteile mit dem Satz quittierte: »Nehmen Sie es nicht persönlich, aber ich glaube, Sie kennen die heutigen Verhältnisse in den Schulen nicht gut genug«?[35]
- Eine auf die Bedürfnisse angepasste *Aus- und Weiterbildung.* Die jetzige Situation entspricht nicht den Anforderungen. Selbst auf viele Aufgaben, die zum Kerngeschäft gehören, wurden und werden Lehrkräfte nicht vorbereitet: Der Umgang mit verhaltensauffälligen Schülerinnen

und Schülern, das Verhalten in Konfliktsituationen, die Beratungsgespräche, die Diagnose von Lernschwierigkeiten oder der Umgang mit besonders begabten Kindern werden bei der Lehrerausbildung nicht genügend berücksichtigt. Auch bei der Organisation von Klassenfahrten oder der Wahrnehmung von Klassenlehreraufgaben wurschteln sich ganze Lehrerkollegien nach dem Motto »try and error« so durch. Fortbildungen zu diesen Themen werden zwar angeboten, aber die Fortbildner selbst sind oft nur schnellgebleicht. Und die Zeit während der Fortbildung reicht lediglich für Impulse, nicht aber für die notwendige Aneignung eines sicheren Handlungsrepertoires.

- Ein *berufsbegleitendes Coaching zur Professionalisierung und als Gesundheitsprophylaxe.* Die meisten Lehrer sind trotz anders lautender öffentlicher Meinung eher stark motiviert oder überengagiert, haben hohe Ansprüche an sich, aber investieren dabei ihre Energien nicht sinnvoll. Lediglich ein Sechstel der Pädagogen bleibt angesichts der schwierigen Balance zwischen Engagement und selbstfürsorglicher Abgrenzung gesund!

Wenigstens beim letzten Punkt ist man auf dem richtigen Weg: Das Bundesministerium für Arbeit und Soziales initiierte ein Programm für Arbeitsschutz. Vier Säulen der Gesundheitsprävention von Lehrern, die auch den Schülern zugutekommen, wurden im Rahmen dieses Programmes 2006 entwickelt. Davon hätten zwei Säulen durch eine gute Ausbildung längst abgedeckt werden müssen – das Kompetenztraining zum Umgang mit verhaltensauffälligen Schülern und das Training zur Lärmmilderung. Außerdem gehören noch eine spezielle individuelle Gesundheitsdiagnostik und ein Coaching-Programm zu den vier Säulen. Immerhin.

Aber von einer flächendeckenden Einführung dieses Programmes sind wir noch weit entfernt.

Woran erkennt man einen guten Lehrer?

Ein guter Lehrer

- versteckt sich nicht hinter Stoffhuberei, sondern vermittelt auch Fachkompetenzen oder -methoden. Das heißt zum Beispiel, dass er nicht nur auswendig lernen lässt, er erklärt auch zuvor, wie man effektiv lernt.
- motiviert die Schüler zum eigenständigen Arbeiten und zu besonderen Leistungen – nicht nur durch Notendruck.
- vermittelt Interesse oder gar die Begeisterung für sein Fach.
- unterrichtet abwechslungsreich und hat Humor.
- korrigiert nicht nur mit »richtig« oder »falsch«, sondern macht auch Verbesserungsvorschläge.
- kann gut erklären.
- weiß, dass Lob wichtig ist.
- hat auch einzelne Schülerinnen und Schüler im Blick und kann ihnen Zutrauen in die eigenen Fähigkeiten vermitteln.
- behandelt die Lernenden respektvoll und fordert gleichzeitig respektvolles Verhalten gegenüber sich selbst und anderen.
- vermittelt, dass er die Schüler mag und ihm die Lernfortschritte wichtig sind.
- gibt gerechte Noten.
- sagt vorher, was er wie bewertet und verlangt.
- kann für Ruhe im Klassenraum sorgen.

- hat für die Probleme der Schülerinnen und Schüler ein offenes Ohr und gibt gute Ratschläge; dabei ist er diskret.
- biedert sich nicht an, sondern zeigt Grenzen und ist berechenbar.
- ist gegenüber den Eltern gesprächsbereit, gibt gute Erziehungstipps und tauscht sich mit seinen Kolleginnen und Kollegen aus.
- fördert eine gute Lernatmosphäre in der Klasse und gestaltet Aktivitäten zur Verbesserung des Klassenklimas innerhalb und außerhalb des Unterrichts.
- gibt den Schülern in anonymisierten Verfahren Gelegenheit, sich zu seinem Unterricht zu äußern, und versucht, sinnvolle Anregungen umzusetzen.
- macht sich nach und nach selbst überflüssig!

Kurzum: Alles immer zu erfüllen wäre übermenschlich, nicht nur angesichts der zeitlichen Belastung einer Vollzeitstelle. Aber wenn Sie nicht wenigstens hinter ein paar Punkten einen dicken Haken setzen können, hat Ihr Kind keinen guten Lehrer.

Wie aussagekräftig sind die Urteile von Schülern über Lehrer im Internet?

Fällen Schüler treffende Urteile über ihre Lehrer? Wie ernst kann man zum Beispiel die Äußerungen im Internet nehmen?

Fest steht: Schülerinnen und Schüler hatten noch nie ein Problem damit, sich in aller Deutlichkeit zu äußern, wen oder was sie »cool« finden und wen oder was »scheiße«. Das tun sie seit eh und je in (Pausenhof-)Gesprächen und auf Partys. Dabei wird jedoch den aufmerksamen Zuhörern schnell klar: Was dem einen sein Lieblingslehrer ist, ist dem anderen ein Horror. Gruppenarbeit ist nicht überall beliebt, das pädagogisch wertvolle selbstständige Arbeiten schon gar nicht. Einer langweilt sich, der nächste meint, die Erklärungen seien zu knapp. Fast alle sind sich einig, dass guter Unterricht möglichst interessant sein soll und ohne Hausaufgaben auskommen muss. Und vor allem soll er Spaß machen.

Sind die älteren Schülerinnen und Schüler ausgewogener in ihrem Urteil? Oft nicht. Selbst in Abschlussjahrgängen der gymnasialen Oberstufe kommt es vor, dass ein und derselbe Kurs ganz unterschiedlich bewertet wird, wenn er zum Beispiel von Schülern zweier Schulen besucht wird und daher in zwei »Abi-Zeitungen« Erwähnung findet. Einmal bedankten sich Schüler einer Schule bei mir für den interessanten Unterricht, die gute Abiturvorbereitung und angenehme Lernatmosphäre; kleine Beispiele aus dem Unterricht waren angeführt. In der anderen Schule stand zu lesen, es sei langweilig und demotivierend gewesen, ja, man sei nach den guten Erfahrungen mit mir als Lehrkraft in der Mittelstufe geradezu enttäuscht! Hätte ich es nicht besser gewusst, ich hätte zwei verschiedene Kurse und zwei unterschiedliche Pädagogen vermutet. Wenn dann ein Lehrer die Verfasser von kritischen Artikeln zur Rede stellt, kann es sein, dass er zur Antwort bekommt: »Ach Herr X/Frau Y, das nimmt doch keiner ernst. Das ist ein Scherz, wir kennen Sie doch. Was regen Sie sich eigentlich so auf?« Da werden wir als Lehrer schon etwas ratlos, was die Verlässlichkeit von Schülerbeurteilungen anbelangt!

Im Internet können sich alle Schüler ohne Angst vor Entdeckung und Sanktionen über die Lehrer äußern. Evaluation oder Mobbing – das ist hier die Frage!

Die möglichen Beiträge auf den verschiedenen Internetseiten reichen von frei gewählten Kommentaren bis hin zur Erstellung von Lehrerzeugnissen mit »Fächern« wie »Pünktlichkeit«, »Motivationsfähigkeit« oder »abwechslungsreicher Unterricht«. Auch ob eine Lehrkraft »sexy« ist oder nicht, will zum Beispiel spickmich.de wissen. Während die einen dieses öffentliche Rating als ihr legitimes und überfälliges Recht, ja vielleicht sogar als Notwehr verteidigen, kommt es in der Praxis zu Auswüchsen, die für die Kollegen demütigend und beleidigend sind. Lehrern ist es übrigens noch nicht einmal erlaubt, die Noten der Schüler gegenüber Dritten zu nennen oder gar auszuführen, geschweige denn, faule Schüler virtuell an den Pranger zu stellen.

Die Gerichte haben bisher unter Hinweis des Rechtes der Schüler auf freie Meinungsäußerung Klagen der betroffenen Pädagogen abgelehnt, allerdings können sich Schüler, die ihre Lehrer im Internet beleidigen, nicht in Sicherheit wiegen: Wenn die Schule den Schulbetrieb durch unflätige Äußerungen im virtuellen Raum gestört sieht, kann sie den Schüler, der sie getätigt hat, der Schule verweisen oder den Schulverweis androhen. So wurde es vom Verwaltungsgericht im Fall eines 13-jährigen Gymnasiasten bestätigt, der seine Lehrerin in einer eigens gebastelten Internetseite beleidigte![36]

Stehen im Internet richtige Noten für Notengeber? Schwerlich: Da gibt es Kettenmails der Schüler, die dazu auffordern, sich bei Kollege X immer wieder einzuloggen, um ihn nach oben oder unten zu pushen. Mehrfachwertungen sind oft möglich, auch die Lehrer selbst setzen sich und ihre Kollegen mit fingierten Bewertungen hoch. So werden unter Verächtern und Fans von Lehrern regelrechte Wettbewerbe mit dem Ziel ausgerufen, das Rating in ihrem Sinn zu verändern! Mit einer seriösen Bewertung aus Schülersicht, die durchaus sinnvoll und möglich ist, haben solche Internetseiten nur wenig zu tun. Welche Interessen da bei den Schülern selbst auch immer eine Rolle spielen mögen – Wut, Rache oder auch nur Entertainment –, zu einer Annäherung zwischen Schülern, Eltern und Lehrern wird es so nicht kommen. Wohl aber zur Steigerung der Werbetarife durch höhere Login-Quoten beim Provider, der hier einen echten Coup gelandet hat. Wir gratulieren!

Haben Lehrer Lieblinge oder Schüler »auf dem Kieker«?

Ihr Kind erklärt Ihnen im Brustton der Überzeugung: »Der Lehrer mag mich nicht. Der sieht nie, wenn ich mich melde. Ich kann tun und lassen, was ich will, ich kriege doch keine bessere Mathe-Note. Er nimmt nur die Natalie dran.«

Oft gibt es wirklich eine Fokussierung der Lehrkraft auf bestimmte Schüler, die mehr als andere aufgerufen werden. Dahinter verbergen sich jedoch häufig pädagogische Gründe: Ermutigung, Unsicherheiten der Bewertung (»Soll ich die bessere oder schlechtere Note geben?«) oder die Erfahrung, dass ein Schüler immer Beiträge mittlerer Qualität liefert und sich hier nicht durch noch mehr Quantität verbessern kann.

Umgekehrt empfinden manche Schüler gar das häufige Aufrufen eher als Schikane denn als Unterstützung. So wurde ein Schüler von mir, der seine Hausaufgaben nicht erledigt hatte, in drei Stunden hintereinander aufgefordert, die Hausaufgabe abzugeben. Er hatte sie kein einziges Mal erledigt! Und er empfand das, was als zeitnahe Ausgleichsmöglichkeit gedacht war, als Schikane. Aber ist ein Schüler hier böswillig »in die Pfanne gehauen worden«, oder ging da das Kalkül »Jetzt wird sie mich doch kein drittes Mal drannehmen, ich muss nichts tun« nicht auf?

Krasse Fälle von Parteilichkeit und Ungerechtigkeit mag es geben. Aussagen von Schülern über Bevorzugung und Benachteiligung müssen jedoch immer kritisch überprüft werden, denn sie können Leistungen anderer Schüler nur bedingt richtig einschätzen. Machen Sie sich klar: Die Schüler kennen nicht alle Bewertungen eingesammelter Aufgaben!

Und schließlich menschelt es auch! Attraktive junge Menschen wirken auf die Pädagogen (und auch auf die Pädagoginnen) nicht nur durch ihre Unterrichtsbeiträge. Und die Mode ist nicht mehr die der Achtzigerjahre: Damals trugen die Mädchen hochgeschlossene, weite Sweatshirts, Latzhosen und zu allem Überfluss auch noch eine gebatikte Windel oder ein Palästinensertuch um den Hals. Heute dagegen das Gegenteil: tiefe Ausschnitte, bauchfreie Tops, Hosen, aus denen der String oder das Tattoo hervorlugt, kurze Röcke. Das alles verfehlt seine Wirkung nicht und wird keineswegs immer nur unbewusst oder fair eingesetzt. (Womit nicht gesagt sein soll, dass die Jungen nicht auch durch ein Lächeln zu bestechen wissen ...) Bedenken Sie: Der Altersunterschied beträgt zwischen Schülerinnen einer Abschlussklasse und Referendaren unter Umständen nur sechs Jahre. Und, wie der Volksmund weiß, schützt auch Alter leider nicht vor Torheit. Schließlich verliebte sich auch der fast 74-jährige Goethe unsterblich in die 19-jährige Ulrike von Levetzow.

Jungen Lehrkräften hilft nur Rollenklarheit und den älteren der unerbittliche Blick in den Spiegel! Oder wir entscheiden uns doch endlich für eine Kleiderordnung an den Schulen – auch zur Entlastung der schwer unter Hormonausschüttung leidenden männlichen Schüler!

Können die Leistungen meines Kindes tatsächlich vom Lehrer abhängen?

Schülerleistungen schwanken aus den unterschiedlichsten Gründen: von Fach zu Fach, von einem Unterrichtsthema zum nächsten, von Jahr zu Jahr – weil die Gesundheit schlechter ist oder die Aufmerksamkeit von einer anderen Sache absorbiert wird. Selbstverständlich können sie auch von Lehrer zu Lehrer schwanken. Welcher Grund jeweils der richtige ist, müssen Sie im Einzelfall herausfinden.

Wenn der neue Lehrer oder die neue Lehrerin (sogar unabhängig von deren Unterrichtsqualität) Ursache für bessere oder schlechtere Leistungen des Nachwuchses ist, kann das viele Gründe haben:

- Ihr Kind motiviert sich, um dem Lehrer zu gefallen: Es gibt Kinder, die ihren Unterrichtseinsatz danach ausrichten, ob die Lehrer ihnen sympathisch sind. Sie lernen dann »für den Lehrer« und streben nach seiner Anerkennung. Ist der Lehrer ihnen unsympathisch, übertragen sie das auch auf das Fach. Mit dem richtigen lehrenden Sympathieträger kommen beste Ergebnisse zustande. Aber das »Lernen für den Lehrer« ist nicht die ideale Lernmotivation, denn Sie können kaum beeinflussen, welcher Lehrer Ihr Kind wie lange unterrichtet. Es bleibt nur zu wünschen, dass Ihr Kind zwischenzeitlich so stark am Fach interessiert ist, dass die Person des Lehrers weniger wichtig wird.
- Ihr Kind lernt, um gelobt zu werden: Manche Kinder sind sehr von der Anerkennung des Lehrers abhängig. Bleibt sein Lob aus, verlieren sie die Lust. Leider vergessen manche Lehrer zu loben. Pädagogen wenden unterschiedliche Motivationsstrategien an, sie müssen

erst herausfinden – wenn ihnen das überhaupt gelingt –, welches Kind wie zu motivieren ist oder welcher Schüler besondere Motivationsanreize braucht.

- Das Unterrichtstempo entspricht nicht dem Lerntempo Ihres Kindes: Das Lerntempo der einzelnen Kinder ist unterschiedlich. Die einen wollen alles ganz genau und langsam erklärt haben, die anderen besitzen eine schnellere Auffassungsgabe und sind deswegen eher gelangweilt, schalten dann ab und schaffen hinterher möglicherweise den Wiedereinstieg nicht.

Es ist immer richtig, den neuen Lehrkräften Ihres Kindes etwas Zeit zu geben, um die Klasse mit den 30 einzelnen Schülerinnen und Schülern kennenzulernen. Und auch Ihr Kind braucht Zeit, um sich an den neuen Unterrichtsstil zu gewöhnen. Viele Probleme lösen sich so von selbst.

Sind Eltern die besseren Pädagogen für das eigene Kind?

Eltern kennen ihr Kind seit der Geburt. Sie verbringen mehr Zeit mit ihm als irgendein Lehrer, sie können Entwicklungen genauer beobachten, denken öfter an ihr Kind, und gemeinhin denken sie auch viel länger darüber nach, wie es ihm geht. Das eigene Kind hat in ihrem Leben einen besonderen Stellenwert, und sie sorgen sich um sein Wohl und seine Zukunft. Wissen dann liebende Eltern nicht auch zwangsläufig eher als der Lehrer in der Schule, was für ihr Kind am besten ist?

- Richtig ist, dass jedes Kind anders ist. Aber richtig ist auch, dass erfahrene Pädagogen viele Kinder unter professionellen Gesichtspunkten beobachtet haben und in ihrem Bereich für bestimmte Anforderungen und Altersstufen daher die größere Erfahrung und mehr Knowhow mitbringen. Für Eltern ist dagegen alles das erste, zweite, dritte oder vielleicht auch vierte Mal. Sie stützen sich auf ihre Erfahrungen in der Kindheit, auf Ratgeber oder handeln instinktiv.

- Eltern projizieren ihre Hoffnungen und Ansprüche auf den kleinen Menschen. Sie wollen ihn vielleicht über Gebühr schützen oder mit dem Kind als Stellvertreter ihre unverwirklichten Träume realisieren. Sie stellen möglicherweise ihre eigenen Erfahrungen als Kind zu stark in den Vordergrund. Anstatt die Fehler der eigenen Eltern nur zu vermeiden, neigen sie zu sehr zum gegenteiligen Erziehungsstil. Vor diesem Hintergrund ist es nicht immer leicht, die richtige Mischung aus Anforderung und Hilfe, aus Strenge und Nachgiebigkeit zu finden.

- Lehrer dagegen sind – vorausgesetzt, sie nehmen ihren Beruf ernst – nicht im selben Ausmaß emotional befangen und wollen ebenfalls in ihren Bereichen die Kinder zum Erfolg führen. Dabei kennen sie das jeweilige Kind weniger gut, aber sie sind darin geschult, Verhalten, Fähigkeiten und Entwicklungspotenzial einzuschätzen. Sie sehen Kinder darüber hinaus nicht nur als Individuen, sondern auch als Mitglieder unterschiedlicher Gruppen, in denen verschiedenste Situationen zu meistern sind: Im Klassenverband und in Freundescliquen müssen Testsituationen, sportliche Herausforderungen, kreative Aufgaben und intellektuelle Fragen bewältigt werden. Lehrer erleben das Kind auf der Klassenfahrt. Für viele Jungen und Mädchen ist es das erste Mal, dass sie länger von der Familie und dem vertrauten Heim fort sind. Pädagogen sehen dann, ob das Kind zu schüchtern oder zu rücksichtslos ist, ob es sich selbst und andere durch sein Verhalten grob gefährdet und ob es in der Gruppe zurechtkommt.

So sind die Lehrerinnen und Lehrer oft die einzige Instanz, die sich bei den Eltern dadurch unbeliebt macht, dass sie das Verhalten des Kindes bewertet und dabei auch negative Rückmeldungen gibt. Welche Verwandte oder welcher Freund der Familie setzt sich damit ins Wespennest, das Erziehungshandeln oder -ergebnis der Eltern grundlegend zu kritisieren? Dies bleibt den Lehrern vorbehalten. Und daher wirkt deren Kritik auf die Eltern schnell wie eine unverhältnismäßige Attacke auf das Kind und sie selbst. Verteidigungs- und Abwehrimpuls treten unweigerlich ein. Kein Wunder, dass Eltern und Lehrer schon vor mehr als 75 Jahren vom Soziologen Willard Waller[37] als »natürliche Feinde« bezeichnet worden sind!

Ein Kind profitiert aber am meisten, wenn Eltern und Schule zusammenarbeiten und in einen vernünftigen Dialog auf Augenhöhe treten. Der langfristige Blick auf das eigene Kind und die professionelle Einschätzung der Lehrer sind die jeweils ideale Ergänzung.

Sind die Eltern schuld, wenn das Kind in der Schule Probleme hat?

Lehrer sehen sich in ihrem Beruf mit ganz unterschiedlichen Eltern konfrontiert. Neben sehr vielen positiven Begegnungen müssen sie immer wieder frustrierende Erfahrungen machen:

Es gibt Eltern, die die Schule als Feind sehen, vor dem ihr Kind, mit dem sie sich im Übermaß identifizieren, geschützt werden muss. Und es gibt auch Eltern, die die Institution Schule schlichtweg missachten. Beides tritt nicht selten in Kombination auf. Dann wartet auf die Lehrer ein hartes Stück Arbeit.

Oft genug habe ich bei meinen Kontakten mit Grundschulen erlebt, wie Eltern die dortigen Lehrer und Schulleitungen unter Druck setzten, um eine Gymnasialempfehlung zu erreichen. Das fängt schon bei Einzelzensuren an: Selbst wenn klar sein dürfte, dass eine »1« statt einer »1-« bei sechs Fehlern kaum zu rechtfertigen ist, kritisieren manche Eltern die Note des Kindes gleich bei der Schulleitung.[38] Oder ein Vater, von Haus aus auch Lehrer, fordert die zur Abiturzulassung erforderliche Kursnote seines Sohnes durch seitenlange Ausführungen bei der Schulleiterin und der Fachlehrerin ein, der offizielle Briefkopf mit Landeswappen weist ihn als Mitglied des Landtags und bildungspolitischen Experten seiner Fraktion aus. Ich könnte viele weitere Beispiele anführen.

In der Praxis gibt es groteske Auswüchse, wenn Eltern das Verhalten ihrer Kinder rechtfertigen. So verbürgt sich die ehemalige Realschulleiterin Brigitte Hohlfeld für folgende Begebenheit[39]: Die Mutter eines massiv und notorisch störenden Sechstklässlers wurde davon unterrichtet, dass »ihr Sohn wiederholt mitten im Unterricht zähen Auswurf auf die Fensterbank spuckte. Die Mitschüler hatten sich angeekelt abgewendet.« Die Reaktion war prompt. Am folgenden Tag »legte der Junge seiner Lehrerin grinsend ein Schreiben der Mutter vor, in dem es hieß, irgendwohin müsse er seinen Auswurf entsorgen« … In solchen Fällen sprechen die Lehrer von intensiver Elternerziehung und stellen sich die Frage, was denn noch alles ihre Aufgabe ist!

Die Identifikation mancher Eltern, insbesondere der Mütter, nimmt zuweilen Formen an, die sich kein Romancier je

trauen würde, in seinem Werk zu beschreiben. Ein weiteres
Beispiel: Nachweislich hatte eine zwölfjährige Realschü-
lerin wochenlang keine Mathematik-Hausaufgaben angefertigt. Erst auf Bitte der Schulleiterin erschien die Mutter
zum Gespräch. Die Tochter behauptete, sie habe die Aufgaben immer gemacht, aber auf dem Schulweg verloren –
was nicht stimmen konnte, denn dann wäre die Mathe-
matikarbeit nicht »ungenügend« ausgefallen. Die Mutter
aber glaubte weiterhin dem Kind. »Es lüge nie, das wisse
sie, denn schließlich sei sie als Mutter mit ihr schwanger
gewesen und habe zwei Liter Blut bei ihrer Geburt verloren.«[40] Diese Begebenheit könnte ich durch zahlreiche ähnliche Beispiele aus dem Gymnasialbereich ergänzen. Viele
engagierte Lehrer empfinden solches Verhalten als sehr
belastend. Und nicht nur sie, auch die restlichen Schüler
der Klasse leiden unter dem asozialen Verhalten einzelner
Schüler, die sich der falsch verstandenen bedingungslosen
Rückendeckung ihrer Eltern sicher sind. Dass diese »Unterstützung« das Kind nicht zu langfristigen Erfolgen führen
dürfte, ist offensichtlich.

Funktioniert die Erziehungspartnerschaft zwischen Eltern und Schule noch?

Wie häufig sind die geschilderten Fälle einer extrem ge-
störten Erziehungspartnerschaft? Sie kommen regelmäßig
vor, sind aber Ausnahmen:[41]

* Die überwiegend Mehrheit der Eltern liebt ihr Kind,
  aber hat das Gefühl, auch viel falsch zu machen. Sie fühlen sich manchmal etwas hilflos und suchen beim Lehrer
  Rat. Sie kommen zu Elternabenden und -stammtischen,

oder sie laden den Lehrer zu einem Hausbesuch ein. Mit ihnen arbeiten Lehrer gerne und oft erfolgreich zusammen.

- Nur bei etwa jedem zehnten Kind läuft alles so gut, dass Lehrer mit und ohne Elternkontakt keine Probleme haben, bei diesen Kindern ihren Bildungsauftrag umzusetzen. Die Eltern halten normalerweise Kontakt, allerdings haben die Treffen mehr den Charakter von Höflichkeitsbesuchen als den von Arbeitssitzungen.
- Ca. 30 Prozent der Eltern aber belasten den Lehrer und seine Arbeit so, dass er weniger Wissen vermitteln und Erziehung leisten kann, als er sollte und müsste!

Von diesen 30 Prozent sind etwa 15 Prozent überfürsorglich, sie wissen alles besser, greifen den Lehrer an, so dass er sich ständig verteidigen und rechtfertigen muss. Sie rauben ihm den letzten Nerv und nehmen seine Zeit über Gebühr in Anspruch. Das Kind kann Schule und Elternhaus leicht gegeneinander ausspielen.

Die andere Hälfte der problematischen Eltern vernachlässigt die Zusammenarbeit mit der Schule. Sie wollen nichts mit der Schule zu tun haben, sie kommen nicht zu Elternabenden, und notfalls müssen sie amtsmäßig schriftlich vorgeladen werden. Wenn sie dann kommen, sind sie nicht aufnahmebereit, sondern voreingenommen, ein Teil von ihnen ist gar aggressiv oder alkoholisiert. Meist gehen die Kinder dieser Eltern gern zur Schule, weil sie hier Zuwendung und Struktur erfahren. Sie müssen gegen ihre Eltern gestärkt werden und sind dankbar für jede Zuwendung vom Lehrer, die er ihnen aber angesichts voller Klassen nur bedingt geben kann.

Warum sind Lehrer so schwer erreichbar?

Professor Werner Sacher, Kommunikationswissenschaftler in Erlangen, hat 2004 die Kommunikation zwischen Schule und Elternhaus in Bayern untersucht[42]: Pointiert formuliert können demnach mehr als ein Drittel aller Lehrer als Kommunikationsmuffel gelten, die mit Eltern lieber nicht reden wollen. Die »reservierten« Lehrkräfte, die knapp die Hälfte ausmachen, sprechen Eltern bei zufälligen Begegnungen immerhin noch »gelegentlich« an. Nur ein mageres Sechstel aller Lehrkräfte kann dagegen als aufgeschlossen gelten. Warum ist das so?

Während der Unterrichtszeit lassen enge Termine spontane Gespräche im Schulhaus kaum zu. Außerhalb der Unterrichtszeit liegt es meistens nicht an den charakterlichen Eigenarten der Pädagogen – Schüchternheit gehört nicht oft zum Profil eines Lehrers. Der Grund ist ein anderer: Einige Eltern kennen keinerlei Hemmungen, zu jeder Zeit und an jedem Ort den Lehrer für Wichtiges und Unwichtiges zu beanspruchen. Und daher haben es sich viele Lehrer abgewöhnt, Eltern spontan anzusprechen oder ihre private Telefonnummer herauszugeben. Während Lehrer manche Eltern trotz vieler Bitten nie zu Gesicht bekommen, gibt es andere, die ohne Bedenken immer anrufen. Ein krasses Beispiel, das mir selbst vor Jahren passierte: Am Heiligen Abend rief mich ein Vater privat an, um eine Kanonade wüster Beschimpfungen loszuwerden: Der Preis der Studienfahrt – der den Eltern vor drei Monaten schriftlich mitgeteilt worden war – sei eine Unverschämtheit. (Auf dem eigens zum Thema gehaltenen Informationsabend waren die Herrschaften leider nicht zugegen, Informationsbriefe waren seinerzeit wohl nicht gelesen worden, und alternative, preiswertere Fahrten wurden vom Sohn nicht goutiert.) Aber all diese höflichen und sehr diplomatisch formulierten Hinweise hielten den temperamentvollen Herrn nicht von seinen wüsten und beleidigenden verbalen Attacken zur besten Weihnachtszeit ab. Würden Sie sich da keine Geheimnummer zulegen?

Es ist für manche Lehrer schwer, das distanzlose Verhalten einiger weniger Eltern immer professionell einzuordnen und nicht in eine generelle Abwehrhaltung zu verfallen. Also halten die meisten Pädagogen in ihrem privaten Alltag lieber Abstand. Zu oft haben sie die Erfahrung gemacht, dass der notwendige Supermarktbesuch – mal eben schnell noch ein Pfund Kaffee kaufen – zu einem nur bedingt erfreulichen, zweistündigen Dienstgespräch ausartete, dem man sich nicht entziehen konnte. Verständlich, wenn die Lehrer lieber nur knapp grüßen, oder? Vor allem, wenn das Ganze doch nicht wichtig genug war, um in der Schule einen Termin zu vereinbaren. Und dem berechtigten Gesprächswunsch nach Terminvereinbarung wird und darf sich kein Lehrer verweigern!

Profitiert mein Kind wirklich von meinem schulischen Engagement?

Diese Frage stellen sich Eltern immer wieder, wenn sie entscheiden müssen, was neben Beruf, Kindererziehung und häuslichen Pflichten in der spärlich bemessenen Freizeit noch für die Schule getan werden sollte. Manche Eltern stecken viel Zeit und Energie in ihr schulisches Engagement, beschränken sich nicht auf das Backen von Plätzchen und Kuchen für die Feste, sondern gehen in die Gremienarbeit und arbeiten auch konzeptionell mit.

Tatsächlich wären die vom Rotstift gebeutelten Schulen ohne elterliche Unterstützung um viele Angebote ärmer:

Manche Klassenfahrt, viele Schulkantinen und Bibliotheken wären ohne Elternhilfe nicht möglich. Seminare von Eltern für Eltern und Lehrer, Einblicke in die Berufswelt und Expertenwissen würden fehlen. So mancher Klassenraum wäre verwahrlost, und so manches Kind unterprivilegierter Familien müsste aus finanziellen Gründen während der Klassenfahrt zu Hause bleiben. Der Nutzen für die Kinder liegt auf der Hand.

Zahlreiche Eltern verbinden mit ihrem Engagement darüber hinaus aber auch die Erwartung, dass sie die Schule mitgestalten und Einfluss auf konkrete Entscheidungen nehmen können, die ihr Kind betreffen. Ist das eine realistische Einschätzung?

Niemand wird sich an einer öffentlichen Schule darauf verlassen können, dass eine großzügige Spende die Versetzung des Sohnes rettet – auch wenn dieser Wunsch offen geäußert wird. Und der Grad des Einflusses auf die Entwicklung der Schule ist nicht von der Spendenfreudigkeit, sondern vom zeitlichen Engagement abhängig. Aber die indirekten positiven Effekte auf die eigenen Kinder sind dennoch vorhanden:

- Die Kinder engagierter Eltern gehen garantiert nicht in der Masse unter, die Pädagogen wissen, wer in der Schule eine Stimme und das offene Ohr der Schulleitung hat. Es wäre falsch anzunehmen, dass diese Eltern alles für ihr Kind bei der Schulleitung oder den Lehrern durchsetzen könnten, aber richtig ist auf jeden Fall, dass sie mit ihren Anliegen zunächst auf aufmerksames Wohlwollen stoßen.
- Wenn es einen direkten Kommunikationsdraht zwischen Eltern und Lehrern gibt, dann können die Kinder die beiden Parteien nicht gegeneinander ausspielen. Und das macht Ihnen als Eltern und der Schule das Leben leichter.

Mein Rat lautet daher immer: Engagieren Sie sich, wenn es Ihre Zeit erlaubt. Sie haben dadurch mehr Möglichkeiten, für Ihr Kind etwas Positives zu erreichen, und jede Schule lebt von und mit den Eltern!

Der Umgang mit der Schule konkret

Tipp 86:

Die Schule ist nicht Ihr Gegner.

Vereinfacht gesagt ist es doch so: Früher waren immer die Kinder schuld. Heute sind es immer die Lehrer. So können die vorherrschenden Tendenzen damals und heute zusammengefasst werden.

Dass sich die Schuldzuweisung umgekehrt hat, mag auf dem Hintergrund schlechter Erfahrungen der Elterngeneration verständlich sein, hilft aber niemandem. Auch der verständliche Wunsch, das eigene Kind vor allen Schwierigkeiten und Unannehmlichkeiten zu bewahren, zielt in die falsche Richtung. Wie soll es so wachsen und eine starke Persönlichkeit werden?

Wenn Sie die Schule und deren Repräsentanten grundsätzlich als Gegner und Ihr Kind als Opfer wahrnehmen, haben Ihre Kinder leichtes Spiel, alle Erziehungsversuche vonseiten der Schule zu unterlaufen. Dann wird zu Hause ein wenig gejammert, nur die halbe Wahrheit berichtet, eine Leidensmiene aufgesetzt, und die Sache ist »geritzt«: Die Eltern dieser Kinder ziehen empört und sich auf der Seite der Schwachen wissend zur Klassenlehrerin oder besser gleich zur Schulleitung. Wenn sie dort mit anders lautenden Informationen konfrontiert werden, entwickeln

sie Verschwörungstheorien. Sie denken, dass ich übertreibe?

Wenn Sie zu denen gehören, die eher zu lange warten,
bis sie aktiv werden, weil sie Sanktionen gegen das Kind befürchten oder ihnen eine Beschwerde überzogen erscheint,
dann können Sie sich kaum vorstellen, was andere inszenie-
ren! Briefe werden geschrieben, Anwälte in Marsch gesetzt,
vorgesetzte Behörden informiert. Warum? Weil ein Kind sein
Handy abgeben musste – es hatte trotz vorheriger Ermahnung
unerlaubt telefoniert oder andere ohne Zustimmung gefilmt
und ins Netz gestellt, was übrigens eine Straftat ist. Oder weil
ein Kind andere Schüler mit einer Waffe bedroht hatte und die
Schule verlassen sollte. Wie reagierten die Eltern? »Warum?
Das war doch ein Scherz. Der meinte das nicht so! Sie wollen
ein Exempel statuieren – wegen dieser Sache in der Presse
neulich –, und mein Kind kommt Ihnen gerade recht!« Unnötig
zu erwähnen, dass der Filius dabeisitzt und heftig gestreichelt
wird. Oft geht es wie in diesen genannten Beispielen nicht
mehr um Erziehungspartnerschaft, sondern nur noch um die
blindwütige Verteidigung eigener Gene! Solche – oftmals
sehr gebildeten – Eltern sind erstaunlicherweise nicht mehr
in der Lage zu überlegen, welche Forderungen sie gestellt
hätten, wäre ihr Kind das Opfer und nicht der Täter gewesen.

Was können Sie tun?

- Gehen Sie immer erst einmal von einem wohlmeinenden
  Mitmenschen aus, auch wenn es sich um Lehrer, Hausmeister oder Direktion handelt.
- Überlegen Sie bei allen Vorkommnissen, wo die Wahrheit liegen könnte.
- Wechseln Sie innerlich die Perspektive – was würde ich
  erwarten, wenn mein Kind in der Opferrolle wäre?

Tipp 87: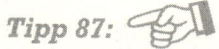

Besuchen Sie die Elternabende.

Ja, ich höre Ihr innerliches Aufstöhnen. Die Abende können gar gruselig sein. Das sehen alle Beteiligten so: Endlosdiskussionen über die Fremdsprachenwahl, Monologe einzelner Supermuttis über ihren Nachwuchs, der alle anderen nur bedingt interessiert, und dann auch noch diese schrecklichen Stühle, die dem Rücken nach einem Tag im Büro den Rest geben.

Überwinden Sie sich und gehen Sie trotzdem hin! Denn nur hier erfahren Sie aus erster Hand, was in der Klasse pädagogisch läuft, mit welchen Eltern Sie es vielleicht einmal zu tun haben, wenn man gemeinsam etwas verändern möchte oder wenn Ihr Sohn bei einer Rangelei einen Zahn verloren hat. Bedenken Sie auch: Es hat einen guten Einfluss auf das Sozialverhalten in der Klasse, wenn die Kinder wissen, dass die Eltern miteinander reden können und sie selbst, die Kinder, nicht mit allen Darstellungen durchkommen. Wer sich hier immer fernhält, wird schnell zum Außenseiter in der Elternschaft und damit oft auch zum Opfer gruppendynamischer Prozesse, die sich in die Klasse übertragen: »Deine Eltern sind komisch. Mein Vater sagt, die interessieren sich sowieso für nichts und sind nie da. Die sind sich wohl zu schade.« So stumpf kann das ablaufen!

Was können Sie tun?

- Wenn Sie zu zweit sind, stellen Sie sicher, dass einer von Ihnen zu den Elternabenden geht.
- Auch wenn Sie alleinerziehend sind und mehrere Kinder haben – versuchen Sie möglichst oft anwesend zu sein.

- Falls Sie verhindert sind: Bringen Sie die Tagesordnung in Erfahrung, entschuldigen Sie sich bei dem Einladenden, und bitten Sie eine Person Ihres Vertrauens, Ihren Standpunkt einzubringen.

Tipp 88:

Familienfehden und Nachbarschaftskriege gehören nicht in die Schule.

Wenn auf dem Elternabend zwei Elternpaare oder auch -gruppen zu Ihrer Überraschung verbal aufeinander losgehen, dann ist Vorsicht angesagt: Da geht es augenscheinlich nicht um die Sache. Vielleicht sind Sie Zeuge einer langjährigen Familien- oder Nachbarschaftsfehde. Manche Schüler und Eltern pflegen Feindschaften seit Kindergartentagen! Diese Familien wohnen häufig nah zusammen, sie können oder wollen sich weder aus dem Weg gehen, noch gelingt es ihnen, ihre Konflikte beizulegen. Nicht selten machen sie auch überhaupt keine Anstrengungen, ihre Kinder wenigstens in der Schule in unterschiedlichen Klassen unterzubringen.

Andererseits gibt es Mütter, die die Schulleitung telefonisch bei der Klassenzuteilung anflehen: »Bitte bringen Sie mein Kind nicht mit dem X in eine Klasse. Das war schon in der Grundschule eine Katastrophe. Aber sagen Sie nicht, dass ich das gewünscht habe, ich kriege sonst so einen Ärger. Die wohnen nämlich neben uns.« Klar, dass hier zum Wohl des Klassenklimas die Streithähne tunlichst getrennt werden, auch wenn die Gegenseite erbost anruft und fragt, warum denn die Kinder nicht zusammen seien!

Was können Sie tun?

- Als Unbeteiligter: Verhalten Sie sich am besten neutral und tragen Sie zu sachlichen Diskussionen und ausgewogenen Beschlüssen bei. Fordern Sie, Streit von außen nicht in die Klasse zu tragen.
- Als Beteiligter: Wenn eine Beilegung des Konflikts auch durch Mediation der Schule nicht gelingt, dann versuchen Sie bei der Schulleitung eine Klassenumsetzung zu erreichen.
- Nutzen Sie die Möglichkeiten, die ein Schulwechsel für eine neue Klasseneinteilung bietet.

Tipp 89:

Auf den Elternabenden müssen Ihre Wünsche berücksichtigt werden.

Wenn Elternabende quälend sind, gibt es nur drei Möglichkeiten: innerlich fluchend durchhalten, dem Event fernbleiben oder den Abend zukünftig mitgestalten. Wobei Boykott auf Dauer keine gute Lösung ist.

Elternabende sollten von den Eltern gestaltet werden, wenn die Wahl des Elternvertreters, der Klassenpflegschaft oder wie auch immer sich das in Ihrem Bundesland gerade nennt, bei der konstituierenden Sitzung stattgefunden hat. Der Klassenlehrer oder die Klassenlehrerin hilft dann noch, ko-moderiert oder bereitet einzelne Punkte wie die Planungen für die Klassenfahrt in Absprache mit dem Elternvertreter vor, er ist aber nicht für den Abend und seinen Verlauf verantwortlich.

Mit einer Tagesordnung und einem Zeitlimit für den Abend kann es zwar schon einmal zu einer Diskussionsrunde über die Fremdsprachenwahl kommen, aber das Festhalten der Argumente an der Tafel oder auf einer Folie, ein Kurzreferat oder die Ankündigung, beim nächsten Treffen einen Referenten zum diskutierten Thema einzuladen, wenden sinn- und endlose Ad-hoc-Diskussionen zuverlässig ab.

Was können Sie tun?

- Verlangen Sie eine Tagesordnung und setzen Sie einen Zeitrahmen.
- Wenn Sie Gesprächsbedarf haben: Bitten Sie den Vorsitzenden im Vorfeld, dafür genügend Zeit einzuplanen.
- Probleme und Fragen zum Unterricht einzelner Lehrkräfte können diskutiert werden. Lehrer können auch eingeladen werden, um Rede und Antwort zu stehen, oder sie können ihr Kommen ankündigen und Themen einbringen.
- Aktionen der Klasse und der Eltern können vorgestellt, abgestimmt und geplant werden.

Tipp 90:

Am Elternabend muss es vor allem um die Kinder und ihre Bedürfnisse gehen.

Es ist immer wieder überraschend, dass selbst hochgebildete berufstätige Eltern am Elternabend zusammensitzen und über die Aufgabenverteilung beim Kuchenbacken fürs Sommerfest, der Frage, wer beim Streit zweier Schüler nun der Übeltäter war oder ob ein bestimmter Satz wirklich gesagt wurde, stundenlang reden können.

Dabei sollten doch nicht organisatorische Fragen oder Einzelfälle, sondern die Kinder der Klasse im Zentrum stehen! Grundsätzliche pädagogische Vorhaben, Anregungen zur Kommunikation zwischen Schule und Elternhaus und

Probleme, die die ganze Klasse betreffen – das sind die wichtigen Themen. Referenten – Lehrer oder externe Experten – können über pädagogische Fragen wie Sucht, Lese-Rechtschreib-Schwäche oder verschiedene Methoden des Schrifterwerbs informieren. Aber über einzelne Schüler und deren Vorgeschichte oder über die avisierten Maßnahmen gegenüber Übeltätern darf die Schule allein schon aus Datenschutzgründen keine Details mitteilen. Diese Themen gehören nicht hierher, sondern auf ein Treffen der Betroffenen.

Was können Sie tun?

- Die Probleme einzelner Kinder sollten nicht als Thema zugelassen werden.
- Sagen Sie, dass ein bestimmtes Thema nicht von allgemeinem Interesse ist, und bitten Sie, das andernorts zu besprechen.
- Es kann über Mobbing informiert werden, falls der betreuende Lehrer das für sinnvoll erachtet. Aber eine lange Diskussion wird zu keiner Lösung führen.
- Organisatorische Aufgaben werden über Laufzettel und Arbeitsgruppen verteilt.

Tipp 91:

Nur bei Fragen und Problemen ist der Besuch des Elternsprechtags wirklich sinnvoll.

Am Elternsprechtag sitzen sich Eltern und Lehrer eines Kindes gegenüber. Sie tauschen Informationen aus und versuchen Probleme zu lösen. Der Lehrer informiert über Leistung, Verhalten, Mitarbeit und Beobachtungen zur persönlichen Entwicklung seines Schülers oder seiner Schülerin. Sie möchten vielleicht über eine Veränderung der häuslichen Situation oder ein gesundheitliches Problem berichten oder sich einen Rat holen.

Klar können Sie als Vater oder Mutter auch Höflichkeitsbesuche machen und einmal hören, wie die Sprösslinge in der Schule so sind und ob auch alles problemlos läuft. Oder Sie gehen einfach mal hin, um die Lehrkraft »in Augenschein zu nehmen« und zu signalisieren, dass man bei Problemen da ist. Aber wenn es kein Problem gibt, müssen Sie Ihre Aufwartung nicht immer wieder machen. Auf gar keinen Fall müssen Sie Höflichkeitsbesuche halbjährlich wiederholen!

Was können Sie tun?

- Wenn es schlechte Noten gibt, einen Leistungsabfall oder miese Verhaltensnoten, dann müssen Sie zum Elternsprechtag gehen.
- Falls Sie über eine häusliche Veränderung oder gesundheitliche Beeinträchtigung ausführlicher informieren wollen, können Sie den Elternsprechtag nutzen.
- Fragen Sie Ihr Kind, ob Sie irgendwo vorstellig werden und irgendetwas vortragen sollen. An dieser Stelle wird Ihr Sohn oder Ihre Tochter dann sicherlich in den meisten Fällen ein ausgewogenes Statement bringen.

Tipp 92:

Elternstammtische müssen Sie nur nach Lust und Laune besuchen.

Elternabende und Elternstammtische sind zwei paar Schuhe. Stammtische sind informelle Treffen, bei denen man über einem Bierchen über alles Mögliche schwätzen kann.

Schulisches, Familiäres, vielleicht auch Klatsch und Tratsch oder Ereignisse, die mit der Schule auch nicht das Geringste zu tun haben. Es gibt keine Tagesordnung, Lehrer können (aber müssen nicht) eingeladen werden, und einen Vorsitz gibt es schon gar nicht.

Elternabende müssen stattfinden, wenn der Elternvertreter einlädt oder die Schulleitung bzw. ein Lehrer darum bittet. Dort werden verbindliche Beschlüsse gefasst, und es geht formal zu.

Elternstammtische sind dagegen Wohlfühlabende. Deshalb geht man hin. Nebeneffekt: Man erhält viele Informationen über die Klasse, die Lehrer und andere Eltern. Man lernt sich kennen. Pläne für den Elternabend werden geschmiedet. Aber die Atmosphäre trägt dazu bei, dass auch Gerüchte entstehen und gestreut werden.

Was können Sie tun?

• Gehen Sie nach Lust und Laune zum Elternstammtisch.
• Denken Sie daran, dass Gerüchte hier ihren fröhlichen Urstand feiern.

Tipp 93:

Halten Sie regelmäßig mit der Schule Kontakt.

Nur bei etwa jedem zehnten Kind läuft in der Schule alles glatt, ohne dass die Eltern Kontakt halten. Auch gut! Die meisten Kinder und Jugendlichen brauchen jedoch die Unterstützung der Eltern, nicht nur bei den Hausaufgaben, der Strukturierung des Tagesablaufes und Organisation des Alltags. Sie profitieren auch vom Informationsaustausch zwischen Schule und Elternhaus, und sie profitieren davon, wenn beide Erziehungspartner an einem Strang ziehen oder sich auch einmal gegenseitig korrigieren.

Schule macht Schulkindern und auch Jugendlichen mehr Spaß, wenn ihre Eltern da sind: Schließlich besteht der Reiz, an einem Theaterspiel mitzuwirken, auch darin, von der eigenen Familie gesehen und für diese Leistung von ihr bewundert zu werden. Es macht Kinder traurig, wenn nur ihre Eltern nicht auf dem Weihnachtsbasar erscheinen oder sie zum Schuljahresende als Einzige allein auf dem Sommerfest sind.

Wenn Eltern die Schule meiden, dann wird dadurch nicht nur Desinteresse, sondern oft auch eine Geringschätzung der Schule und des kindlichen Engagements dort deutlich. Und das spüren die Kinder ganz genau.

Was können Sie tun?

- Seien Sie in der Schule, wenn Ihr Kind darum bittet. Das ist gerade bei jüngeren Kindern bis 13/14 Jahren besonders wichtig.
- Gehen Sie zu allen Anlässen, bei denen Ihr Kind eine besondere Leistung präsentiert.
- Besuchen Sie nach Möglichkeit soziale Events. Oft ist es aber nicht nötig, dort viele Stunden zu verweilen.
- Nutzen Sie informelle Veranstaltungen zum lockeren Informationsaustausch.

Tipp 94:

Kommen Sie Gesprächswünschen seitens der Schule nach.

Wenn Sie von einer Fachlehrerin oder dem Klassenlehrer oder gar der Schulleitung zu einem Gespräch gebeten werden, dann hat das einen Grund. Es muss keiner sein, der Ihnen schlaflose Nächte bereiten wird, aber eine Einladung wird nicht grundlos ausgesprochen. Sie sollten der freundlichen Aufforderung nachkommen und sich notfalls um eine Terminverschiebung bemühen. Sonst setzen Sie sich ins Unrecht und schmälern Ihre Einflussmöglichkeiten.

Zuerst wird die Schule telefonisch Kontakt aufnehmen und hier in den Dialog treten, dann wird man Sie telefonisch zu einem Gesprächstermin in der Schule bitten. Spätestens sobald aber eine schriftliche Einladung erfolgt, werden Schriftstücke auch in der Schülerakte hinterlegt, ggf. neben den Telefonnotizen aller früheren Gespräche. Wird daraus dann offensichtlich, dass Sie sich den Gesprächen entzogen oder gemeinsame Vereinbarungen nicht eingehalten haben, haben Sie später, falls Sie mit einer Maßnahme der Schulleitung nicht einverstanden sind (Ausschluss von Klassenfahrten, Versetzung in die Parallelklasse etc.), einen ganz schlechten Stand! Die Schule kann dann belegen, dass Sie nicht zur Kooperation bereit waren und Ihren Erziehungsauftrag nicht wahrgenommen haben. Damit liegt ein Teil der Verantwortung bei Ihnen! Sie glauben nicht, wie viele Eltern problematischer Schüler sich so verhalten, aber hinterher jede Mitverantwortung weit von sich weisen.

Was können Sie tun?

- Kommen Sie Aufforderungen zum Gespräch nach.
- Machen Sie sich Notizen über den Gesprächsinhalt und die getroffenen Vereinbarungen.
- Bleiben Sie in Kontakt und fragen Sie nach dem aktuellen Stand.

Tipp 95:

Seien Sie erreichbar.

Eltern klagen häufig über die schlechte Erreichbarkeit der Lehrer. Aber häufig macht die Schule die Erfahrung, dass die Eltern nicht zu erreichen sind.

Bei einer Verletzung oder Erkrankung eines Schulkindes am Vormittag telefoniert sich die Sekretärin die Finger wund – ohne Erfolg. Was soll nun geschehen? Das kranke Kind mit Bauchschmerzen im lauten und hektischen Sekretariat lassen? Es mit der Freundin nach Hause oder zum Arzt schicken? Die Schulsanitäter die ganze Zeit aus ihrem Unterricht ziehen? Das Kind allein nach Hause zu schicken verbietet sich unter diesen Umständen. Dass das kranke Kind sich in einem lauten und hektischen Sekretariat aufhalten muss, statt im eigenen Bett zu liegen, ist auch alles andere als ideal. Und es tut ihm nicht gut, wenn es mit wildfremden Menschen zum Arzt geht …

Gerade bei Kindern, die es nicht schaffen, ihre Hausaufgaben zu erledigen, den Ranzen vollständig zu packen oder morgens pünktlich zum Unterricht zu erscheinen, sind die Eltern selten erreichbar. Tatsächlich setzt sich die Schlamperei regelmäßig bis in das Abitur fort: Abiturienten, die ihre Prüfungstermine verpassen, werden vom weiteren Prüfungsverlauf ausgeschlossen – sind also quasi »durchgefallen«. Wohlmeinende Schulleitungen, die die jungen Leute nicht ins offene Messer laufen lassen wollen, versuchen in letzter Minute, durch ein Telefonat zu retten, was zu retten ist. Aber oft vergeblich: Bei einem Viertel dieser Kandidaten stellt sich heraus, dass trotz wiederholter Aufforderungen, die Schule über geänderte Adressen oder Telefonnummern auf dem Laufenden zu halten, die entsprechenden Angaben nicht stimmen: »Empfänger unbekannt«, »Kein

Anschluss unter dieser Nummer«! Da kann man nichts mehr machen.

Was können Sie tun?

- Geben Sie Adressänderungen und Umzüge gegenüber der Schule bekannt.
- Geben Sie auch eine Handynummer mit Mailbox an, damit eine Nachricht hinterlassen werden kann und die Schule sicher ist, dass Sie schnellstmöglich informiert sind.
- Denken Sie dran, dass bei unangenehmen Briefen der Nachwuchs versucht ist, die Post abzufangen.

Tipp 96:

Ein guter Informationsfluss in der Schule ist (leider) keine Selbstverständlichkeit.

Auf dem Tisch der Schulleiterin landet eine Abmeldung eines Schülers von der Schule. Kein ungewöhnlicher Vorgang, denn in einer großen Schule sind Schulwechsel aus einer Vielzahl von Gründen auch während des Schuljahres keine Seltenheit. Wenn Zeit war, habe ich die Eltern angerufen, um den Grund der Abmeldung zu erfahren. Manchmal hörte ich dann zu meinem Erstaunen von einer langen Leidensgeschichte des Kindes – Mobbing, Ungerechtigkeiten, fehlende Sensibilität für bestehende Erkrankungen oder Lernstörungen. Und der Grund für die Abmeldung: »Die Schule hat sich nie um uns gekümmert, wir sind sehr enttäuscht.«

Gekümmert hätten sich die Schulpsychologen, die Beratungslehrerin, der Klassenlehrer und auch die Schulleiterin gerne, wenn sie nur informiert gewesen wären! Der alltägliche Schulbetrieb ist schnelllebig und hektisch. Für das einzelne Kind lässt er wenig Zeit, manchmal zu wenig, insbesondere wenn ein Kind spezielle Bedürfnisse hat. Scheuen Sie sich also nicht, lieber einmal mehr zum Telefonhörer zu greifen, vor allem wenn ein Lehrerwechsel stattgefunden hat. Denn manche Lehrkraft unterrichtet gut und gern 300 bis 400 Schülerinnen und Schüler, da passiert es leider trotz aller Bemühungen in der Praxis immer wieder, dass eine Information verloren geht: Wissen wirklich alle Lehrer über die Hochbegabung Bescheid? Liegt auch der Geschichtslehrerin das LRS-Attest vor? Kennt die neue Deutschlehrerin die Todesanzeige von vor drei Monaten aus der Zeitung? Ist dem Mathematiklehrer bekannt, dass das Kind ein Jahr jünger als seine Klassenkameraden ist?

Was können Sie tun?

- Informieren Sie neue Lehrer über Probleme und Hintergründe.
- Sorgen Sie dafür, dass zumindest der Klassenlehrer alle Fakten kurzfristig erfährt, und fragen Sie ihn, wie er seine Kollegen informiert.
- Sprechen Sie die Schulleitung an, wenn die Klassen- und Fachlehrer nicht weiterhelfen (können), und fragen Sie nach weiteren Möglichkeiten.

Tipp 97:

Gestehen Sie dem Lehrer Fachkompetenz zu.

Pädagogen benötigen für ihre Arbeit eine Vertrauensbasis. Grundsätzliches Misstrauen ist fehl am Platz. Damit ist gemeint, dass nicht jeder Lehrer permanent unter Rechtfertigungsdruck gesetzt werden darf. Es ist aber damit nicht gemeint, dass generelle Nachlässigkeit oder absolut schlechter Unterricht toleriert werden müssen. Ein Beispiel:

Wenn auf dem Elternabend eine Lehrkraft werbend ein durchdachtes Konzept vorstellt, dann gestehen Sie ihr den Handlungsspielraum zu, den sie braucht! Es hat hier keinen Sinn, eine Grundsatzdiskussion loszutreten, ob nicht doch eine andere Unterrichtsform besser wäre oder die Rechtschreibung nach einer anderen Methode vermittelt werden sollte. Jeder Pädagoge, der engagiert auftritt, hat sein Konzept durchdacht. Entweder besitzt er Erfahrungswerte, auf die er sich verlassen kann, oder er hat sich eingearbeitet und wird sein Handeln reflektieren. Solange er auch die Nachteile einer Methode im Blick hat und auf Nachfragen Ideen zu ihrer Abmilderung nennt, ist alles bestens! Eltern, die die Arbeit des Lehrers boykottieren oder im Übermaß kontrollieren wollen, behindern den Erfolg des Kindes. Die Lehrer brauchen für ihre Arbeit einen Freiraum. Unterstützen Sie ihn und überwachen Sie die Arbeit Ihres Kindes daheim, wenn er darum bittet.

Was können Sie tun?

- Zeigen Sie grundsätzliches Vertrauen in die Fachkompetenz des Lehrers.
- Unterstützen Sie seine Arbeit.
- Zeigen Sie vor Ihrem Kind Wertschätzung gegenüber Pädagogen und ihrer Arbeit.

Äußern Sie sich vor Ihrem Kind nicht abfällig über Lehrer.

In nahezu jedem deutschen Elternhaus wird über die Schule hergezogen. Dabei haben Kinder eine feine Antenne für lästerliche Bemerkungen gegen Eltern und Schule. Wertet eine Seite die andere ab, untergräbt das die Autorität beider!

»Warum soll ich mich anstrengen oder aufpassen, wenn der unfähig ist, wie meine Mutter sagt? Andererseits: So schlecht ist er doch gar nicht. Eigentlich liegt die schlechte Note genau genommen auch an mir – wie leicht ich meine Eltern täuschen kann!« Solche oder ähnliche Gedanken kommen dem Nachwuchs unweigerlich. Wollen Sie das erreichen? Doch nicht wirklich!

Die Zusammenarbeit zwischen Eltern und Pädagogen wird unnötig erschwert, wenn Eltern in Gegenwart ihrer Kinder die Ungerechtigkeit und Schrullen der Pädagogen geißeln, während die Pädagogen – oft auch im Klassenraum – sich über maßlos fordernde oder abwesende Eltern mokieren.

Was können Sie tun?

- Reden Sie in Gegenwart Ihres Kindes nicht schlecht über die Schule oder einen Pädagogen.
- Die einzige erlaubte Ausnahme: Der Pädagoge erweist sich über längere Zeit als unfähig. Dann muss das Kind von Ihnen gestärkt werden, sonst denkt es am Ende noch, es versage selbst.

Akzeptieren Sie schrullige Lehrer.

Muss und soll ich diese merkwürdige Gestalt, die meine Tochter unterrichtet, einfach hinnehmen?

In der Schule unterrichten auch Menschen, die nicht dem Mainstream angehören: Solche, die einen Tick haben – damit meine ich einen Tick im medizinischen Sinn, also ein regelmäßiges krampfhaftes Zusammenziehen von Muskeln –, solche, die sich grenzwertig kleiden, die sehr verwunderlichen esoterischen Gedanken nachhängen oder sich in irgendeiner auffälligen Weise von der Masse unterscheiden. Muss man das als Eltern tolerieren? Darf man über die etwa auch nicht lästern?

Mein dringender Rat: Ja, man sollte sie tolerieren. Nein, auf keinen Fall sollten sie sich abfällig oder boshaft äußern. Auch wenn Sie so eine Lehrkraft nicht für optimal halten, kann er oder sie gut für Ihr Kind sein. Schrullige Typen gibt es bei Schülern und Lehrern gleichermaßen. In puncto soziales Lernen, im Hinblick auf Toleranz, Rücksichtnahme und Lebenstüchtigkeit gewinnt Ihr Kind hier mehr als anderswo. Es steht zum ersten Mal vor einer Herausforderung, die sich ihm im Leben noch öfter stellen wird. Und über die fachliche Arbeit lassen Äußerlichkeiten und Eigenarten keinen Schluss zu. Wenn es allerdings unzumutbar wird – denken wir mal an Körpergeruch –, kann sicherlich die Elternvertretung dem Lehrer oder der Schulleitung mal einen dezenten Hinweis geben.

Was können Sie tun?

- Akzeptieren Sie auch schrullige Typen.
- Unterstützen Sie Ihr Kind darin, (liebenswerte) Schrullen als solche zu sehen.

- Wenn es unzumutbar wird, sollte die Elternvertretung dezent an den Betreffenden oder aber die Schulleitung herantreten.

Tipp 100:

Blamieren Sie Ihr Kind nicht.

Alle Kinder und Jugendlichen hegen einen sehnlichen Wunsch, wenn es um die Präsenz ihrer Eltern in der Schule geht: Sie sollen sie bloß nicht vor ihrer Peer-Group oder vor den Lehrern blamieren. Dabei wünschen sie sich dasselbe, was ihre Eltern beim Besuch des Chefs und der Kollegen von den Kindern erwarten: passables Aussehen, anständige Kleidung und akzeptables Benehmen! Nur die Vorstellungen von dem, was sich dahinter genau verbirgt, sind bei den Generationen unterschiedlich. Letztendlich wollen auch die Kinder auf ihre Eltern stolz sein. Aber trotzdem möchten Kinder – vor allem in der Pubertät – die Eltern nicht überall vorzeigen, sondern lieber Distanz wahren und Selbstständigkeit demonstrieren.

Was kann der fünfzehnjährigen Tochter peinlicher sein als ein Papa, der laut »Tschüüüß Schätzchen!« vor der Schule hinter ihr herruft? Was sollen die sechzehnjährigen Klassenkameraden bloß von einem Mitschüler halten, dessen Mutter ihm vor der Klassenfahrt am Bus noch unbedingt einen dickeren Pullover in die Tasche packen will? Autsch, ist das peinlich! Zum In-den-Boden-Versinken! Lieber eine Woche frieren, aber das Gesicht wahren! Und ganz schlimm sind auch Eltern, die sich mit cholerischen Anfällen den Lehrern gegenüber lächerlich machen. Was sollen die anderen denn nur denken? Das spricht sich doch herum!

Was können Sie tun?

- Zeigen Sie die Liebe und Fürsorge zu Ihrem Kind in der Schulöffentlichkeit in einer altersangemessenen Form.
- Respektieren Sie die Signale Ihres Kindes, die zeigen, dass ihm etwas zu weit geht.
- Wenn Ihr Kind versucht, Ihren Kontakt mit der Schule zu behindern, fragen Sie sich: Was will es verbergen? Was befürchtet es? Suchen Sie das Gespräch mit Ihrem Kind und den Lehrern.

Tipp 101:

Spontanbesuche in der Schule sind nicht gut.

Immer wieder kommen Eltern in die Schule, weil sie gerade in der Nähe sind und praktischerweise schnell noch etwas klären wollen. Nur um dann erstaunt festzustellen, dass die Schulleitung bereits einen anderen Termin wahrnehmen muss, der Klassenlehrer unterrichtet und der Lehrer die Pause benötigt, um seinen menschlichen Bedürfnissen nachzukommen, seine Unterlagen für die nächste Stunde zu ordnen und pünktlich zur nächsten Stunde erscheinen möchte. Oder dass er in der »Pause« Aufsicht führen muss.

Was an Grundschulen – kleine überschaubare Einheiten, die Lehrer sind viele Stunden in einer Klasse – manchmal noch kurzfristig geregelt werden kann, ist in großen Schulen nicht mehr möglich. Auch die scheinbar simple Frage, ob ein Pädagoge im Haus ist und ob er Zeit hat, ist bei manchmal über 100 Kollegen und nur einer Sekretärin nicht so einfach zu beantworten: Lehrerstundenpläne und Vertretungspläne müssen erst gesichtet werden. Und wenn mit großem Glück ein Lehrer tatsächlich eine unverplante Freistunde hat, die nicht kurzfristig durch eine Aufsicht gefüllt wird, dann heißt das noch nicht, dass ein freier Besprechungsraum zur Verfügung steht, in dem in Ruhe, mit Diskretion und in Würde wichtige Anliegen geklärt werden können.

Was können Sie tun?

- Vereinbaren Sie einen Gesprächstermin.
- Sagen Sie bei der Terminvereinbarung, worum es geht, und klären Sie, wie viel Zeit zur Verfügung steht.
- Sagen Sie den Termin ab, falls Sie verhindert sind.

Tipp 102:

Wenden Sie sich immer zuerst an den Verantwortlichen.

Ein Klassenlehrer kann die Note des Fachlehrers nicht ändern. Ein Schulleiter wird keine Zeit haben, sich mit der Mobbingsituation in einer Klasse zu befassen, wenn Klassenlehrer und Beratungslehrer bereits tätig sind oder noch nicht aktiv waren. Und die Schulaufsicht will über das Fehlverhalten einzelner Lehrer nicht informiert werden, wenn der Schulleiter selbst noch nicht informiert ist.

Alle Genannten werden in diesen Fällen, in denen sie trotzdem angesprochen werden, nichts anderes tun, als Sie zu bitten, mit den Verantwortlichen direkt zu reden, oder diese freundlich auffordern, sich um die Sache zu kümmern.

Das heißt dann nicht, dass dies in irgendeiner anderen Weise geschieht, als es ohnehin üblich wäre! Mehr Engagement dürfen Sie so entgegen der landläufigen Meinung nicht unbedingt erwarten. Eher trifft es zu, dass die Verantwortlichen sich übergangen oder gar hintergangen fühlen und entsprechend verärgert reagieren.

Wer ist zuständig?

- Der Fachlehrer ist verantwortlich für Geschehnisse im Fachunterricht und die Fachnoten.
- Der Klassenlehrer ist zuständig für die gesamte Klasse, ihre Aktivitäten und die Koordination pädagogischer Maßnahmen. Er kann auch kurze Beurlaubungen aussprechen.
- Unterrichtsausfall, weitergehende pädagogische Maßnahmen gegenüber einzelnen Schülern, längerfristige Beurlaubungen oder Beurlaubungen in Ferienrandlage sowie alle die Schule als Ganzes betreffenden Angelegenheiten sind Sache des Schulleiters. Er entscheidet auch über die Aufnahme eines Schülers an der Schule.

Was können Sie tun?

- Sprechen Sie immer zuerst mit dem zuständigen Lehrer.
- Erst wenn Sie hier nicht zufrieden sind, sollten Sie mit der nächsthöheren Instanz reden.

Tipp 103:

Briefe können weiterhelfen, wenn Gespräche nichts bringen.

Informationsaustausch und Beratung verlaufen in einer Schule zunächst immer mündlich. Sie telefonieren oder haben einen Gesprächstermin vor Ort. Am Ende des Gesprächs mit dem Lehrer oder der Schulleitung steht vielleicht eine schriftliche Zielvereinbarung. Sicher wird sich der Lehrer persönliche Notizen über das Gespräch machen, als Gedächtnisstütze und Beleg für seine Arbeit. Und die Schulleitung wird nach einem Gespräch eine »Aktennotiz« für die Schülerakte anfertigen. So weit, so gut. Was aber, wenn das alles nichts bringt und Ihnen schwant, dass Sie hier nicht weiterkommen und Missstände sich nicht verbessern?

Sie müssen dann nicht gleich eine Stufe höher gehen und sich an den jeweiligen Vorgesetzten wenden. Selbst wenn Sie das schlussendlich tun werden, müssen Sie auf jeden Fall die Missstände und die bisher vergeblichen Bemühungen um deren Lösung schriftlich festhalten. Ein deutliches Signal, dass Sie hartnäckig sind, ist es, wenn Sie einen Brief an die Schule schreiben, in dem Sie die Probleme und die bisher vergeblichen Verbesserungsversuche festhalten und schriftlich um (Ab-)Hilfe bitten. Darauf muss die Schule reagieren, und Sie haben dann etwas für die Zukunft in der Hand, das nicht mehr weggewischt werden kann.

Was können Sie tun?

- Schreiben Sie einen Brief, in dem die Probleme und die vergeblichen Lösungsversuche beschrieben sind, und erbitten Sie Hilfe.
- Machen Sie sich Gesprächsnotizen, wenn keine schriftliche Zielvereinbarung getroffen wird.

Tipp 104:

Bauschen Sie Konflikte nicht unnötig auf.

Es gibt Eltern, die gehen wegen einer Anzeige bei der Polizei, die das Kind für das Zeigen nationalsozialistischer Symbole im Unterricht von der Lehrerin bekommen hat, bis zur Landtagsabgeordneten. Andere empfinden zwei Nachmittage Hilfsdienst in der Schule als unerträgliche Härte, nachdem ihr Sohn an einem Übergriff gegen ein jüngeres Kind beteiligt war.

Was ist der Effekt dieser mit Verve geführten Verteidigungskämpfe?

Der Schriftverkehr und Bekanntheitsgrad eines eigentlich nebensächlichen – wenn auch unerwünschten – Verhaltens Ihres Kindes wächst. Damit tun Sie sich und Ihrem Kind keinen Gefallen. Sie gelten schnell als Querulant und treten dann zukünftig geschlossenen Fronten gegenüber. Und Sie bewirken eine sehr skeptische Einschätzung, was Ihre eigenen Erziehungsfertigkeiten und Werte anbelangt. Damit ist Ihre Position bei zukünftigen Problemen – die sich einstellen werden, weil Ihr Kind lernt, dass Sie sein Verhalten bedingungslos verteidigen – erheblich geschwächt. Die Schule wird sich auf Sie als Erziehungspartner nicht mehr verlassen wollen.

Was können Sie tun?

- Halten Sie mit Ihren Reaktionen Maß.
- Suchen Sie das Gespräch mit den Betroffenen.
- Schlafen Sie »eine Nacht über die Sache«, und fragen Sie eine neutrale Person Ihres Vertrauens nach ihrer Sicht der Dinge.

Tipp 105:
Wutausbrüche allein helfen nicht weiter.

Wie oft kommen erboste Eltern spontan in die Schule, nur um Dampf abzulassen, nach dem Motto: »Dem sag ich jetzt mal die Meinung.« Oder: »Der erkläre ich jetzt mal, wie man den Job richtig macht.«

Die Lehrer reagieren auf solche Auftritte im besten Fall mit Amusement, im schlimmsten mit Sippenhaft, oder sie bedauern das arme Kind. Gelegentlich gehen die Auftritte so weit, dass sich Lehrerinnen und Lehrer körperlich bedroht fühlen und sich dann womöglich künftigen Gesprächen verweigern: »Eltern von Problemkindern sind auch Problemeltern.« Dieser Satz hat sich dann in ihren Augen mal wieder bestätigt. Und im Lehrerzimmer werden die Auftritte dann breitgetreten, um die Kollegen schon einmal zu warnen. Dann steht die Lehrerfront, darauf ist Verlass. Und daran ist auch nichts Schlechtes, schließlich sind Pädagogen kein Punching-Ball für frustrierte Eltern.

Enttäuschung, Wut und Zorn sind sehr hinderlich für ein gutes Gespräch. Am besten macht man sich Notizen, um für sich zu klären, was wichtig ist. Wo ist das Problem? Was sind meine Erwartungen? Wenn Sie das für sich beantwortet haben, versuchen Sie gezielte Fragen zu formulieren und Sachargumente zu finden. Aber erst ein paar Stunden später oder, besser noch, erst am nächsten Tag.

Was können Sie tun?

- So schwer es Ihnen auch fällt: Bleiben Sie cool.
- Wenn Sie zu emotional für ein sachliches Gespräch sind, dann lassen Sie etwas Zeit vergehen.
- Nehmen Sie Papier und Bleistift zur Hand.
- Finden Sie heraus, welches Problem hinter Ihrer Reaktion steht.
- Formulieren Sie gezielte Fragen und Argumente für das Gespräch.

Lassen Sie sich nicht von Ihrem Kind manipulieren.

Kinder lernen schneller als alles andere, ihre Eltern gegeneinander auszuspielen. Sie wissen, wen sie in welcher Angelegenheit um Erlaubnis fragen sollen: Papa oder Mama. Und Sohn und Tochter wissen auch, in welchem Tonfall und mit welchem Blick in welcher Situation gefragt werden muss. »Augenaufschlag oder Tränen?« Das ist die Frage, deren Antwort Ihr Kind garantiert kennt. Der Streit zwischen den beiden Eltern, der danach entstehen könnte, interessiert die kleinen Egoisten in diesem Augenblick nicht. Er interessiert auch nicht im Wiederholungsfall. Die beiden Eltern sind sich nicht einig, also sucht das Kind seinen Vorteil. Wenn Sie meinen, Ihr Kind tue das nicht, gehen Sie hundertprozentig fehl!

Noch leichter als Vater und Mutter gegeneinander auszuspielen ist es für Kinder, Eltern und Schule gegeneinander aufzubringen: Denn ihre Eltern kennen die Kids aus dem Effeff. Sie wissen, wo die wunden Punkte liegen und auf welche Knöpfe sie drücken müssen. Sie wissen, mit welchen Aussagen und welchem Verhalten der Lehrkraft Eltern nicht einverstanden sind. Also ist klar, was sie erzählen und was nicht. Und wie sie sich in einem möglichst günstigen Licht darstellen. Laufen Sie nicht in diese Falle!

Was können Sie tun?

- Suchen Sie das Gespräch mit Ihrem Kind und der Lehrkraft.
- Überlegen Sie, ob Ihr Kind wirklich Hilfe braucht oder Ihr elterlicher Beschützerinstinkt Ihnen einen Streich spielt.

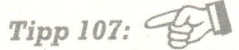
Bereiten Sie Gespräche mit der Schule vor.

Ich habe oft erlebt, wie Eltern die vereinbarte halbe Stunde Gesprächszeit folgendermaßen gestalten: Zuerst wird zehn Minuten ein Beleg gesucht – zum Beispiel ein Zeugnis oder ein ärztliches Gutachten –, oder es wird noch auf den anderen Elternteil gewartet. Dann wird 20 Minuten ohne Punkt und Komma geredet. Und zwar werden minuziös verschiedenste familiäre und schulische Begebenheiten geschildert, deren roter Faden – wenn überhaupt einer vorhanden ist – vom Zuhörenden nur erahnt werden kann. Der hat kaum Gelegenheit nachzufragen, geschweige denn die Möglichkeit, die Sicht der Schule darzustellen. Denn die Eltern bestehen darauf, erst einmal alles Wichtige zu sagen und ausreden zu können. Daher ist es auch kaum möglich, über Ursache und Wirkung oder sinnvolle Maßnahmen zu reden. Dann ist die Zeit um. Und ein nächster Termin kann erst wieder nach längerer Zeit gefunden werden. Ob der besser verläuft?

Notabene: Es handelt sich auch um gebildete Eltern. Die sind aber so befangen, dass alle sonst selbstverständlichen Vorbereitungen auf ein Gespräch völlig in Vergessenheit geraten.

Wenn Sie auf dem Weg in die Schule sind, haben Sie ein Anliegen. Sie wollen etwas erreichen: mehr Verständnis für Ihr Kind, die Abmilderung einer Strafe, eine bessere Förderung des Nachwuchses, oder an der Wahrnehmung Ihres Kindes im Unterricht soll sich etwas ändern. Und es soll von der schrecklichen Susi weggesetzt werden. Vielleicht wollen Sie aber auch alles zusammen. Das ist dann zu viel auf einmal. Hier müssen Sie als Erstes die Prioritäten setzen.

Was können Sie tun?

- Klären Sie zuerst Ihre Erwartungen: Sollen nur Informationen ausgetauscht werden, oder soll sich langfristig etwas ändern?
- Bringen Sie nicht mehr als drei Anliegen vor. (Sie riskieren sonst, dass keines richtig geklärt werden kann.)
- Beginnen Sie mit dem Wichtigsten, damit dafür genügend Zeit zur Verfügung steht.

Tipp 108:

Nur wenn Sie über Ihr Kind sprechen, erreichen Sie etwas.

Immer wieder kommen Gespräche mit Lehrern und Schulleitungen an den Punkt, an dem die Eltern auf vermeintliche Präzedenzfälle verweisen: »Max sagt auch nicht mehr im Unterricht, hat aber die bessere Note bekommen.« – »Lisa hat auch Kaugummi unter den Tisch geklebt und musste nur einen Aufsatz schreiben. *Mein* Sohn aber musste dem Hausmeister zwei Stunden am Nachmittag bei der Entfernung der Kaugummis unter den Tischen helfen und bekam noch einen Eintrag in die Schülerakte. Das ist ungerecht!« Und eine Begründung wird auch noch mitgeliefert: »Das ist nur, weil Lisa ein Mädchen und mein Sohn ein Junge ist.« oder »Das liegt daran, dass wir Ausländer sind und diskriminiert werden.« Auch beliebt: »Hier wird ein Exempel statuiert, weil gerade in der Zeitung stand, dass es zu viel Vandalismus an Schulen gibt.«

All diese Argumente sind weit hergeholt und werden keine Früchte tragen. Der Maßstab ist immer die Vorgeschichte des einzelnen Kindes. Hat ein Kind sich in der Vergangenheit nichts zuschulden kommen lassen, reicht wahrscheinlich eine kleinere Bestrafung aus. Hat ein Kind schon oft die Regeln übertreten und haben andere Maßnahmen nicht gegriffen, wird die Strafe unangenehmer sein. Und eine pädagogisch wohlwollende Note, die größere Anstrengungen honoriert und Lernerfolg fördern soll, heißt noch nicht, dass das eigene Kind, dem das Lernen leichterfällt, dadurch einen Nachteil hat.

Fazit: Alle vermeintlichen Präzedenzfälle werden mit dem Hinweis, dass bei anderen Kindern besondere Erwägungen eine Rolle spielten, über die man nicht reden will und kann, entkräftet. Sie haben nur eine Chance: Führen Sie neue Gesichtspunkte an, die für *Ihr* Kind sprechen, wie Krankheit, private Krisen oder eine besondere Vorgeschichte.

Was können Sie tun?

- Verzichten Sie auf das Aufführen von Präzedenzfällen, wenn Sie etwas für Ihr Kind erreichen wollen.
- Führen Sie Argumente und Umstände an, die das Verhalten und die Leistung Ihres Kindes in einem anderen Licht erscheinen lassen.
- Seien Sie energisch, aber nicht emotional oder aggressiv.

Tipp 109:

Gespräche müssen konstruktiv geführt werden.

Mütter und Väter, die zum Angriff gegen den Lehrer blasen, der die Verweigerungshaltung des verhaltensauffälligen Filius thematisieren will, bewirken nichts: »Sie tun doch eh nichts, um meinen hochbegabten Sohn in Ihren Unterricht zu integrieren« – dabei wurde das Kind noch nicht mal auf Hochbegabung getestet. Eltern, die nicht glauben wollen, dass die Hausaufgabe deutlich aufgegeben wurde und andere Kinder das gehört haben, zementieren die schulischen Probleme ihres Kindes. Selbst Bösartigkeit wird gelegentlich unterstellt: »Sie wollen wohl nicht, dass meine Tochter sich verbessert.«

Lehrer stehen seit Jahren unter öffentlicher Dauerkritik, die alle – die engagierten wie die Dienst nach Vorschrift schiebenden Pädagogen – extrem dünnhäutig hat werden lassen.

Bei jedem Gespräch gilt für alle Beteiligten: Wer nichts von dem glaubt, was gesagt wird, mit dem kann man auch nicht ins Gespräch kommen. Wer die Schuld nur bei anderen sieht, wird nicht kooperieren können. Wer mit Unterstellungen arbeitet, wird bei der Lösung eines Problems keinen Fortschritt erzielen.

Was können Sie tun?

- »Glaub ich nicht«, »Geht nicht«, »Stimmt nicht« sind Totschlagargumente – bitte vermeiden!
- Haken Sie nach, wenn Sie unsicher sind, was der andere sagen will: »Habe ich Sie richtig verstanden, dass…«
- Vermeiden Sie Schuldzuweisungen.
- Unterbreiten Sie konkrete Vorschläge zur Verbesserung der Situation.
- Vermeiden Sie verbale Angriffe und Gesprächskiller wie »Das können Sie nicht verstehen …« oder »Das wollen Sie ja nicht …«
- Senden Sie Ich-Botschaften: »Ich denke, dass …«

Tipp 110:

Komplimente müssen ehrlich sein.

Viele Eltern möchten in dem Wissen, dass Lehrer öffentlicher Dauerkritik ausgesetzt sind, den Gesprächsbeginn durch ein schönes Kompliment auflockern und das Wohlwollen des Gegenübers sichern. Klappt das?

Lehrer freuen sich zwar über Komplimente – allerdings unter Vorbehalt. Schon im Referendariat wurde ich von meinem Seminarleiter darauf gedrillt, besonders wachsam zu sein, wenn Komplimente von Eltern zu Gesprächsbeginn gemacht werden: »Seien Sie darauf gefasst, dahinter steht eine Absicht. Ich rate aufgrund meiner jahrelangen Erfahrung unbedingt zur Vorsicht. Oder wie würden Sie vorgehen, wenn Sie etwas erreichen wollen?« So lautete der Ratschlag aus berufenem Mund zum Berufseinstieg. Und die Praxis widerspricht dem nicht. Erst kommen die Lobpreisungen, dann kommt die Forderung nach der besseren Note, wo das Kind doch bisher so gerne den Unterricht besuche und nicht durch Enttäuschung demotiviert werden dürfe! Es erleide sonst einen Schock oder verliere gar den Spaß an der Sache! – Diese Argumente werden keine Lehrkraft beeindrucken. Stattdessen wird sich das Gespräch nun um Leistung, Bewertung und nachhaltige Motivation drehen. Sympathiepunkte haben Sie auch keine gewonnen.

Was können Sie tun?

- Verbinden Sie nicht Lob und Forderung.
- Wenn Sie einen Lehrer für sich gewinnen wollen, setzen Sie Höflichkeit und konstruktive Kritik ein.

Tipp 111:

Am Ende eines erfolgreichen Gesprächs muss eine Zielvereinbarung stehen.

Sie waren zur verabredeten Zeit in der Schule. Sie haben geredet. Sie haben zugehört. Die Lehrerin war nett. Sie gehen trotzdem unbefriedigt nach Hause.

Warum?

Vielleicht liegt es daran, dass am Ende nichts herausgekommen ist? Sie haben ja ein Ziel gehabt, das möglicherweise mehr beinhaltete als bloßen Informationsaustausch. Diesem Ziel sollten Sie näher gekommen sein. Günstig ist es, wenn Sie gemeinsam mit Ihrem Gesprächspartner am Ende des Gesprächs festgehalten haben, was sich ändern soll und was Lehrer, Eltern und Kinder dafür tun wollen. Auch der Zeitrahmen für diese Veränderungen und der Zeitpunkt der Überprüfung des Erfolgs der festgelegten Maßnahmen sollte aufgeschrieben werden. Wenn dann die angestrebten Ziele und Maßnahmen realistisch und nicht nur eherne Absichtserklärungen sind, können Sie wirklich sehr zufrieden sein!

Was können Sie tun?

- Halten Sie am Ende des Gesprächs schriftlich fest, was sich ändern soll.
- Schreiben Sie auf, wer was tun soll.
- Vereinbaren Sie einen Zeitpunkt, an dem überprüft wird, ob die Ziele erreicht worden sind.

Tipp 112:

Lassen Sie sich die Beratungsangebote der Schule nicht entgehen.

Gute Schulen bieten ihren Schülern und Eltern zahlreiche Informations- und Beratungsmöglichkeiten: Expertenvorträge zu speziellen Themen wie Lese-Rechtschreib-Schwäche, Pubertät, Gefahren des Internets und vieles andere mehr. Daneben gibt es immer auch individuelle Beratungen bei den Klassen- oder Fachlehrern für Kinder und Eltern. Diese dienen der Unterstützung und Förderung. Bei Bedarf werden Informationen über Angebote von verschiedenen Beratungsstellen weitergegeben. Psychologisch geschultes Personal kann auch in der Schule erste lernpsychologische Tests durchführen und Therapieempfehlungen oder Tipps zur Kommunikationsverbesserung geben.

Und wie kommt man da ran? Bei den Einzelberatungen ist immer beides denkbar: dass Sie oder Ihr Kind initiativ werden, das heißt aus eigenem Antrieb in die Sprechstunde gehen. Oder Ihnen wird von Lehrerseite empfohlen, sich dort Unterstützung zu holen. Dabei sollten Sie keine Scheu haben: Denn wenn Sie oder Ihr Kind etwas bedrückt oder Sie eine Frage zur Erziehung haben, dann ist es wichtig genug! Dabei muss es nicht unbedingt um ein schulisches Problem gehen. Beratungen in Bezug auf eine Trennungssituation und wie die Trennung der Eltern den Kindern vermittelt werden kann, Angst des Kindes vor Pöbeleien im Schulbus oder allgemeine Erziehungsfragen – das alles sind überaus berechtigte Anliegen für einen Termin bei der Beratungslehrerin oder dem Beratungslehrer. Voraussetzung ist aber, dass Sie diese Person überzeugend finden und Vertrauen in die Verschwiegenheit haben!

Was können Sie tun?

- Erkundigen Sie sich nach der Vertraulichkeitsregelung.
- Klären Sie bei der Terminvereinbarung, ob das Thema für die Beratung geeignet ist.
- Scheuen Sie sich nicht, Beratungsempfehlungen wahrzunehmen.

Tipp 113:

Unterstützen Sie nach Möglichkeit den Förderverein.

Da den Schulen nur geringe Mittel zur Verfügung stehen, ist Sponsoring willkommen – »Private Parent Partnership«, wie das in Anlehnung an das verbreitete »Public Private Partnership« (private Investoren übernehmen öffentliches Eigentum, sanieren es und vermieten es wieder an die öffentliche Hand) manchmal genannt wird. Gespendet werden kann alles: der Topf Farbe, die Möblierung, Geld, Bücher oder Sportgeräte und Musikinstrumente. Sogar Personal kann gesponsert werden.

Aber bei staatlichen Institutionen muss es kompliziert sein, auch wenn es einfach ginge: Die öffentliche Schule darf kein Eigentum besitzen, sie ist nicht rechtsfähig! Die Spende geht ärgerlicherweise in das Eigentum des Schulträgers über, der streng genommen die Annahme genehmigen muss. Der Schulträger darf Sachspenden an einer anderen Schule einsetzen, und er ist angesichts knapper Kassen versucht, den Etat der Schule mit Blick auf ein hohes Spendenaufkommen zu kürzen.

Das ist die Daseinsberechtigung für die gemeinnützigen Elternvereine, die sich an der Schule engagieren. Sie können all das tun, was der Schulleiter nicht darf: Stipendien ausloben, Preise vergeben, Konten führen, zusätzliches Personal einstellen. Es gibt Rechnungsprüfungen und Vereinssatzungen, die Transparenz schaffen. Bleibt eine Sachspende im Besitz eines Vereins und wird nur leihweise zur Verfügung gestellt, dann kann sie auch nicht mal eben an eine andere Schule gegeben werden.

Was können Sie tun?

- Unterstützen Sie den Förderverein.
- Klären Sie ab, welche Sach- und Geldspenden der Schule am besten helfen.
- Spenden müssen echt sein. Computerschrott und Ihr altes Sofa verursachen der Schule nur Kosten.

Tipp 114:

Ehrenamtliche Hilfe ist willkommen.

Eine große Hilfe sind Eltern, die Bibliotheksaufsichten übernehmen, bei der Bücher- oder Essensausgabe helfen, eine Mittagsaufsicht stellen oder eine Hausaufgabengruppe betreuen. Hartgesottene können auch die Klassenfahrt begleiten, allerdings ist es schon vorgekommen, dass Eltern sich angesichts des abendlichen und nächtlichen Treibens von adoleszenten Schülern lieber auf ihrem Zimmer eingeschlossen haben, als sich ins Getümmel zu werfen. Das ist der begleitenden Lehrkraft dann nur bedingt eine Hilfe. Hier ist Erfahrung im Umgang mit Gruppen von Jugendlichen in der Vereinsarbeit oder einem anderen sozialen Beruf wirklich eine Voraussetzung.

Was können Sie tun?

- Überlegen Sie, ob Sie zuverlässig regelmäßig oder einmalig Zeit investieren können.
- Stellen Sie Ihre Hilfe zur Verfügung, wenn Sie mobil sind oder in der Nähe der Schule wohnen.
- Erkundigen Sie sich genau nach den Anforderungen und wo Sie im Bedarfsfall schnell Hilfe erhalten.

Tipp 115:

Bringen Sie Ihre Expertise in die Schule ein.

Wir alle wissen: Schulen sind finanziell alles andere als gut ausgestattet. Das bezieht sich auf Materialien und auf die Personalressourcen.

In der Elternschaft sind dagegen beachtliche Ressourcen vorhanden: die promovierte Mathematikerin, die sich jetzt um ihre drei Kinder kümmert, aber vielleicht doch Lust und Zeit hat, in einer Begabten-AG anspruchsvolle mathematische Projekte anzubieten. Die Mutter, die gelernte Köchin ist: Sie muss nicht auch noch in der Freizeit kochen, aber sie kann helfen, die Caterer für die Schule auszuwählen oder die »Elterninitiative Mittagstisch« in Sachen Qualität und Hygiene zu beraten. Der Vater, der Personalchef einer Firma ist, oder der Vater, der Malermeister ist, sind beide Experten auf ihrem Gebiet – einem Gebiet, auf dem die Schule Bedarf hat: Warum nicht den Übergang von Schule zum Beruf durch ein Bewerbungstraining verbessern? Oder bei der Renovierung des Klassenzimmers beraten?

An vielen Schulen gibt es immer noch die alten Fronten: Die Schulen angemessen mit Personal zu versorgen und sie materiell auszustatten sei die Aufgabe des Staates (oder des Schulträgers), so wird argumentiert. Dafür zahle man schließlich Steuern. Es sei grundsätzlich falsch, den Staat von seiner Pflicht zu entbinden und ihm zu signalisieren, dass er sich nicht zu engagieren brauche und dass auch alles mit weniger Geld laufe.

So kann man durchaus mit einiger Berechtigung argumentieren. Nur: Den Kindern, die die Schule besuchen, ist damit in keinster Weise geholfen. Und während die einen sich noch bei Grundsatzdiskussionen aufhalten, wird an anderen Schulen bereits gehandelt – selbst Fortbildungen für Lehrer zu Spezialthemen werden von Elternseite angeboten.

Was können Sie tun?

- Überlegen Sie, ob Sie Ihr Fachwissen der Schule zur Verfügung stellen.
- Klären Sie den Bedarf mit den Elternbeiräten und der Schulleitung.
- Versuchen Sie zu helfen, wenn Sie gebeten werden.

Tipp 116:

Schließen Sie sich mit anderen Eltern zusammen, wenn Sie etwas verändern wollen.

Eltern, die etwas positiv verändern möchten, müssen sich mit anderen zusammenschließen. Sie können nicht nur gemeinsam Ideen entwickeln, sie verhindern auch Nachteile für das eigene Kind: Die Befürchtung, das Kind erhalte dann schlechtere Noten oder bleibe gar sitzen – wie der Erziehungswissenschaftler Peter Struck es in seinem Buch formuliert[43] –, entspricht nach meinen Erfahrungen nicht der Realität.

Grundsätzlich gilt: Je mehr Eltern sich zusammenschließen, umso besser. Gibt es dagegen eine große Gruppe von Eltern, die zu einem Vorhaben in Opposition geht, hat jeder Plan deutlich weniger Chancen auf Realisierung. Schließlich heißt es in diesem Fall immer: »Die Eltern sind in dieser Sache selbst gespalten. Das ist nur *eine* Meinung.«

Was können Sie tun?

- Suchen Sie Verbündete und verständigen Sie sich über die Ziele und die Strategie.
- Denken Sie an die Faustregel: Eine Veränderung in einer Klasse braucht mindestens drei Eltern, eine in der Schule mindestens sieben Eltern.
- Unterschriftensammlungen sind immer beeindruckend.
- Überzeugen und informieren Sie andere Eltern.

Tipp 117:

Gehen Sie bei gravierenden Missständen mit Fakten an die Öffentlichkeit.

An manchen Schulen gibt es gravierende Missstände: eine Kultur des Schweigens und Wegsehens gegenüber sexuellen Übergriffen. (Das gibt es auch heute noch!) Oder einen »Pädagogen«, der sich rassistisch äußert. Oder eine ganz andere Situation: Der Unterrichtsausfall in einer Klasse nimmt inakzeptable Ausmaße an – ein wichtiges Fach ist über Monate betroffen. Es kann auch sein, dass Spendengelder, die die Schule für einen konkreten Zweck gesammelt hat, nicht transparent verwendet worden sind. Oder dass der Schulträger seine Pflichten so vernachlässigt, dass das Schulgebäude noch nicht einmal mehr Dritte-Welt-Standard erfüllt.

Wenn Gespräche mit der Schulleitung, dem Betroffenen oder gar der vorgesetzten Behörde nichts bewirken konnten, hilft nur eines: der Gang an die Öffentlichkeit, das Einschalten der Presse. Hier dürfen Sie aber nicht überrascht sein, wenn die örtliche Presse die Berichterstattung verweigert oder den Sachverhalt verfälscht wiedergibt. Es mag Seilschaften geben. Das macht nichts. Heute muss niemand mehr auf die lokale Zeitung bauen: Hörfunk, Internet, überregionale Presse ... denen ist das Thema Bildung durchaus einen Aufmacher wert. Vor allem seit PISA. Schreiben Sie ruhig an den Minister und ein anderes Presseorgan.

Was können Sie tun?

- Setzen Sie mit anderen Eltern einen gemeinsamen Brief auf.
- Mögliche Adressaten sind: die Schulaufsicht, der Minister, die Landtagsabgeordneten.
- Informieren Sie die regionale und/oder überregionale Presse.
- Schreiben Sie nur das, was Sie eindeutig belegen können, und desavouieren Sie sich nicht durch Unsachlichkeiten und unbewiesene Gerüchte.

Tipp 118:

Eine erfolgreiche Elternvertretung braucht Diplomatie, Visionen und Durchsetzungsfähigkeit.

Der erste Elternabend neigt sich dem Ende zu. Nun steht die Wahl der Vertreter und Stellvertreter an. Schweigen. Blicke zur Decke. Blicke auf den Boden. Sekunden dehnen sich zu Minuten, gar zu gefühlten Stunden. Dann erbarmt sich jemand, der wird gewählt. Oder jemand stupst den Nachbarn an: »Das hast du doch schon in der Grundschule gemacht. Und so gut. Willst du nicht? Ich schlag dich jetzt vor.« Es kommt zur Kandidatenkür, danach zur einstimmigen Abstimmung, und jeder ist erleichtert – außer vielleicht die Lehrkraft und die frisch Gekürten selbst.

Typisch sind solche Szenen auch aus dem Elternbeirat der Schule. Dort muss nun der Schulelternvertreter gesucht und gefunden werden. Hier kann es auch zu Kampfabstimmungen unterschiedlicher Cliquen kommen. Die Kriterien der Abstimmung bleiben dabei der erstaunten Schulleitung verborgen. An die Persönlichkeit des Bewerbers scheinen die Eltern nicht immer zu denken.

Dabei hängt es von dem Geschick der gewählten Vertreter ab, wie viel Einfluss die Eltern an einer Schule haben. Fitte Elternvertreter bringen Initiativen in die Schule ein. Sie setzen mit Diplomatie und Nachdruck auch mal etwas gegen den Schulleiter durch. Dabei müssen sie es mit den jahrelang gestählten Schlachtschiffen der Schulleitung aufnehmen. Auch Organisationstalent oder politischer Einfluss sind Pfunde, mit denen hier gewuchert werden kann.

Die Elternvertretung hat den direktesten Draht aller Eltern zur Schulleitung. Sie sitzt in wichtigen Konferenzen und trifft sich regelmäßig und bei Bedarf mit der Direktion. Über alle belangreichen Maßnahmen informiert sie der Schulleiter (Schul- und Hausordnung, Diskussionen der schulinternen Fremdsprachenfolge, Personalpolitik, Sanierung, Verweis von der Schule …), hört ihre Meinung an oder erbittet ihre Zustimmung. Die Elternvertretung ist der Ansprechpartner für die Schulleitung, wenn es etwas über die Eltern in Erfahrung zu bringen gibt: Wie ist die Stimmung? Gibt es ein Meinungsbild der Elternschaft? Was für Wünsche haben die Eltern?

Was können Sie tun?

- Achten Sie auf Integrität, diplomatisches Geschick und Durchsetzungsfähigkeit sowie Organisationstalent, wenn Sie die Elternvertreter auswählen.
- Wenn Sie sich die Arbeit zutrauen, dann lassen Sie sich vorschlagen, am besten gleich im Tandem mit einem Stellvertreter Ihrer Wahl.
- Achten Sie darauf, dass die Kandidaten Ideen haben, wie sie die Schule voranbringen wollen.

Tipp 119:

Ein Schulstreik kann nur das allerletzte Mittel sein.

Wenn viele Eltern sich aus gutem Grund zusammengeschlossen haben – zum Beispiel um gegen Unterrichtsausfall oder unhaltbare gesundheitsbelastende Zustände im Schulgebäude zu protestieren –, alle anderen Mittel ausgeschöpft sind (zum Beispiel Briefe an die Schulaufsicht und die Presse), dann ist ein Unterrichtsboykott das letzte Mittel. Jedenfalls hat er in der Vergangenheit Erfolge erzielen können: So boykottierte eine komplette Schulklasse einer Grundschule in Rheinland-Pfalz den Unterricht und demonstrierte mit Erfolg vor der Bezirksregierung – der Lehrer wurde versetzt.[44] Auch im hessischen Hünfeld führte 2001 ein Unterrichtsboykott wegen rassistischer Äußerungen eines Schulleiters zu dessen Versetzung.[45]

Aber Vorsicht: Eltern sind verpflichtet, dafür zu sorgen, dass schulpflichtige Kinder in die Schule gehen. Tun sie das nicht, können Ordnungsgelder verhängt werden. Die Schulpflicht kann sogar mit polizeilichen Mitteln durchgesetzt werden. Und bei Schülern von Abendgymnasien kann ein Boykott teuer werden, wenn Fördergelder zurückgezahlt werden müssen – auch für die enthaltenen und sogar für die angrenzenden Ferienzeiten.[46]

Deshalb sollten Sie sich auf jeden Fall juristisch beraten lassen, wenn Sie zur Ultima Ratio »Unterrichtsboykott« greifen wollen. Und den Verantwortlichen in den Ämtern muss es unmittelbar einleuchten, dass die Missstände nicht hinnehmbar sind. Sonst schneiden Sie sich ins eigene Fleisch!

Von Schulstreiks gegen politische Ereignisse wie dem Irakkrieg oder der Einführung von Studiengebühren rate ich ab. Erstens sind Demonstrationen, die nicht den Beigeschmack von Party und »Blaumachen« haben, viel überzeugender, und zweitens kann das unerlaubte Fernbleiben vom Unterricht mit »ungenügend« bewertet werden.

Was können Sie tun?

- Agieren Sie nie allein.
- Holen Sie rechtliche Beratung ein.
- Informieren Sie die Öffentlichkeit und kündigen Sie den Streik an.
- Schöpfen Sie erst alle anderen Mittel aus.

Tipp 120:

Kündigen Sie weitere Protestschritte an.

Mein Rat für den Konfliktfall: Wenn Sie beim Lehrer oder bei der Schulleitung auf taube Ohren stoßen – weil Ihrer Ansicht nach eine Zensur nicht haltbar ist, Ihr Kind unter unzumutbaren Zuständen wie extremem Unterrichtsausfall zu leiden hat oder eine Strafe unverhältnismäßig erscheint –, dann kündigen Sie an, dass Sie sich an die nächsthöhere Stelle oder an die Öffentlichkeit wenden wollen. Nun wird es interessant: Ihr Gegenüber hat dann noch einmal Gelegenheit, sein Handeln zu überprüfen. Wenn Ihr Gesprächspartner unsicher ist, kann er noch einlenken. Wenn er vollkommen gelassen reagiert, können Sie überlegen, ob gepokert wird oder ob Sie im Unrecht sind.

Im günstigeren Fall – Ihr Gesprächspartner gibt nach, weil er die Mühe scheut oder unsicher geworden ist – gelangen Sie doch noch schneller als gedacht an Ihr Ziel. Falls nicht, müssen Sie überlegen, was die nächsten Schritte sein könnten.

Was können Sie tun?

- Sagen Sie, dass Sie mit dem Vorgehen unzufrieden sind und dass Sie überlegen, die Schulleitung/das Schulamt zu informieren und um Rat zu bitten.
- Oder: Sagen Sie freundlich, aber bestimmt, dass Sie leider weitere Schritte wie den Gang an die Öffentlichkeit oder zum Anwalt in Erwägung ziehen müssten.
- Bleiben Sie gesprächsbereit.

Tipp 121:

Bleiben Sie freundlich, auch wenn Ihr Kind die Schule verlässt.

Wie empört auch immer Sie sein mögen: In der Schule entscheiden in erster Linie die Lehrer und die Schulleitung. Haben Sie nicht definitiv bereits einen anderen Schulplatz für Ihr Kind gefunden, sind Sie auf die Lehrer und die Schulleitung angewiesen, wenn es um das Wohl Ihres Kindes geht.

Und selbst wenn Sie bereits einen anderen Schulplatz haben, werden die Direktionen beider Schulen miteinander Kontakt aufnehmen und sich gegenseitig über den Grund des Wechsels und die Vorgeschichte informieren. Deshalb sollten Sie die Form wahren und verbale Ausfälle vermeiden. Oder aber sich dafür später entschuldigen. Denn keine öffentliche Schule muss Ihr Kind zwingend aufnehmen. Es muss nur ein Platz gefunden werden, und Ihrem Kind kann zugemutet werden, längere Schulwege zurückzulegen. Schließlich haben ja Sie einen Schulplatz in erreichbarer Nähe freiwillig aufgegeben. Das ist jedenfalls der Standpunkt der Schulleitungen, wenn Sie keine Umstände glaubhaft machen können, die einen Schulwechsel auch Dritten angeraten erscheinen lassen. Und freiwillig holt sich niemand Probleme und unflätige Eltern ins Haus.

Was können Sie tun?

- Bleiben Sie höflich – auch wenn Sie Kritik äußern.
- Entschuldigen Sie sich nach verbalen Ausfällen.

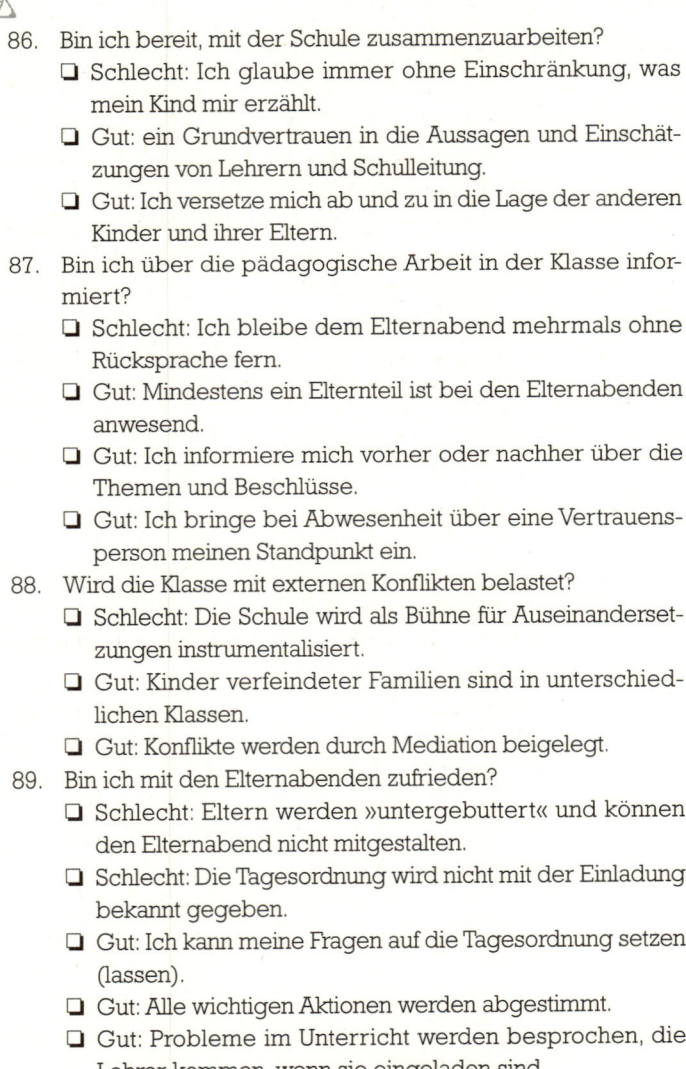

Die kleine Checkliste

86. Bin ich bereit, mit der Schule zusammenzuarbeiten?
    - ❏ Schlecht: Ich glaube immer ohne Einschränkung, was mein Kind mir erzählt.
    - ❏ Gut: ein Grundvertrauen in die Aussagen und Einschätzungen von Lehrern und Schulleitung.
    - ❏ Gut: Ich versetze mich ab und zu in die Lage der anderen Kinder und ihrer Eltern.

87. Bin ich über die pädagogische Arbeit in der Klasse informiert?
    - ❏ Schlecht: Ich bleibe dem Elternabend mehrmals ohne Rücksprache fern.
    - ❏ Gut: Mindestens ein Elternteil ist bei den Elternabenden anwesend.
    - ❏ Gut: Ich informiere mich vorher oder nachher über die Themen und Beschlüsse.
    - ❏ Gut: Ich bringe bei Abwesenheit über eine Vertrauensperson meinen Standpunkt ein.

88. Wird die Klasse mit externen Konflikten belastet?
    - ❏ Schlecht: Die Schule wird als Bühne für Auseinandersetzungen instrumentalisiert.
    - ❏ Gut: Kinder verfeindeter Familien sind in unterschiedlichen Klassen.
    - ❏ Gut: Konflikte werden durch Mediation beigelegt.

89. Bin ich mit den Elternabenden zufrieden?
    - ❏ Schlecht: Eltern werden »untergebuttert« und können den Elternabend nicht mitgestalten.
    - ❏ Schlecht: Die Tagesordnung wird nicht mit der Einladung bekannt gegeben.
    - ❏ Gut: Ich kann meine Fragen auf die Tagesordnung setzen (lassen).
    - ❏ Gut: Alle wichtigen Aktionen werden abgestimmt.
    - ❏ Gut: Probleme im Unterricht werden besprochen, die Lehrer kommen, wenn sie eingeladen sind.

90. Werden an den Elternabenden die wichtigen und interessanten Themen behandelt?
   - ❑ Schlecht: Einzelfälle nehmen zu viel Raum ein.
   - ❑ Schlecht: Organisatorische Fragen stehen im Zentrum.
   - ❑ Gut: Es geht um die Kinder und ihre Bedürfnisse.
   - ❑ Gut: informative Referate und Aussprachen.

91. Wann gehe ich zum Elternsprechtag?
   - ❑ Schlecht: regelmäßige Höflichkeitsbesuche.
   - ❑ Gut: bei Leistungsabfall, schlechten Noten oder miesen Kopfnoten.
   - ❑ Gut: bei Gesprächswünschen der Lehrer.
   - ❑ Gut: auf Wunsch meines Kindes.
   - ❑ Gut: wenn ich ausführlich über eine häusliche Situation oder gesundheitliche Beeinträchtigung informieren will.

92. Soll ich zu Elternstammtischen gehen?
   - ❑ Schlecht: Ich gehe hin, um mich zu informieren, und glaube alles, was beim Stammtisch über Dritte erzählt wird.
   - ❑ Schlecht: Der Stammtisch will Beschlüsse fassen.
   - ❑ Gut: wenn ich den Abend genieße.
   - ❑ Gut: Ich möchte Miteltern kennenlernen.

93. Reicht mein sonstiger Kontakt?
   - ❑ Schlecht: Ich gehe nicht in die Schule, obwohl mein Kind mich darum bittet.
   - ❑ Gut: Ich besuche Events, bei denen mein Kind mitwirkt.
   - ❑ Gut: Ich bin mindestens ab und zu bei Feiern, Festen und informellen Treffs dabei.

94. Wie reagiere ich auf Gesprächswünsche der Schule?
   - ❑ Schlecht: Ich stehe nicht für ein Gespräch zur Verfügung, obwohl ich dazu aufgefordert werde.
   - ❑ Gut: Ich mache mir Gesprächsnotizen.
   - ❑ Gut: Ich erkundige mich später nach der weiteren Entwicklung.

95. Bin ich gut für die Schule erreichbar?
   - ❑ Schlecht: Die Notfallnummer ist nicht erreichbar, weil mein Handy immer aus ist.

❏ Schlecht: Mein Kind kann problemlos die Briefe der Schule abfangen.

❏ Gut: Die aktuelle Adresse und Telefonnummer liegen der Schule vor.

96. Sind die Lehrer über die familiäre, persönliche und gesundheitliche Situation meines Kindes informiert?

❏ Schlecht: Ich vertraue darauf, dass die Informationsweitergabe in der Schule fehlerfrei funktioniert.

❏ Gut: Ich suche immer wieder Kontakt und gebe wichtige Informationen weiter.

❏ Gut: Ich informiere auch die neuen Lehrer über Besonderheiten.

97. Gestehe ich dem Lehrer den nötigen Freiraum für seine Arbeit zu?

❏ Schlecht: Ich zweifle grundsätzlich am pädagogischen Konzept.

❏ Gut: Ich vertraue der Fachkompetenz des Lehrers und zeige das.

❏ Gut: Ich unterstütze seine Arbeit und folge seinen Empfehlungen.

98. Darf ich die Schule oder die Lehrer vor meinem Kind kritisieren?

❏ Schlecht: Positive Äußerungen über einen Lehrer, auch wenn der sich über einen längeren Zeitraum als unfähig erweist, so dass mein Kind sich selbst als Versager sieht.

❏ Gut: Keine abfälligen Äußerungen über die Schule oder einen Lehrer, auch wenn mal ein Fehler passiert.

99. Soll ich schrullige Lehrer akzeptieren?

❏ Schlecht: Ich ziehe aus Äußerlichkeiten Rückschlüsse auf die fachliche Qualifikation.

❏ Gut: Ich helfe meinem Kind, liebenswerte Eigenarten als solche zu sehen.

100. Wie verhält sich mein Kind, wenn ich die Schule kontaktiere?

❏ Schlecht: Mein Kind versucht etwas zu verbergen.

- ❏ Schlecht: Mein Kind »vergisst« Briefe und Mitteilungen, fischt im Briefkasten und erschwert das Gespräch mit der Schule.
- ❏ Gut: Mein Kind versucht nicht, den Kontakt zwischen mir und der Schule zu ver-/behindern.
- ❏ Gut: Es hat mich gern in der Schule dabei.

101. Wie trete ich mit der Schule in Kontakt?
- ❏ Schlecht: unangekündigte Spontanbesuche.
- ❏ Gut: Terminvereinbarung am Telefon oder per Mail.
- ❏ Gut: Zeitrahmen und Gesprächsthemen bei Terminvereinbarung klären.

102. An wen wende ich mich?
- ❏ Schlecht: Ich rede über eine Person mit deren Vorgesetzten, bevor ich mit ihr selbst spreche.
- ❏ Gut: Immer zuerst an den Verantwortlichen.

103. Wann sollte ich schriftlich werden?
- ❏ Schlecht: Ich verlasse mich ganz auf mein Gedächtnis und das meiner Gesprächspartner.
- ❏ Gut: Während des Gesprächs oder danach Notizen über Zielvereinbarungen und Gesprächsverlauf.
- ❏ Gut: Bei Unzufriedenheit ein Brief mit einer Problemdarlegung und der Beschreibung bisheriger Lösungsversuche.
- ❏ Gut: bevor ich mich an die nächsthöhere Stelle wende.

104. Halte ich mit meinen Reaktionen das richtige Maß?
- ❏ Schlecht: Ich suche nicht das Gespräch mit den Betroffenen, sondern gehe gleich an die vorgesetzte Stelle.
- ❏ Gut: Ich lasse etwas Zeit verstreichen, bis meine größte Aufregung vorbei ist.
- ❏ Gut: Ich frage eine Person meines Vertrauens nach ihrer Einschätzung.

105. Wie gehe ich konstruktiv mit meinem Ärger um?
- ❏ Schlecht: Ich lasse in der Schule einfach einmal so richtig Dampf ab.
- ❏ Gut: Ich bereite ein sachliches Gespräch vor.

❏ Gut: Ich finde das Problem, das hinter meiner Verärgerung steckt.

❏ Gut: Ich formuliere Fragen und Argumente.

106. Lasse ich mich von meinem Kind manipulieren?

❏ Schlecht: Ich weiß, dass mein Kind immer uneingeschränkt die Wahrheit sagt.

❏ Gut: ein Gespräch mit allen Beteiligten.

❏ Gut: Ich weiß, dass mein Kind nicht immer im Recht ist.

107. Bin ich für das Gespräch mit der Schule gut vorbereitet?

❏ Schlecht: mehr als drei Themen.

❏ Schlecht: eine lange, komplizierte Vorgeschichte detailreich schildern.

❏ Schlecht: mit dem Unwichtigsten beginnen.

❏ Gut: Alle Dokumente sind griffbereit und geordnet.

❏ Gut: Ich kenne meine Anliegen und weiß, in welcher Reihenfolge ich diese vorbringen möchte.

108. Setze ich im Gespräch die richtigen Schwerpunkte?

❏ Schlecht: Anführen vermeintlicher Präzedenzfälle.

❏ Schlecht: Emotionen oder Aggression.

❏ Gut: Informationen über mein Kind und sein Verhalten.

❏ Gut: deutliche Aussagen und Beispiele.

109. Wie führe ich das Gespräch?

❏ Schlecht: Schuldzuweisungen ausschließlich an den Lehrer.

❏ Schlecht: Ich bezweifle die Aufrichtigkeit und den guten Willen des Gesprächspartners.

❏ Gut: Ich frage nach, wenn ich etwas nicht verstehe oder nicht glaube.

❏ Gut: »Ich-Botschaften«.

❏ Gut: konkrete Vorschläge.

110. Darf ich Lehrer loben?

❏ Schlecht: ein Lob, das augenscheinlich einen Vorteil für das eigene Kind bewirken soll.

❏ Gut: ein Lob, das genau beschreibt, was gut ist, und nicht gönnerhaft wirkt.

111. War mein Gespräch erfolgreich?
- ❏ Gut: eine gemeinsame verbindliche Zielvereinbarung.
- ❏ Gut: eine Festlegung, wer was bis wann tun soll.
- ❏ Schlecht: keine Vereinbarung über Art und Zeitpunkt der Erfolgskontrolle.

112. Nehme ich die Unterstützungsangebote der Schule aktiv wahr?
- ❏ Schlecht: Ich fordere nicht aktiv Hilfe, sondern melde mein Kind bei Problemen von der Schule ab.
- ❏ Gut: Ich informiere Lehrer über meine Fragen und bitte um Rat und Hilfe.
- ❏ Gut: Ich oder mein Kind gehen zur Beratungslehrerin oder zur Schulleitung, wenn die Lehrer nicht helfen (können).

113. Wie kann ich die Schule materiell unterstützen?
- ❏ Schlecht: unverlangte Sachspenden.
- ❏ Gut: Unterstützung des Fördervereins.
- ❏ Gut: Sachspenden und Geldspenden nach Absprache mit der Schulleitung.

114. Wie kann ich der Schule helfen?
- ❏ Schlecht: Übernahme von Ehrenämtern, wenn ich nicht zuverlässig planen kann.
- ❏ Gut: Ehrenämter wie Hausaufgabenhilfe, Mittagsaufsichten, Bibliotheksassistenz.

115. Wie kann ich mich in der Schule noch einbringen?
- ❏ Schlecht: Alleingänge und Initiativen ohne Rückkoppelung mit den Elternbeiräten und der Schulleitung.
- ❏ Gut: Ich stelle mein Fachwissen bei Bedarf zur Verfügung.
- ❏ Gut: Ich helfe, wenn ich kann und gebeten werde.

116. Wie kann ich an der Schule etwas verändern?
- ❏ Schlecht: Viele Eltern sind anderer Meinung.
- ❏ Gut: mit anderen Eltern gemeinsam vorgehen.
- ❏ Gut: Ziele und Strategien absprechen.

117. Was tue ich gegen gravierende Missstände?

- ❑ Schlecht: keine Beweise und Zeugen, sondern nur Gerüchte.
- ❑ Gut: ein gemeinsamer Brief mit anderen Eltern an die Schulaufsicht/den Minister/die Landtagsabgeordneten.
- ❑ Gut: Berichte in der regionalen und/oder überregionalen Presse.

118. Wen soll ich als Elternvertreter wählen?
- ❑ Schlecht: Konfliktunfähigkeit und Mauschelei.
- ❑ Gut: Durchsetzungsfähigkeit und diplomatisches Geschick.
- ❑ Gut: Ideen zur Verbesserung der Schule.
- ❑ Gut: Organisationstalent und Charisma.

119. Wann ist ein Schulstreik erfolgreich?
- ❑ Schlecht: Sie agieren allein.
- ❑ Schlecht: ohne (juristische) Beratung zum Beispiel des Landeselternbeirates.
- ❑ Schlecht: Es geht nur ums »Blaumachen«.
- ❑ Gut: Unhaltbare Zustände in der Schule lassen sich nachweisen.
- ❑ Gut: Alle anderen Mittel sind ausgeschöpft.
- ❑ Gut: Die Presse ist eingeschaltet.

120. Wie vermeide ich im Konfliktfall eine Eskalation?
- ❑ Schlecht: dem Betroffenen keine Chance des Einlenkens zu geben.
- ❑ Gut: Ich kündige weitere Schritte an und erreiche dadurch vielleicht doch noch eine Lösung.

121. Wie verhalte ich mich bei einem Schulwechsel?
- ❑ Schlecht: Ich entschuldige mich nicht bei verbalen Ausfällen und nutze die Gelegenheit, denen zum Abschluss mal so richtig die Meinung zu sagen.
- ❑ Gut: Ich bleibe gegenüber der alten Schulleitung höflich.
- ❑ Gut: Ich wahre die Form, auch wenn ich deutlich Kritik übe.

4. Kapitel:
Privatschulen und Internate – ein Ausweg?

Jeder weiß, dass die deutschen öffentlichen Schulen nicht Weltspitze sind. Immer mehr Eltern melden ihre Kinder daher an überwiegend allgemeinbildenden Privatschulen im In- und Ausland an. Die Nachfrage nach privaten Schulplätzen übersteigt das Angebot bei weitem, 60 Prozent aller Bewerber müssen abgewiesen werden[47], und rund 20 Prozent aller Eltern würden ihre Kinder am liebsten auf eine Schule in freier Trägerschaft schicken.[48] Von 2006 auf 2007 stieg die Zahl der Privatschüler um 18 706, fand das Statistische Bundesamt heraus. Wen wundert da, dass eine wahre Gründungswelle neuer privater Schulen rollt? Der Privatschulsektor boomt. Mancherorts rufen Elterninitiativen neue Privatschulen ins Leben. Aber auch die Wirtschaft ist beteiligt. Selbst ehemalige Investmentbanker und Schulbuchkonzerne eröffnen neue Schulen.

Die Fluchtwelle aus den öffentlichen Schulen macht an der deutschen Grenze nicht halt. So gestehen britische Internatsleitungen unter vier Augen ihre Sorge: »We have to avoid getting germanized!« – Sie befürchten die Germanisierung ihrer traditionellen englischen Institution angesichts der dramatisch wachsenden Zahl von Anmeldungen aus dem Land Goethes und Schillers. Mancherorts limitieren sie konsequent die Anzahl der deutschen Schülerinnen und Schüler an ihrer Schule und erhöhen die Schulgebühren, in den Jahren 2002 bis 2007 um sage und schreibe 40 Prozent.

Aber nicht alle Privatschulen halten, was sie in ihren Hochglanzprospekten versprechen. Und am Gründungsboom beteiligen sich nicht nur pädagogisch Erleuchtete.

In diesem Kapitel bekommen Sie daher Tipps, wie Sie im Dschungel der privaten und zunehmend kommerzialisierten Bildungslandschaft Spreu und Weizen voneinander trennen können.

Sie erfahren etwas über die Besonderheiten der Privatschulen, Vor- und Nachteile sowie die besonderen Chancen, die sich den Schülern bieten. Wichtig sind hier die Finanzierung der Schulen und die Kosten für die Eltern. Sie lesen, was Sie bei der Auswahl einer privaten Schule und bei der Suche nach dem richtigen Internat für Ihren Nachwuchs im In- oder Ausland beachten sollten. Sie erhalten Informationen über die Qualitätskontrollen an privaten Schulen und lernen die wichtigsten Arten der Privatschulen kennen. Schließlich erfahren Sie, unter welchen Umständen eine Internatsunterbringung sinnvoll ist und wann nicht, bevor wir einen Blick über den Ärmelkanal auf die britischen Internate werfen.

Ein wenig Statistik vorab:[49]

- Im Jahr 2007 hatten bundesweit 4946 Privatschulen ihre Pforten geöffnet, 1992 waren es noch 3232.
- Die Privatschulen teilten sich 2007 auf in 3020 allgemeinbildende Schulen und 1926 berufsbildende Schulen.
- Besonders stark boomen Privatschulen in Ostdeutschland: Während im früheren Bundesgebiet von 1992/93 bis 2007/08 ein Zuwachs um 21,7 Prozent zu verzeichnen war, hat sich die Zahl der Privatschulen in den neuen Ländern verfünffacht.
- Wichtige Träger und Gruppen (die Zahlen stammen aus dem Schuljahr 2005/06, aktuellere Zahlen liegen nicht überall vor) sind: *katholische Kirche* (1146 Schulen) und *evangelische Kirchen* (988 Schulen), *Freie Waldorfschulen* (208 Schulen), *Freie Alternativschulen* (85 Schulen plus

14 Schulinitiativen), *internationale Schulen* (50 Schulen) und *Landerziehungsheime* (20 Schulen).[50]

- Privatschulen sind in Deutschland nicht in allen Schularten gleichmäßig vertreten: 10,9 Prozent aller Gymnasiasten besuchten 2007/08 eine Privatschule, und 14,3 Prozent aller Gymnasien sind in privater Trägerschaft, aber nur 5 Prozent der Haupt- und 4,1 Prozent der Grundschulen.
- Im Schuljahr 2007/08 traf man Privatschüler am häufigsten in Sachsen. Dort besuchten 12,7 Prozent aller Schüler allgemeinbildender und beruflicher Schulen Einrichtungen von privaten Trägern. Es folgen Bayern (10,2 Prozent), Thüringen (8,7 Prozent) und Hamburg (8,2 Prozent). Das Schlusslicht bildet Schleswig-Holstein mit 3,4 Prozent.
- Trotz des Privatschulbooms liegt Deutschland im internationalen Vergleich weit zurück: Im Schuljahr 2007/08 waren hierzulande lediglich 7,6 Prozent aller Schüler Privatschüler an allgemeinbildenden oder beruflichen Privatschulen. In Frankreich lag der Anteil bereits 2004 bei 21,3 Prozent, in Großbritannien bei 40,6 Prozent und in den Niederlanden gar bei 76,4 Prozent.

Was sind »Privatschulen«?

»Privatschulen« sind Schulen, die nicht von einem öffentlichen Schulträger – wie Städten, Gemeinden oder Landkreisen – finanziert werden, sondern von privaten Trägern. Traditionell sind das in Deutschland Kirchen oder Religionsvereinigungen, Schulvereine, Stiftungen und Firmen. Als staatlich *anerkannte* »Ersatzschulen« erfüllt ihr Schulbesuch die staatliche Schulpflicht, und sie werden nach den Privatschulgesetzen der Bundesländer gefördert. Die Kosten *ge-*

nehmigter »Ersatzschulen« müssen komplett von den Eltern oder Schülern finanziert werden.[51]

Private Ersatzschulen führen in aller Regel wie die öffentlichen Schulen zu staatlich anerkannten Abschlüssen wie Abitur, Fachabitur, Haupt- oder Realschulabschluss. Daher dürfen sie die staatlichen Lehrpläne nicht außer Acht lassen, müssen sich gelegentlich Hospitationen der Schulaufsichtsbehörde unterwerfen und die Prüfungen extern begleiten lassen. Sie haben Freiheiten in der Gestaltung ihres Schullebens, die die stärker reglementierten öffentlichen Schulen nicht haben, und diese Gestaltungschancen nutzen gute Privatschulen zur Umsetzung herausragender pädagogischer Konzepte:

- Bei Raumzuschnitten im Schulgebäude, bei den angebotenen Unterrichtsfächern, Lerngruppengrößen und bei der Schulspeisung wiehert der Amtsschimmel weniger laut. Ganztagesangebote sind leichter zu organisieren und häufiger zu finden.
- Wichtig ist insbesondere die Personalhoheit, die die staatlichen Schulen nicht besitzen – dort werden mit oder ohne Zustimmung des Schulleiters Lehrkräfte zugewiesen (Lehrer, die aus dem Ausland oder nach längerer Beurlaubung zurückkehren, müssen »versorgt« werden, egal ob es passt oder nicht). An privaten Schulen hingegen wird nur eingestellt, wer gebraucht wird. Und Lehrer können hier auch entlassen werden, wenn sie nicht mehr gebraucht werden oder sich die Qualität des Unterrichts als dauerhaft schlecht erweist.
- Viele private Schulen haben besondere Sprachangebote wie Chinesisch oder Japanisch, sie haben außergewöhnliche sportliche oder pädagogische Schwerpunkte oder mehr Betreuungspersonal zur sinnvollen Entlastung der Lehrer.

Es gibt aber nicht mehr nur die traditionellen Schulträger: Laut Grundgesetz kann jeder eine Schule gründen! Und so mischen am expandierenden Bildungsmarkt neben pädagogisch entflammten Eltern zunehmend auch GmbHs beziehungsweise Aktiengesellschaften und Menschen aus der Wirtschaft als Schulgründer mit. Dabei geht es nicht immer nur um den Versuch, die Bildungslandschaft zu verbessern, sondern auch um eindeutige Profitinteressen.

Wie finanzieren sich Privatschulen, und was kostet das Schulgeld?

Private Schulen werden durch die Bundesländer stark subventioniert, trotz vieler hundert Euro monatlich, die die Eltern als Schulgeld zahlen. Spätestens nach einer Karenzzeit von drei Jahren erhalten *anerkannte* Ersatzschulen Zuschüsse in Höhe von 60 bis 70 Prozent dessen, was eine staatliche Schule mit entsprechender Schülerzahl kosten würde. Nordrhein-Westfalen ist besonders großzügig, hier erhalten Schulen vom ersten Tag an 94 Prozent. Unter finanziellen Gesichtspunkten ist das aus staatlicher Sicht ein Sparmodell, pro Kopf kostet ein Schüler den Staat weniger, denn der anfallende Restbetrag wird durch das Schulgeld, Spenden und Sponsoring finanziert.

Beim Schulgeld dürfen Privatschulen prinzipiell nicht ungehemmt abkassieren. Denn das Grundgesetz, Artikel 7, Absatz 4 schreibt vor, dass »eine Sonderung der Schüler nach den Besitzverhältnissen der Eltern« zu unterbleiben hat. In anderen Worten: Das Schulgeld soll sozialverträglich sein. Und der Fiskus unterstützt Privatschuleltern, 30 Prozent des Schulgeldes (ausgenommen sind die Kosten für Beherbergung, Betreuung und Verpflegung) für anerkannte oder genehmigte Ersatzschulen in Deutschland sind als Sonderausgaben steuerlich absetzbar, im Jahressteuergesetz von 2009 allerdings nur noch bis zu einem Höchstbetrag von 5000 Euro jährlich.[52] Das gilt unter bestimmten Voraussetzungen auch für den Schulbesuch des Nachwuchses im Ausland.

Die Sozialverträglichkeitsvorgabe des Grundgesetzes wird in der Praxis aber sehr unterschiedlich umgesetzt: Kirchliche Schulen nehmen oft gar nichts oder monatlich etwa 30 Euro, das erste Kind einer Waldorfschule kostet etwa 100 Euro monatlich, das Alumnat Schloss Rohlstorf bei Bad Segeberg (die Schüler wohnen dort, besuchen aber öffentliche Schulen) etwa 1500 Euro monatlich, ein Landerziehungsheim etwa 2000 bis 2600 Euro monatlich. Nahezu immer gibt es Freiplätze für Begabte aus bedürftigen Familien.[53] Selbst bei offen kommerzieller Ausrichtung der Schulträger ergibt sich kein einheitliches Bild: Einkommensabhängige, gestaffelte Schulgebühren gibt es bei den Phorms-Schulen, zum Beispiel für das Gymnasium in Berlin von 400 Euro monatlich (bei einem Familieneinkommen bis 20 000 Euro) bis zu 1059 Euro monatlich (bei einem Familieneinkommen ab 250 000 Euro), hinzu kommen aber noch die Kosten für Bücher und Klassenfahrten. An der Swiss International School Fellbach bei Stuttgart, an der auch der Klett-Konzern beteiligt ist, liegt das Schulgeld dagegen einkommensunabhängig bei 564 Euro im Monat (ohne Mittagessen).

Geht es an privaten Schulen in Deutschland um Profit?

Zwar dürfen Schulen in privater Trägerschaft in Deutschland keinen Gewinn erwirtschaften – denn das ließe sich nicht mit der Gemeinnützigkeit der privaten Schulträger vereinbaren –, doch clevere Geschäftsmodelle umgehen diese Hürde mittlerweile geschickt: So gründet die Phorms AG, die den Aufbau von 40 bis 50 Schulen in deutschen Ballungszentren plant, dort jeweils Tochterunternehmen, meist gemeinnützige GmbHs. Von diesen kassiert sie Zinsen für vorgestrecktes Geld, die Aktiengesellschaft dient somit als Bank. Gegen Rechnung bietet das Mutterunternehmen dann Serviceleistungen wie Personalmanagement, Lehrplanentwicklung oder Buchhaltung an. Den Investoren der AG gehe es aber nicht um kurzfristige Dividende, betont Béa Beste, die Vorstandsvorsitzende der Phorms AG. Sie setzten darauf, dass Phorms sich als Unternehmen durchsetze und immer wertvoller werde. »Über die Steigerung des Aktienwerts«, so die Phorms-Vorstandsfrau, »soll sich das Investment lohnen.«[54] Unter den Aktionären der Phorms AG tummelten sich 2007 Manager und Unternehmer, darunter ein Sonyvorstand, der Gründer des Internetdienstleisters und einstigen Börsenlieblings Pixelpark und ein ehemaliger Geschäftsführer des Lehrmittelverlags Klett.[55]

Fest steht, dass die Phorms AG mit ihrem Ganztagesangebot, mit Zweisprachigkeit, Hightech-Einsatz im Unterricht, kleinen Gruppen und zwei Lehrkräften pro Klasse eine Lücke in der deutschen Bildungslandschaft füllt. Und dass die Hausaufgaben in der Schule gemacht werden, gefällt nicht nur berufstätigen Eltern.

Ob nun Profitstreben und gute Bildung ein Widerspruch sein müssen, ob an Privatschulen eine Leistungselite entsteht oder wohlhabende Eltern ihren Kindern das Abitur »kaufen«, darüber sagen wissenschaftliche Studien bislang zu wenig aus.

Sind private Schulen wirklich besser?

Fest steht: Insgesamt erlauben bisherige wissenschaftliche Vergleiche kein eindeutiges Fazit. Gute Schulen gibt es bei den privaten genauso wie bei den staatlichen, und für gutes Geld sind auch schlechte Schulen zu haben.

Die Privatschulen aber trommeln unverdrossen:

• Schulen in freier Trägerschaft unterrichten »häufig erfolgreicher als ihre staatlichen Pendants«, behauptet der Privatschulverband VDP.[56] Er beruft sich dabei auf eine Studie des Instituts der deutschen Wirtschaft, in der der Bildungsforscher Helmut E. Klein schreibt, dass die privaten Schulen beispielsweise in puncto Lesekompetenz besser abschnitten. Auch sei der Anteil der Schüler, die mit Abitur abgehen, höher als an vergleichbaren staatlichen Schulen.

• Zu ähnlichen Ergebnissen gelangt eine von der Evangelischen Kirche in Deutschland in Auftrag gegebene Untersuchung von 2005[57]: Die Qualität von Schulen in evangelischer Trägerschaft, so die Studie, sei »oft erkennbar besser als die im staatlichen Bildungswesen«. Das gelte etwa für das Leseverständnis. »Keine Unterschiede« zu staatlichen Schulen zeigten sich hingegen »in den mathematischen Kompetenzen«. Die Analyse vergleiche Leistungen von Schülern, die aus einem ähnlichen Elternhaus kommen und ähnliche kognitive Merkmale (Denkfähigkeit, verbale Fähigkeiten) aufweisen.

• Oft wird auf die angeblich höhere Innovationsbereitschaft und den höheren Autonomiegrad der Privatschulen verwiesen. Wertegemeinschaften und leistungsfördernde Lernmilieus wirkten sich positiv auf das Abschneiden der Schüler aus.

Aber Bildungsforscher Manfred Weiß, der das Leistungsniveau von 15-Jährigen an privaten und staatlichen Realschulen und Gymnasien auf der Grundlage der PISA-Studie 2006 verglichen hat, kam zu einem anderen Ergebnis:
»Wenn man den sozialen Hintergrund der Schüler heraus-
rechnet, fallen die Leistungsunterschiede allerdings gering
aus.«[58]

So erklärt sich beispielsweise das leicht günstigere Abschneiden privater Realschulen gegenüber staatlichen mit
einem signifikant niedrigeren Migrantenanteil der Schülerschaft und einem höheren Mädchenanteil.

Fazit: Nicht die Trägerschaft, sondern die Zusammenset-
zung der Schülerschaft entscheidet. Aber was sagen die Eltern, die ihre Kinder auf private Schulen schicken?

Warum schicken Eltern ihre Kinder auf Privatschulen?

Gegenüber dem Erziehungswissenschaftler Peter Struck
haben Eltern folgende Gründe für die Wahl einer privaten
Schule angegeben:[59]

- An Privatschulen gebe es weniger Problemfälle unter
  den Mitschülern, die Zeit und Kraft der Lehrer beanspruchen und negative Modelle für die eigenen Kinder sind. –
  Ich habe allerdings oft erlebt, dass gerade problemati-
  sche Schüler wegen der kleineren Gruppen an eine private Schule wechselten.
- Das Engagement der Lehrer und die Qualität der Lehre
  seien größer.
- Der Wertekonsens im Lehrerkollegium sei wegen der
  Personalhoheit größer.

- Der Unterricht sei anspruchsvoller, die Schüler würden mehr und umfassender gefordert, langweilten sich weniger und lernten mehr, anders und anderes.
- Die Schüler würden besser betreut, der Unterricht sei in Ästhetik, Atmosphäre, Ordnung und Disziplin, Bewegung, Musisches und Handwerkliches eingebettet.
- Das soziale Engagement der Lehrer sei höher.
- Die Schulgebäude seien ansehnlicher, schülergemäßer, gepflegter, heiler, funktionaler und gestalteter.
- Die Werteerziehung spiele eine größere Rolle.
- Die jeweilige weltanschauliche Prägung (Konfession, Anthroposophie) wird bevorzugt.
(Die Motive wurden in dieser Reihenfolge genannt.)

Aber bedenken Sie: Dieses sind Antworten zufriedener Eltern, nicht der frustrierten, die es auch gibt, wie ich aus eigener Erfahrung weiß.

Sind die Lehrer privater Schulen wirklich engagierter?

Ein sehr positiver und aufschlussreicher Bericht einer Phorms-Lehrerin wurde kürzlich in einer GEW-Publikation von M. Holland-Letz[60] – die Gewerkschaft Erziehung und Wissenschaft ist beileibe keine Lobby der Schulprivatisierung – abgedruckt.

Dort wird berichtet, dass die ausgebildete Lehrerin nach ihrem Referendariat in Berlin keine Stelle bekam. Sie bewies Flexibilität und wechselte nach Nordrhein-Westfalen an eine ländliche Hauptschule. Dort erfuhr sie so wenig Wertschätzung und war derart frustriert, dass sie krank wurde, kündigte und an eine Phorms-Schule wechselte. Hier fühle sie sich wohl, obwohl sie weniger verdiene, denn die Phorms-

Lehrergehälter lägen bis zu 15 Prozent unter dem Berliner Beamtentarif,[61] wenngleich leistungsabhängige Boni bis zu 20 Prozent in aller Regel die Differenz milderten. Entscheidend für sie – wie für viele andere engagierte Kollegen – sind die Arbeitszufriedenheit und der Gewinn an Lebensqualität, nicht das Geld allein. Vorbereitungen könnten Phorms-Lehrer in der Schule erledigen, und unterrichtsfremde Tätigkeiten der Kollegen – wie das Streichen der Klassenzimmer – nach Dienstschluss entfielen. (Wobei jetzt nicht vergessen werden darf, dass an den preiswerteren Privatschulen die Eltern kräftig mithelfen!)

Hier wird die ganze Misere öffentlicher Schulen deutlich: Einstellungsstopp an unterversorgten öffentlichen Schulen, Verheizen der Lehrer ohne Entfaltungsmöglichkeiten und mit sinnlosen fachfremden Nebentätigkeiten. Da stimmt bei guten Arbeitsbedingungen auch bei niedrigerem Gehalt die Bilanz für gute Lehrer an guten Privatschulen. Spätestens bei der eigenen Familiengründung jedoch schauen auch diese Pädagogen mal aufs Geld, und da sind die meisten Gehälter für die oft angestellten Lehrer privater Schulen geringer. Irgendwie macht das doch misstrauisch gegenüber allen Aussagen zur vermeintlich durchgängig überragenden Qualität von Lehrern an privaten Schulen, oder? Wir wissen einfach zu wenig, und das macht eine generelle Aussage unmöglich!

Haben Eltern an privaten Schulen mehr Einfluss?

Viele Eltern fühlen sich an den öffentlichen Schulen ausgebootet, von den Schulleitungen mit ihren Anliegen oder Beschwerden nicht ernst genommen und melden ihre Kinder dann an der öffentlichen Schule ab und an einer Privatschule an – nicht nur in der Hoffnung, dass dort vieles besser ist, sondern auch verbunden mit der Erwartung, hier stärker mitbestimmen zu können. Stimmt das?

Richtig ist, dass in vielen privaten Schulen die Eltern stärkere Mitbestimmungsrechte und größere Gestaltungsmöglichkeiten haben. So kontrollieren sie gelegentlich das Schulbudget, entscheiden mit über Personalfragen – wie Einstellungen und Entlassungen von Lehrpersonal – oder können auf die Gestaltung des Schulgebäudes und die Mittagsverpflegung maßgeblichen Einfluss nehmen. Wie viel Einfluss Eltern im Einzelnen haben, ist jedoch an jeder Schule unterschiedlich geregelt.

Konkret heißt »Einfluss der Eltern« aber, dass diejenigen den größten Einfluss haben, die in den Gremien aktiv mitarbeiten. Alle anderen sind darauf beschränkt, sich bei der Direktion oder bei den Miteltern überzeugungsstark Gehör zu verschaffen.

Eine zentrale Frage für viele Eltern zu einem heiklen Thema fehlt noch: Können Sie an privaten Schulen für Ihr Kind mehr erreichen, wenn es um Versetzungen in die nächsthöhere Klassenstufe, Noten oder Verstöße gegen Schulregeln geht? Die Antwort: irgendwie schon. Schließlich haben Sie den Status des zahlenden und vielleicht auch spendenden Kunden. Solange Ihr Sohn oder Ihre Tochter für die Schule tragbar ist, wird er oder sie nicht die Schule verlassen müssen. Ob Sie aber drohende Nicht-Versetzungen verhindern können, hängt neben den Anstrengungen Ihres Nachwuchses vielleicht auch von Ihrem Verhandlungsgeschick und der Intensivität des Kontakts zu den Lehren ab. Mit Sicherheit wird Ihnen hier genügend Gesprächszeit eingeräumt – schließlich zahlen Sie die Lehrergehälter mit, und die Klassen sind auch kleiner, so dass den Pädagogen mehr Zeit für die individuelle Förderung bleibt. Bloß »abfertigen« wird man Sie in aller Regel nicht.

Wie wird die Qualität privater Schulen kontrolliert?

Private Schulen können viel machen, aber nicht alles, was sie wollen. Wenn ihr Besuch die allgemeine Schulpflicht erfüllen soll, dann müssen sie sich an den Lehrplan des jeweiligen Bundeslandes halten. Ihre Abschlussprüfungen werden entweder extern durchgeführt oder von Beauftragten der Schulaufsicht begleitet bzw. geleitet. Diese stellen sicher, dass die Noten und Anforderungen der Prüfungen mit denen der öffentlichen Schulen vergleichbar sind. Die Sicherheit der Gebäude und die Qualifikation der Lehrer werden ebenfalls staatlich kontrolliert. So weit die offizielle Regelung. Wie sieht die Praxis aus?

In der Praxis sind die Schulaufsichtsbehörden nicht zu einer fortwährenden vertieften Qualitätskontrolle in der Lage. Angesichts der Verschlankung der Verwaltung, des enormen Anstiegs der Evaluationstätigkeit und fortwährender Belastung durch immer neue Reformen können sie die Vielzahl der Neugründungen von Schulen – allein im Schuljahr 2006/07 begannen 153 allgemeinbildende Privatschulen in Deutschland[62] – nicht so begleiten, wie das vielleicht wünschenswert wäre. Nicht jede private Schule ist gut, und nicht jede Neugründung hat ein überzeugendes Konzept. Die Behörden nehmen dann Zuflucht zu formalen Kriterien, zumal juristische Anfechtungen jedes negativen Bescheides einkalkuliert werden müssen. Für die Schulaufsicht bedeutet das alles eine enorme zusätzliche Arbeit.

Daher ist es wichtig, dass sich die Schulen selbst bemühen, qualitätsvoll zu arbeiten, am besten mit Beteiligung und unter Aufsicht engagierter Eltern. Ich will damit nicht gegen Experimente plädieren – sie haben die Pädagogik immer bereichert und vorangebracht. Aber Schulen müssen sich um Qualitätsstandards und -kontrolle bemühen, dürfen nicht nur Wirtschaftsunternehmen sein oder wirklichkeitsfremd mit Kuschelpädagogik den Schülern wichtige Qualifikationen vorenthalten, die für ein erfolgreiches Bestehen in unserer Gesellschaft nötig sind. Welche Möglichkeiten haben private Schulen, ihre Qualität zu entwickeln und zu sichern?

- Die Schule kann an einem anerkannten Schulentwicklungsprogramm teilnehmen und sich beratend begleiten lassen.
- Das Lehrpersonal sollte regelmäßig an Fortbildungen teilnehmen.
- Schließlich gibt es verschiedene Zertifikate und Gütesiegel, die eine Schule erwerben kann. Ein sehr empfehlenswertes hat der TÜV Süd erarbeitet.

Welche wichtigen Gütesiegel gibt es?

- Die *Qualitätsmanagementnorm ISO 9001:2000* ist die erste Stufe eines achtjährigen Verfahrens, dem sich Schulen für das TÜV-Gütesiegel unterziehen müssen. Dabei geht es zuerst um allgemeine Prozesse rund um den Unterricht, beispielsweise um die Organisation der Schule, das Gebäudemanagement, Dokumentation, um die Einstellung neuer Lehrer und um externe Schnittstellen. Vor allem die Vor- und Nachbereitung des Unterrichts, dessen Rahmenbedingungen und Durchführung sowie die Transparenz der Inhalte werden unter die Lupe genommen.
- Für das *TÜV-Zertifikat »UnterrichtsQualität«* werden in einer zweiten Stufe 118 verschiedene Kriterien untersucht: zum Beispiel Inhalts- und Zielorientierung im Unterricht, verwendete Methoden und Medien, aber auch die Art

der Gesprächsführung zwischen Lehrer und Schüler und die Transparenz der Bewertungskriterien bei Tests. Diese Merkmale finden sich auch in einem Leitbild der Schule zur Unterrichtsqualität wieder. Zur Überprüfung und Einhaltung des Leitbildes und der Kriterien muss die Schule ein System der internen Evaluierung nach Vorgaben des TÜV SÜD aufbauen. Dabei werden alle Fächer und alle Klassen sowie über zwei Drittel der Lehrer erfasst. Die TÜV-SÜD-Experten überzeugen sich in mehreren Audits vorab und während der Zertifizierung stichprobenartig von der ordnungsgemäßen Durchführung und Dokumentation dieser Evaluierungen. Darüber hinaus werden Schulleitung, Fachschaften und Klassenlehrer von TÜV-SÜD-Fachleuten auditiert. Auch Gespräche mit Schüler- und Elternvertretern sowie eine Schülerbefragung werden einbezogen.

Nicht alle geforderten Kriterien müssen in jeder Schulstunde erfüllt werden. »Für uns ist wichtig, dass sich die Kriterien in einem gewissen Zeitraum widerspiegeln. Ziel ist nicht die Bewertung einer Unterrichtsstunde, sondern des Unterrichts als Gesamtes«, sagt W. Lauer, Lead-Auditor des TÜV SÜD. »Uns geht es nicht um die Inhalte, die vermittelt werden sollen – das bleibt Sache der Kultusministerien. Die Evaluierung unterstützt die Schule und die Lehrer bei der Gestaltung des Unterrichts, so dass der Stoff laut Lehrplan möglichst effizient an die Schüler weitergegeben werden kann. Dabei hilft unter anderem eine klare Strukturierung des Unterrichts genauso wie Methodenvielfalt, inhaltliche Transparenz und auch ein lernförderliches Miteinander.«[63]
    Die Schulen evaluieren im Weiteren ihren Unterricht übers Jahr gestreut regelmäßig selbst und zusätzlich zu den jährlichen Audits von TÜV SÜD. Die Frequenz der internen

Evaluierung ist dabei abhängig von der Anzahl der Unterrichtsfächer, der Klassen und der Lehrer. – Alles in allem ein rundes Konzept!

Welche Privatschulen gibt es in Deutschland?

Es gibt unzählige Privatschulen in Deutschland. Im Folgenden wird Ihnen eine Auswahl wichtiger Richtungen und Arten vorgestellt. Eines müssen Sie sich aber immer wieder klarmachen: Angesichts der Autonomie privater Schulen, also ihrer enormen Gestaltungsspielräume in allen Fragen, muss jede Übersicht ein Grobraster bleiben. Selbst innerhalb der Waldorfschulen oder innerhalb der Montessori-Schulen gibt es enorme Unterschiede. Die Übersicht schärft aber den Blick für die möglichen Besonderheiten, auch wenn Sie vor Ort auf abweichende Gepflogenheiten in den Schulen treffen sollten.

Freie Alternativschulen

»Freie« – das heißt, dass diese Schulen oft, aber nicht immer in freier Trägerschaft Freiheit und Selbstverantwortung zu ihrem zentralen Prinzip erhoben haben. Das hat die inzwischen als eigenständige Schulreformbewegung geltenden Freien Alternativschulen harte Kämpfe gekostet: In den Siebziger- und Achtzigerjahren gab es ideologische Auseinandersetzungen, oft auch jahrelange Gerichtsverfahren um die Genehmigung oder Anerkennung der Schulen.

Die Pädagogik der Alternativschulen orientiert sich vorwiegend an Maria Montessori und dem Franzosen Célestin Freinet, Dorfschullehrer in den Zwanzigerjahren des letzten Jahrhunderts. Zu den Maria-Montessori-Schulen komme ich an anderer Stelle, deshalb hier mehr über Célestin Freinet:

Er geht bei seinen Überlegungen davon aus, dass Kinder lernen wollen und dass es eine natürliche Methode des Lernens gibt, an der sich der Lehrer orientieren sollte. Dieser muss daher die Interessen der Kinder herausfinden und sie in das Zentrum stellen, um ihnen zu ermöglichen, nach ihren Interessen und Fähigkeiten zu arbeiten. Die Schüler selbst sollen den Unterricht möglichst selbstständig gestalten. Die Lehrkraft ist vor allem als Hilfe da, nicht als den Unterricht steuernde Leiterin. Der Lehrer beobachtet die Kinder und nimmt dadurch selbst die Rolle des Lernenden ein. Nur für den Rahmen verantwortlich, lässt er den Kindern Raum, damit sie das Wort ergreifen können. Die Kinder sind in diesem Unterricht selbst Forscher und Entdecker. Der Lehrer weiß nicht alles besser, er ermöglicht es den Kindern, eigene Erfahrungen zu machen und diese anderen zu vermitteln.

Wie sieht der Unterricht aus?

- Der Morgenkreis, Klassenrat oder Ähnliches ermöglicht die Findung von Themen und deren Vorstellung vor der ganzen Klasse.
- Der Klassenrat legt die Arbeiten fest; im Wochenplan, den jeder Schüler am Anfang der Woche für sich gestalten muss, werden sie schriftlich festgehalten.
- Die Schüler arbeiten dann allein oder in Gruppen. Zwischenberichte werden im Klassenrat gegeben. Der Lehrer hilft bei Bedarf.
- Unterschieden wird zwischen »Freiarbeit«, bei der die Kinder sich wirklich frei ihr Arbeitsthema wählen, und »freiem Üben«, bei dem die Kinder aus bestimmten Arbeitsvorgaben ihr Lerntempo und die Arbeitseinteilung bestimmen können.

- Entdeckungen und Arbeitsergebnisse werden den Klassenkameraden über Wandzeitungen, Klassen- beziehungsweise Schulzeitungen oder Druckerzeugnissen aus der Schuldruckerei mitgeteilt. Kinder vermitteln anderen Kindern Erfahrungen – so findet hier Lernen statt.
- Lexika, Bücher und Arbeitskarteien, die auch durch die Schüler selbst angefertigt werden können, stehen den Schülern zur Verfügung.
- Fächer werden dabei nicht im 45-Minuten-Takt unterrichtet, sondern in Epochen. Damit kann auch in Fächern wie Biologie und Erdkunde an einem Thema mehrere Stunden in der Woche gearbeitet werden, bis eine Einheit abgeschlossen ist.

Eine der ältesten der rund achtzig Freien Alternativschulen in Deutschland, die mittlerweile staatliche Glocksee-Schule in Hannover, möchte ich als Beispiel vorstellen:

Die heutige Ganztagsschule besonderer pädagogischer Prägung für die Klassen 1 bis 10 begann 1972 als pädagogisches Experiment, das versuchte, »die antiautoritäre Kinderladen-Bewegung in den Klassenzimmern fortzusetzen … Die ›Herrschaft der Erwachsenen über die Kinder‹ sollte abgelöst werden durch die ›Selbstregulierung der Kinder im Kinderkollektiv‹«.[64] Den Kindern war frei überlassen, ob sie die Unterrichtsangebote wahrnahmen oder nicht, nur Beginn und Ende der Schule waren verbindlich festgelegt.

Bis heute haben die Schüler große Mitspracherechte, sie setzen selbst Fächerschwerpunkte. Schon die Grundschüler versammeln sich alltäglich zum Morgenkreis, erörtern die Geschehnisse des vorangegangenen Tages und überlegen gemeinsam mit ihrem Lehrer, was sie an diesem Tag tun. Dabei werden die Schüler der ersten drei Jahrgänge gemeinsam unterrichtet. Bei den älteren Schülern gibt es dann einen Stundenplan, aber epochaler, projekt- und jahrgangsübergreifender Unterricht ist an der Tagesordnung. Bis zur zehnten Klasse, an deren Ende die üblichen Abschlüsse erworben werden können, verzichtet man auf Notenzeugnisse, es gibt nur individuelle Berichte.

Zwei Drittel schaffen es in die gymnasiale Oberstufe. Die Übrigen verteilen sich gleichmäßig auf Haupt- und Realschulabschlüsse, wobei es den Hauptschülern nach Auskunft der Schule häufig gelingt, später die mittlere Reife abzulegen.

Heute haben sich die staatlichen Schulen und die Freien Schulen angenähert: Einerseits wurde das Prinzip der uneingeschränkten Freiheit des Kindes weitgehend revidiert, wenngleich einige immer noch auf Pflichtunterricht verzichten. Freiarbeit, Stationenlernen, angeleitetes und frei entdeckendes Lernen, häufige Exkursionen und das freie Spiel sind an den Regelschulen angekommen. Und heute regt sich auch niemand mehr auf, wenn ein Sofa oder eine Kuschelecke im Klassenzimmer vorhanden ist: In den Anfangsjahren der Glocksee-Schule rückte da noch das Gesundheitsamt an und ließ die Möbel aus Sorge um die Hygiene wieder entfernen.

International Schools

In deutschen Großstädten gibt es mittlerweile rund 50 International Schools. Ein neuer Ableger ist die »Internationale Friedensschule Köln« im Stadtteil Widdersdorf. Sie startete im Schuljahr 2007/2008 mit 44 Grundschülern, im Jahr 2014 sollen rund 1000 Kinder und Jugendliche die Schule besuchen. Die »International Schools« sind keine Schulen »von unten«: Der Düsseldorfer Bauunternehmer Norbert Amand investierte laut Presse »Millionen Euro« in das Projekt[65], und eine bekannte Schulreformerin sitzt im Gründungsdirektorium: Enja Riegel, vormals langjährige Direktorin der Helene-Lange-Schule in Wiesbaden, eine der innovativsten und erfolgreichsten staatlichen Schulen Deutschlands.

Die International School Hannover Region (ISHR) wurde hingegen bereits 1996 gegründet, auf ihrer englischsprachigen Homepage stellt sie ihre »Mission« dar: »The International School Hannover Region is committed to providing a *high-quality, international education* within a *creative* and *caring* environment to enable its students to become lifelong learners and open-minded, compassionate citizens.« Wer kein Englisch kann, wird auf die Kurzversionen der Homepage in Japanisch, Französisch, Italienisch, Spanisch, Norwegisch, Polnisch, Russisch, Griechisch, Chinesisch und Deutsch verwiesen. Unterrichtet wird auf Englisch, über 500 Schüler aus mehr als 30 Nationen besuchen die Schule. Deutsch wird als Muttersprache oder als Fremdsprache ab Klasse 2 unterrichtet, und es gibt auch »Japanisch als Muttersprache«.

In die »Early-Section« der Schule werden schon Drei- bis Sechsjährige aufgenommen. Zu den Unterrichtsfächern gehört auch »Community Service« – ein Fach, »das die Schüler dazu anregt, sich für ihre Schule, ihre Gemeinde und ihre Stadt einzusetzen«, wie es auf der Homepage heißt. Der Lehrplan orientiert sich an den Richtlinien der International Baccalaureate Organisation, und wer nach der 12. Klasse die Abschlussprüfung besteht, erwirbt das »International Baccalaureate Diploma« (IB). Damit hat er oder sie die Hochschulzulassung zu vielen Universitäten weltweit.

Die ISHR ist keine schlechte Schule, aber auch keine billige Alternative: Schon die Anmeldegebühr (»Admission Fee«) kostet in Hannover 2500 Euro, der Kindergarten 6350 bis 7890 Euro pro Jahr. Der Schulbesuch in Klasse 11 oder 12 wird mit 11 350 Euro pro Jahr (Schuljahr 2008/09) in Rechnung gestellt, Bücher und die meisten Gebühren inklusive. Die Abschlussprüfung (»IB Examination and Graduation Fee«) kostet 1500 Euro. Das ist immerhin preiswerter als ein Schulbesuch an einer englischen Privatschule und genauso international.

Jenaplan- oder Peter-Petersen-Schulen

Peter Petersen, Schulleiter und Erziehungswissenschaftler, entwickelte seinen »Jenaplan« bereits 1927 an der Jenaer Universitätsschule. An diesem schulreformatorischen Programm orientieren sich heute bundesweit knapp vier Dutzend Schulen, überwiegend Grundschulen. Ein Drittel davon liegt in den neuen Bundesländern. Jenaplan-Schulen sind staatlich oder privat. Sie verzichten genau wie Freie Alternativschulen auf Noten und frühe Auslese.

Was genau entwickelte Petersen, der als Basis der pädagogischen Arbeit die »Ehrfurcht vor der Individualität des Kindes« sieht?

- Zunächst ersetzte er die Jahrgangsklasse durch altersübergreifende »Stammgruppen«. Davon versprach er sich »vermehrte geistige und allgemein menschliche Anregung«. Leistungsschwächere sollten davon ebenso wie Höherbegabte profitieren. Als Abbild des natürlichen Lebens erleichtere der stetige Rollenwechsel von den Kleinen über die Mittleren bis zu den Großen der Gruppe die »richtige Sozialbildung«, so Petersen.
- Den »Fächerfetzenstundenplan« gestaltete er zu einem Wochenarbeitsplan um.
- Die Vorherrschaft des lehrerzentrierten Unterrichts löste er durch Arbeit in »Tischgruppen« ab, und die Klassenzimmer sollten zu »Schulwohnstuben« mit beweglichem Mobiliar werden, in denen sich die vier »Urformen des

Lernens« entfalten konnten: Gespräch, Spiel, Arbeit, Feier.

- Statt Zensuren gibt es Leistungsberichte.

Viele Ideen sind längst Vorbild für Regelschulen. Während sich in den Niederlanden mehr als 200 Schulen am Jenaplan orientieren, sind hierzulande die Jenaplan-Pädagogen nicht zentral organisiert, es gibt keine verbindlichen Richtlinien oder entsprechende Seminare für Lehrer. Dabei verlangt das Kompetenzgefälle in einer Lerngruppe von den Lehrkräften außergewöhnlich gute individuelle Differenzierung und kollegiale Kommunikation, denn nicht nur die Altersmischung sorgt für unterschiedliche Leistungsniveaus, auch die Integration Behinderter wird in den Lerngruppen umgesetzt. An der Kölner Peter-Petersen-Schule zum Beispiel nimmt man laut Schulhomepage[66] vier bis sechs behinderte Kinder je Stammgruppe nach dem Motto »So viel Separation wie nötig, so viel Integration wie möglich« auf. Hochbegabte und Behinderte in einer Klasse – wie sieht die Praxis aus?

Jedes Kind erhält zu Wochenbeginn seinen individuellen Wochenplan mit allen vorgegebenen und offenen Aufgaben der Woche. Diese sollen innerhalb einer Woche bearbeitet werden, wobei das Kind selbst die Reihenfolge, das Tempo und auch seine Arbeitspartner wählen darf. Neben den Zeiten am Vormittag finden Übungszeiten jeweils montags und mittwochs von 14 bis 15 Uhr statt, Hausaufgaben gibt es nicht, auch keinen 45-Minuten-Fächer-Takt, sondern »Kern- und Kursstunden«. Die Homepage beschreibt einen Schultag:

Ab 7:30 Uhr werden die Kinder in der Schule betreut, die Arbeit in der Stammgruppe beginnt um 8:15 Uhr. Es folgt ein durchgehender Block, der um 11:05 Uhr mit einer gemeinsamen Pause endet. In dieser Zeit gibt es den Kern- und Kursunterricht, unterbrochen von einer individuell in den Stammgruppen festgelegten Pause mit gemeinsamem Frühstück. Nach der großen Pause treffen sich die Kinder um 11:30 Uhr noch einmal für eine Viertelstunde zum Tagesabschluss in ihrer Stammgruppe. Für die Kinder des 1. Schuljahres endet der Unterricht um 11:45 Uhr. Für die älteren Kinder schließen sich noch Kursstunden an. Dort erlernen sie die Grundkompetenzen, die sie für ihre Arbeit an den Kernthemen benötigen: Lesen, Schreiben und Rechnen, das Nutzen von Büchern, Nachschlagewerken, Karten und Schaubildern sowie Medien aller Art, auch des Internets. Die Inhalte und Ziele der Lernbereiche sind nach Aussage der Schule lehrplankonform. Die Kernstunden wiederum umfassen alle Lernbereiche, vor allem den Sachunterricht, das Üben und Anwenden der Kulturtechniken und die musischen Bereiche. Er ist methodisch vielfältig. Die Kinder lernen in ihren Tischgruppen, sie bekommen einen gemeinsamen Auftrag, den sie sinnvoll ein- und aufteilen müssen. Verschiedene Interessen müssen ausgehandelt, Absprachen müssen eingehalten werden. Die Grundschüler sollen ihre Fähigkeiten einschätzen und arbeitsteilig vorgehen. Schließlich lernen sie auch, ihr gemeinsames Arbeitsergebnis der Klassengemeinschaft zu präsentieren und sich den Rückmeldungen der Mitschüler zu stellen. So entstehen Verbindlichkeit und Verantwortlichkeit der Gemeinschaft gegenüber. Der Lehrer nimmt dabei die Rolle eines Moderators und Beraters ein.

Einmal im Monat finden Schulfeiern statt, die abwechselnd von zwei Stammgruppen ausgerichtet werden – schließlich zählt auch die Feier zu den Urformen des Lernens. Da werden Kulissen gebaut, Texte verfasst, Musikstücke einstudiert. Das Gemeinschaftsgefühl, aber auch die Motivation und das Selbstbewusstsein jedes Kindes profitieren davon.

Zweifellos ist der Jenaplan ein erprobtes und erfolgreiches Modell, das die Selbstständigkeit der Schüler exzellent schult, Rechtschreibung oder Einmaleins kommen da kürzer. Wenn Jenaplan-Schulen für eine gute Umsetzung ihres Konzeptes überdurchschnittlich ausgestattet sind, dann wissen das Kinder und Eltern zu schätzen: Die Nachfrage nach Plätzen übertrifft das Angebot in aller Regel bei weitem.

Montessori-Schulen

An der Montessori-Grundschule im oberbayerischen Gilching verpflichten sich die Familien zu mindestens 40 Stunden Elternarbeit pro Jahr, Alleinerziehende zu mindestens 20. In der Praxis arbeiten engagierte Eltern aber auch wesentlich mehr.[67] Ohne diese Mithilfe der Eltern könnten die Kosten nicht gedeckt werden. Denn das Schulgeld ist vergleichsweise gering – 340 Euro im Monat inkl. viermal Mittagessen und Mittagsbetreuung. An manchen Montessori-Schulen gibt es eine einkommensabhängige Staffelung, die dann für einkommensstarke Familien auch höher liegen kann.

Maria Montessoris Pädagogik ist fast 100 Jahre alt – und trotz des eben beschriebenen erforderlichen elterlichen Engagements gefragt wie nie zuvor. Im Schuljahr 2007/08 gab es nach Informationen des »Montessori Dachverbandes e.V.« in Deutschland ungefähr 600 Montessori-Kindergärten und rund 400 freie oder staatliche Montessori-Schulen. Von diesen Schulen, die ganz oder teilweise nach den Montessori-Prinzipien arbeiten, waren etwa 300 Primärschulen und ca. 90 weiterführende Schulen. Aber nur zehn »reine« Montessori-Gymnasien und -Gesamtschulen führen bundesweit zum Abitur.

Nicht alle Montessori-Schulen sind also Privatschulen. Als staatliche Schulen – in NRW zum Beispiel sind Montessori-Grundschulen meist in städtischer Trägerschaft – verfügen die Montessori-Schulen über die gleichen Ressourcen wie die Regelschulen, das heißt, die Berechnung der Lehrerstellen, Stundentafel, Klassenfrequenz und finanzielle Zuwendungen sind gleich. Auch Schulgeld wird dann nicht erhoben, und beim Übergang zu weiterführenden Schulen müssen die »Montis« keine Prüfungen ablegen.

»Hilf mir, es selbst zu tun« – dieser Satz eines von ihr betreuten Kindes wurde zum Leitsatz Maria Montessoris. Die Aufgabe des Pädagogen sei es, das Kind darin zu unterstützen, selbst zu handeln, zu wollen und zu denken. Dazu muss er dem Kind mit Achtung begegnen und auf seine individuellen Entwicklungsbedürfnisse eingehen. Das war eine Revolution Anfang des letzten Jahrhunderts, einer Zeit, in der Rohrstock und schwarze Pädagogik die Schüler noch in Angst und Schrecken versetzten.

Aber auch für das selbstbestimmte Lernen nach Montessori ist Disziplin nötig. Lernen ist selbst an einer Montessori-Schule nicht der reine Spaß, auch wenn alles spielerisch erscheint! Denn staatliche Lehrpläne geben die Wissensziele vor. Die Montessori-Pädagogik bestimmt nur den Weg dorthin, Freiarbeit ist prägend:

- Jeder Tag beginnt idealtypisch mit einer längeren Freiarbeit. Oft wird aber pragmatisch unterrichtet: Ob nach dem Morgenkreis Freiarbeit oder gebundener Unterricht folgen, hängt vom Konzentrationsvermögen der Kinder ab.
- Die selbstbestimmte Arbeit mit den vielfältigen Materialien und den vorbereiteten Lernumgebungen ermöglicht Kindern Lernerlebnisse, die auf Erfahrung, Anschauung

und aktivem Handeln beruhen. Von den Lehrkräften, die alle staatlich examiniert sind und einen zweijährigen Ausbildungsgang zusätzlich absolviert haben, verlangt dies eine besondere Beobachtungsgabe.

- Alters- und leistungsgemischte Klassen gibt es in aller Regel bis zur Oberstufe. Zwei, drei oder vier Jahrgangsstufen werden gemeinsam unterrichtet. Idealerweise erleben Kinder den stetigen Rollenwechsel vom Jüngsten über den Mittleren bis zum Ältesten.
- Statt Noten werden zumeist bis zur achten Klasse sehr detaillierte Lernentwicklungsberichte verfasst, die mit denen der Regelschulen nicht vergleichbar sind.
- In der Mittel- und Oberstufe erweitern außerschulische Lernorte den Horizont. Dazu zählen Arbeiten in der Natur, Praktika im Handwerk, in der Landwirtschaft und Industrie, im künstlerischen Bereich, in Handel oder sozialen Einrichtungen.
- Theater-, Musik- und Tanzgruppen und kreatives Gestalten finden sich auch an Montessori-Schulen, meist als Wahlfach oder AG, nicht als fester Bestandteil des Lehrplans wie an Waldorfschulen.

In wissenschaftlichen Studien aus den USA waren Montessori-Schüler anderen Schülern im Sozialverhalten, in Mathematik und Lesekompetenzen überlegen.[68] Aber nicht alle Schüler kommen mit dem hohen Maß an Selbstständigkeit zurecht, ihnen reichen die Wochen- oder Monatspläne zur Motivation nicht. Sie brauchen jemanden, der ihnen deutlich sagt, was zu tun ist. Umgekehrt erzielen Kinder mit Teilleistungsstörungen wie Legasthenie oft erstaunliche Erfolge. Generell wird auf das schwächste Kind Rücksicht genommen. Zum Beispiel erarbeiten in der Grundschule Kinder, die sich im Rechnen langweilen, schon Additionen für glatte Hunderter (100 + 100 … statt 1 +1), bevor die Klasse den Zehnerübergang gemeinsam erlernt.

Zwischen Montessori-Schulen und staatlichen Schulen ist der Austausch von Schülern problemlos, denn im Gegensatz zu den Waldorfschulen steht der Lehrplan des Bundeslandes stärker im Mittelpunkt. Integrative »Montessori«-Schulen nehmen auch Kinder mit Lernbehinderungen auf, daher gibt es, anders als bei den Rudolf-Steiner-Schulen, keine bundesweiten Angaben über staatlich anerkannte Schulabschlüsse. An bayerischen Montessori-Schulen soll aber 34 Prozent der Wechsel aufs Gymnasium gelingen, das entspricht in etwa der Landesquote.[69]

Konfessionelle Schulen in kirchlicher Trägerschaft

Trotz zahlreicher Kirchenaustritte, jahrhundertelanger Säkularisierung und vieler Abmeldungen vom Religionsunterricht an staatlichen Schulen: Die beiden großen Kirchen sind die wichtigsten Träger privater Schulen.[70] Noch erstaunlicher ist, dass die bundesweit rund 750 allgemeinbildenden Schulen in katholischer oder landeskirchlich-evangelischer Trägerschaft im atheistischen Osten genauso wie im stramm katholischen Bayern oder pietistischen Schwabenland eine rekordhafte Nachfrage erfahren. Ein Widerspruch?

Nein, wohl eher eine Gegenreaktion auf den angekratzten Ruf öffentlicher Schulen und auf die Orientierungslosigkeit und den Werteverfall unserer Gesellschaft. Gerade in den neuen Bundesländern ist der Run auf christliche Schulen besonders stark. Schulen übernehmen Aufgaben, die früher die Elternhäuser selbst übernommen haben. Auch Eltern, die mit ihren Kindern kaum noch zurande kommen, hoffen auf das Erziehungskonzept kirchlicher Schulen, auf die Mischung aus Strenge und Konsequenz, auf die Vermittlung von Pünktlichkeit, Ordnung, Disziplin – vor einer Begrenzung der Auswüchse der Jugendmode schreckt man an vielen christlichen Schulen nicht zurück. Und die Vermittlung christlicher Nächstenliebe steht im Schulprogramm.

Das Gros der konfessionellen Schulen stellt nur christliche Pädagogen ein, die häufig auch einer bestimmten Konfession angehören müssen. Damit entsteht ein konsensgeprägtes pädagogisches Kollegium. Nicht nur in den allmorgendlichen Andachten und im Religionsunterricht – Ethik wird oft nicht angeboten – soll das christliche Menschen- und Weltbild lebendig sein. Auch die Zuwendung zum einzelnen Schüler und die Gestaltung des Schulhauses sollen den christlichen Glauben und die christliche Nächstenliebe zum Ausdruck bringen.

»Evangelische Schulen sollen vom Evangelium geprägte Häuser des Lernens sein. An ihnen soll sich zeigen, ob und wie eine Balance zwischen Vermittlung von Lebensorientierung und Vermittlung von Wissen erreicht werden kann«, so Wolfgang Huber, der damalige Vorsitzende des Rates der Evangelischen Kirche in Deutschland.[71] Wie soll das erreicht werden?

Das Lernziel »Empathie« und Verantwortungsbereitschaft wird an katholischen und evangelischen Schulen vergleichbar umgesetzt: Der Kontakt zu sozialen Einrichtungen ist ein wichtiger Schwerpunkt, auch die Konfrontation mit Grenzerfahrungen gehört dazu, wenn zum Beispiel die Schüler im Altenheim sterbende Menschen sehen. Seit Mitte der Neunzigerjahre hat sich in katholischen Schulen – und teilweise an staatlichen Schulen – das Modell »Compassion« etabliert: Schüler der 10. Klasse besuchen zwei Wochen lang eine soziale Einrichtung. Sie sollen Gemeinschaftssinn und Verantwortung fürs Leben lernen.

An vielen kirchlichen Schulen ist der Unterricht reformpädagogisch orientiert. Von allem etwas: Montessori, Freiarbeit, Projekte, Wochenplanarbeit. Kirchliche Schulen arbeiten erfolgreich, Hauptschüler finden in aller Regel eher Ausbildungsplätze. Rechnet man soziale Unterschiede der Schülerschaft heraus, dann sind sie jedoch nicht erfolgreicher als staatliche Schulen.

Konfessionelle Schulen sind fast ausnahmslos staatlich als Ersatzschule anerkannt und orientieren sich am staatlichen Lehrplan. An Gymnasien kommen konfessionelle Schulen auf einen Prozentsatz von gut 9 Prozent, im Bereich der Sonderschulen sogar auf 12 Prozent. Die Schüler konfessioneller Schulen finden das Schulklima angenehmer. Jede vierte katholische Schule ist eine Mädchenschule – Fluchtpunkt für genervte Eltern genervter Töchter, die die Dominanz der Jungen in den gemischten Schulklassen nicht mehr ertragen können. Das Klientel kirchlicher Schulen kommt häufiger aus bildungsbewussten Elternhäusern mit hohem Akademikeranteil. Der Ausländeranteil ist niedriger als an staatlichen Schulen. Manche Schulen nehmen nur getaufte Christen auf, gelegentlich spielt sogar das kirchliche Engagement der Eltern bei der Bewerbung um einen Schulplatz eine Rolle. Arbeiterkinder und Sprösslinge von Hartz-IV-Empfängern haben auch eine Chance – das Schulgeld, das in aller Regel weit unter 100 Euro liegt, bleibt ihnen oft erspart. Manche Schulen verlangen auch gar kein Schulgeld.

Nicht zu verwechseln sind die evangelischen und katholischen Schulen mit den – meist protestantischen – evangelikalen Schulen, die nicht landeskirchlich gebunden sind und wesentlich extremere Glaubenspositionen und Werte vertreten.

Evangelikale Schulen/Freie christliche Schulen

»Ich glaube nicht, dass der Mensch vom Affen entstanden ist«, sagt Inken, 18 Jahre alt. »Ich glaube, dass wir von Gott geschaffen sind. Als Menschen und nicht als irgendwelche

Bakterien, die sich entwickelt haben.«[72] Inken besucht eine evangelikale Gesamtschule mit gymnasialer Oberstufe in Bielefeld, die private Georg-Müller-Schule (GMS), und an dieser Schule steht sie mit ihrer Meinung nicht allein da. Evangelikal – das ist die fundamentalistische Spielart des Protestantismus. Die Ablehnung der Evolutionslehre Darwins ist eine heftig kritisierte zentrale Überzeugung evangelikaler Christen.[73] Im Schulprogramm[74] liest sich das so: »Die Notwendigkeit, die Evolutionstheorie im Unterricht zu behandeln, ergibt sich aus ihrer dominierenden Bedeutung als das Paradigma der Wissenschaften schlechthin. Sie soll sachlich vermittelt werden, so dass die Lernenden die Geschichte, die Argumente und die Schlussfolgerungen dieser Theorie kennen. Von der Bibel her soll ihr – auch unter Rückgriff auf Forschungsansätze und Argumente kreationistischer Naturwissenschaftler – die Schöpfungslehre gegenübergestellt werden, und die Schülerinnen und Schüler sollen zu einer fundierten und selbstständigen Auseinandersetzung mit beiden Denk-Modellen angeleitet werden. Die Evolutionstheorie wird vor allem in den Fächern Biologie, Geschichte, Erdkunde und Religion thematisiert.« Im Sachunterricht soll die Schöpfungslehre »eindeutig vermittelt« werden.

Die GMS ist als Ersatzschule staatlich anerkannt und betreibt neben der Gesamtschule mit gymnasialer Oberstufe mittlerweile drei Grundschulen in und nahe Bielefeld. Sie wird, so steht es im schuleigenen »Geistlichen Konzept«, »als christliche, an die Bibel gebundene Schule geführt«. Nach dem Verständnis der GMS folgt daraus:

- Lehrkräfte dürfen nicht homosexuell leben. Auch »vor- und außereheliche Beziehungen« sind den Lehrkräften untersagt.

- Dem Trägerverein der Schule dürfen nur »bekehrte, wiedergeborene Menschen (Joh. 3,5)« beitreten, die »an die Bibel als das geoffenbarte Wort Gottes und durch den Glauben an Jesus Christus gebunden sind und ein geistliches Leben mit Vorbildcharakter führen (Phil. 4,9; Kol. 4,5-6)«.
- »Von liberaler Theologie und der Betrachtungsweise der historisch-kritischen Methode« grenzt sich die GMS »deutlich ab«.
- Für Unterricht und Schulkonzept bedeutet dies laut Programm:
  Bei der Auswahl literarischer Texte »werden blasphemische und obszöne Texte vermieden«.
- Die Schule wird als Halbtagsschule geführt, um der biblischen Bedeutung von Familien und Eltern gerecht zu werden.

Allgemein haben evangelikale Schulen großen Zulauf, die Anmeldezahlen steigen. Laut des »Verbandes evangelischer Bekenntnisschulen e.V.« (VEBS) gibt es bundesweit derzeit rund 70 evangelikale Bekenntnisschulen mit knapp 25 000 Schülerinnen und Schülern, Schulgründungsseminare werden angeboten.[75]

Evangelikale Bekenntnisschulen seien »Oasen in der Bildungslandschaft«, verkündet Rolf Hille, Mitglied im Vorstand der Evangelischen Allianz, dem Dachverband der Evangelikalen in Deutschland.[76] »Mit ihrer Pädagogik auf christlicher Grundlage« würden sie sich »von vielen anderen Schulen, in denen über Gewaltbereitschaft, Drogen- und Alkoholmissbrauch bei Schülern sowie über häufig frustrierte Lehrer geklagt wird«, unterscheiden. Aber können wir unsere Kinder und Jugendlichen vor gesellschaftlichen Missständen und Krankheiten wie Alkoholismus und Drogenmissbrauch durch Tabuisierung und Ausgrenzung in den Schulen nachhaltig schützen?

Landerziehungsheime

Noch immer gelten die häufig in prächtigen Schlossanlagen untergebrachten Internate und Landerziehungsheime (LEH) als erstrebenswerte deutsche Alternative zur öffentlichen Schule. Hanni und Nanni lassen grüßen. Die wunderschöne ländliche Lage der spektakulären Bauten im Schwarzwald, auf der Nordseeinsel, am Bodensee oder an der Schlei locken zusätzlich. Kleine Klassen, vermeintlich motiviertere Lehrer, klare Regeln, ein großes außerschulisches Angebot, das zieht viele an.

Ums Überleben müssen die LEHs nicht mehr kämpfen – vor einigen Jahren war das bei manchen noch anders. Und so können sie es sich leisten, wohlstandsverwahrloste Schüler abzulehnen und Stipendien zu vergeben:

Das an der Schlei gelegene Landerziehungsheim »Stiftung Louisenlund« kostet 2355 Euro im Monat zuzüglich der Nebenkosten für Wäschepflege, Bücher, Exkursionen usw. Mädchen und Jungen können sich aber auch für Teilstipendien der Gymnasialklassen 11 und 12 bewerben. Dafür müssen sie »akademisch gute Leistungen erbringen und über den Unterricht hinaus sozial, politisch, musisch oder sportlich interessiert und engagiert«[77] sowie bereit sein, das Leben in einer Gemeinschaft aktiv mitzugestalten. Die Stipendien werden bis zum Abitur vergeben, aber jährlich überprüft. Die Höhe dieser Teilstipendien wird von einem Stipendienausschuss berechnet und richtet sich nach dem Einkommen der Eltern, in Einzelfällen werden nach gesonderter Prüfung auch Vollstipendien vergeben. So können auch die Kinder nicht begüterter Alleinerziehender in den Genuss des erstklassigen Internatslebens kommen: Segeln gehört in Louisenlund zur ganzheitlichen Ausbildung, es gibt schuleigene Boote und einen eigenen Anlegesteg, Hockey, Theater, Debating Society, Bibliothek ... zahlreiche Aktivitäten sind möglich. Fernseher und Computer außerhalb des Unterrichts sind bis zur 9. Klasse verboten.

Als Vordenker der LEHs gilt Kurt Hahn, der unter anderem Salem (1920) gründete, als Ideengeber fungierten englische Internate und die Ideen von Hermann Lietz. Politisch war er mit seiner Zeit – dem Kampf gegen den Versailler Vertrag – verflochten und militärisch ausgerichtet, später bezog er eindeutig Position gegen Hitler und floh nach England. Abenteuer, Verantwortung, Gemeinschaft sind aber die gelungene Grundlage, die die Reformer der LEHs bis heute mit dem Ziel einer ganzheitlichen Erziehung ausgebaut haben. Handwerk, Sport und musisches Talent werden einbezogen. Und das wird von den Eltern und Kindern mit Recht geschätzt.

Waldorfschulen/Rudolf-Steiner-Schulen

Viele Eltern begrüßen, dass es an Waldorfschulen weder Noten – bis zur Klasse 12 – noch »Sitzenbleiben« gibt. Waldorfpädagogik gilt als kreative Alternative zum Wissenswettbewerb an staatlichen Schulen. Waldorf-Eltern meinen, dass Lernen und Leben in idealer Weise zusammengeführt und eine »Erziehung und Bildung von Kopf, Herz und Hand« geleistet wird. Den Verzicht auf das Konkurrenz- und Leistungsprinzip sehen sie positiv. Für sie ist die Waldorfschule »eine Gesamtschule, die auf Sozialerziehung im Sozialverfall setzt und darüber hinaus die ästhetische Dimension persönlicher Entfaltung in hohem Maße berücksichtigt«.[78]

Was ist anders?

»Nicht gefragt soll werden: Was braucht der Mensch zu wissen und zu können für die soziale Ordnung, die besteht –

sondern: Was ist im Menschen veranlagt und was kann in ihm entwickelt werden?«, verkündete der Anthroposophie-Begründer Rudolf Steiner, der 1919 die erste Waldorfschule ins Leben rief. Er hat nicht nur eine Lehrmethodik entwickelt, sondern ein ganzes anthroposophisches Welt- und Menschenbild, bestehend aus Karma-These, Temperamente-Lehre (auf Hippokrates aufgebaut – die Charaktere werden in cholerisch, sanguinisch, melancholisch und phlegmatisch gegliedert) und Entwicklungstheorien. Heute erscheinen diese Gedankengänge vielen nicht verquer-lächerlich und überholt, sondern als heilsamer Gegenentwurf zu unserer problembehafteten Leistungs- und Konsumgesellschaft.

Was läuft denn praktisch anders?

Eine Selektion der Kinder nach Schularten findet nicht statt, aber alle Abschlüsse können bei den »Waldis« erworben werden. Als ungünstig wird eine »verfrühte« kognitive Förderung angesehen: Waldorfschüler werden erst mit sieben Jahren eingeschult. Das systematische Lesen und Schreiben beginnt erst in Klasse 2, selbstständiges Verfassen kleiner Aufsätze nicht vor Klasse 4. Gut für Spätentwickler, die Cleveren leiden aber meiner Erfahrung nach und verlassen oft frustriert die Waldorfschulen.

Das tägliche – möglichst sinnliche – Lernen besteht aus einer Mischung von Andacht und Aktion. In der Unter- und Mittelstufe arbeiten die Kinder in aller Regel ohne Schulbücher.

Epochenunterricht – die mehrwöchige Behandlung eines Stoffgebietes – und die individuellen Lehrpläne der Klassen, die sich an den Entwicklungsstufen der Kinder ausrichten sollen, werden von den Klassenlehrern gestaltet. Die Klassenlehrer begleiten ihre Schüler in den ersten acht Schuljahren und unterrichten nahezu alle Fächer. Ein besonderes Gewicht liegt auf Musik, Handwerk, Theater und dem Besuch sozialer Einrichtungen auch in der Oberstufe.

Von den Eltern wird Engagement erwartet: Klassenzimmer renovieren, Teilnahme an den alle zwei Monate stattfindenden Elternabenden, Ausflüge organisieren und eigene Qualifikationen einbringen. Dafür haben die Eltern ein Mitbestimmungsrecht in organisatorischen und finanziellen Belangen. Das anthroposophische Waldorfprinzip soll in die Elternhäuser hineinwirken, Hausbesuche von Lehrern sind nicht ungewöhnlich.

Und die Kritik?

Lassen Sie mich einmal länger einen Fachmann, Wolfgang Schwark, langjähriger Rektor der Pädagogischen Hochschule Freiburg,[79] zitieren: Die Waldorf-Eltern »befürworten eine Schule, die eine optimierte Lebenswelt abbildet und in der sich Kinder zuallererst wohl fühlen. Unterrichtskonzepte stehen nicht im Mittelpunkt des Interesses. Bei den Fachleuten ist das genau umgekehrt. Sie betrachten hauptsächlich den Unterricht an Waldorfschulen, heben auf dessen didaktische und methodische Struktur ab.« Und deren »Urteil ist einhellig: Es herrscht Frontalunterricht vor, das mechanische Lernen dominiert. Selbstorganisiertes und aufgabenorientiertes Lernen, das auf Verstehen abzielt, findet zu selten statt. Die Individualisierung des Unterrichts ist Anspruch und nicht Wirklichkeit, was bei 40 Kindern pro Klasse auch kaum überrascht. Der Epochenunterricht … scheint in der Praxis den selbst gesetzten Anspruch auch nur bedingt einzulösen … Wegen der fehlenden Wiederholung im Anschluss an die Epochen scheinen die Schülerinnen und Schüler sehr vieles rasch zu vergessen, und eine beträchtliche Anzahl von Lehrerinnen und Lehrern ist vermutlich damit überfordert, ein Thema über mehrere Wochen gut vorbereitet und spannend zu unterrichten. Der weitgehende Verzicht auf Schulbücher, die im herkömmlichen Unterricht die notwendige inhaltliche Orientierung gewährleisten, und der Rückzug auf das Anfertigen von Epochenheften kompliziert die Situation.«[80] Eltern fordern mancherorts den Verzicht auf Samstagsunterricht, den vermehrten Einsatz von Schulbüchern und die Intensivierung des Fremdsprachenunterrichts oder die Verkürzung der Klassenlehrerphase auf sechs Jahre. Häufig wird der besonders beschwerliche Endspurt zum Schulabschluss beklagt, viele Kinder wünschen sich Noten. Kritiker bemängeln, dass weiterhin die übersinnlichen Erkenntnisse Rudolf Steiners den Unterricht prägen, die Schüler würden systematisch unterfordert. Aussteiger berichten von teilweise sektenähnlichen Zuständen.[81]

Der »Bund der Freien Waldorfschulen« widerspricht der Einschätzung der Schulen als »Weltanschauungsschulen«. Aktuell verweist er online auf eine nationale Sondererhebung im Rahmen der PISA-Studie Naturwissenschaften 2006, die vom österreichischen Bundesinstitut für Bildungsforschung, Innovation und Entwicklung (Bifie) in Wien vorgelegt wurde. Sie kommt zu dem Ergebnis, dass »Freude am Lernen« und »allgemeines Interesse an Naturwissenschaften« bei den Waldorfschülern sehr hoch ausgeprägt sind. Mit beiden Merkmalen lägen die Waldorfschulen sowohl über den Ergebnissen der staatlichen Schulen in Österreich als auch über dem OECD-Mittelwert für alle Länder. Der Bericht des Bundesinstituts bescheinige den Waldorfschulen eine im Vergleich zu den Regelschulen »vorbildliche Unterrichtspraxis«, da Experimente und die Anwendung des Gelernten im Vordergrund stünden. (Die Ergebnisse der PISA-Tests wurden für die Waldorfschulen in Deutschland nicht gesondert ausgewiesen.) Kritische Darstellungen der Unterrichtsqualität seien nicht repräsentativ.[82]

Trotz aller Kritik: Der Run auf die anthroposophisch aus-
gerichteten Schulen ist ungebrochen. 1990 gab es bundesweit 112 Waldorfschulen, im April 2009 waren es 213. Die
Anmeldungen übersteigen das Angebot – obwohl an vielen Schulen die Klassen immer noch sehr groß sind. Dafür
ist das Schulgeld vergleichsweise günstig: Sechs Prozent
des Bruttoeinkommens werden angestrebt, aufgrund von
Unstimmigkeiten wird aber oft eine monatliche Pauschale
(150-200 Euro) festgesetzt. Jede Waldorfschule ist autonom
und agiert weitgehend unkontrolliert. Entsprechend unterschiedlich ist die Ausrichtung der Schulen: von orthodox-
anthroposophisch bis modern.

Waldorflehrerinnen und -lehrer müssen übrigens mit knap-
pem Salär auskommen. Der Landesrechnungshof Schleswig-Holstein berichtete:[83] Lehrkräfte an Waldorfschulen ver-
dienen »zwischen rund 9 Prozent und 21 Prozent« weniger
als eine »Gesamtschullehrkraft im Angestelltenverhältnis
(BAT IIa)«, und unter den Lehrern sind viele Quereinsteiger
ohne Lehramtsstudium.

Wann ist eine Internatsunterbringung sinnvoll?

Es gibt viele gute Gründe für ein Internat oder ein Alumnat.
(Im Alumnat wohnen die Kinder und Jugendlichen. Es gibt in
der Regel eine Hausaufgabenbetreuung, aber keine eigene
Schule, so dass die Jungen und Mädchen die umliegenden
Schulen besuchen).

In Deutschland, Frankreich, Großbritannien und der
Schweiz haben Internate eine jahrhundertealte Tradition.
Ursprünglich waren sie meist an ein Kloster angegliedert
und verstanden sich als Stätten des Priester- und Offiziers-
nachwuchses, als Elitebildungseinrichtungen des Adels

und des gut betuchten Bürgertums. Nicht ganz zu Unrecht denken Sie nun mit Schrecken an Filme wie »Mädchen in Uniform« oder »Der Club der toten Dichter«. Aber glücklicherweise wurden seit den Zwanziger- und Dreißigerjahren des letzten Jahrhunderts ständig alternative pädagogische Konzepte entwickelt: Abseits der Großstädte und als Gegenpol zu den »belehrenden« autoritären Anstalten der Altvorderen wurden zuerst in den Landerziehungsheimen neue Ideen umgesetzt. Heutige Internate ermöglichen, wenn sie gut geführt werden, ein individuelles Eingehen auf Begabungen und Neigungen, Lernschwierigkeiten, Verhaltensprobleme oder auf Teilleistungsschwächen. An Internaten kommen prozentual gesehen mehr Schüler zum Realschulabschluss und zur Hochschulreife als an staatlichen Regelschulen. Und das gilt ganz besonders für junge Menschen mit Verhaltens- und Lernproblemen![84]

Was spricht nun für ein Internat? In welchen Fällen ist eine Internatsunterbringung sinnvoll?

- Die Eltern sind beruflich viel unterwegs oder im Ausland tätig.
- Es gibt nur einen beruflich stark beanspruchten alleinerziehenden Elternteil.
- Ein neu angeheirateter Elternteil kommt nicht gut mit dem Kind zurecht.
- Ein Einzelkind soll unter Gleichaltrigen aufwachsen – Stichwort »artgerechte Rudelhaltung«.
- Dem Kind fehlen Freunde, die es im Internat gewinnen könnte.
- Eine spannungsreiche Familiensituation macht die Entlastung des Kindes notwendig.
- Die Eltern identifizieren sich zu sehr mit dem Kind und können es daher zu wenig beeinflussen.

- In staatlichen Schulen kommt das Kind nicht gut zurecht, trotz Wiederholungen von Klassen oder Schulwechsel ist der Abschlusserfolg gefährdet.
- Die 24-Stunden-Betreuung eines Internats mit familienähnlichen Gruppen kann bewirken, dass die Schularbeiten regelmäßig gemacht und Klassenarbeiten optimal vorbereitet werden. Bisherige Stofflücken können so geschlossen werden.
- Ein Kind soll aus einer misslichen Jugendsituation vor Ort oder aus einer Clique herauskommen, von ungünstigen Freunden Abstand gewinnen oder vor Drogenkonsum bewahrt werden.
- Der gute Ruf eines Internats verheißt eine ungleich bessere Bildung und Erziehung als die nahe gelegenen Schulen.
- Die Eltern haben ein Internat besucht und gute Erfahrungen gemacht.
- Das Internat bietet etwas, das in der Nähe nicht zu finden ist (Leistungssport, Musik, Legasthenietherapie etc.).

Wann schadet eine Internatsunterbringung?

Auch ein gutes Internat ist nicht für jedes Kind die richtige Wahl.

- Zunächst ist die eigentlich sehr positive »artgerechte Rudelhaltung«, bei der die Kinder auf engem Raum rund um die Uhr zusammenleben, für manche Kinder unerträglich: nämlich wenn sie Opfer von Ausgrenzung, Mobbing und misslicher Rang- und Hackordnung werden. Die betreuenden Lehrer oder Sozialarbeiter sind auch bei guter Ausbildung und hohem Engagement –

was beides keineswegs immer gegeben ist – nicht in der Lage, diese Phänomene komplett zu unterbinden. Auch die mehr oder weniger ruppigen Aufnahmeriten in den ersten Tagen lassen sich nicht verhindern. Sehr sensible und emotionale Kinderseelen leiden unter diesen Begleiterscheinungen des Internatsbetriebes zu stark.

- Internate können vor Drogen bewahren. Im Gegensatz zu herkömmlichen Schulen führen sie teilweise Drogentests unangekündigt oder regelmäßig durch und haben eine strikte Handlungsweise bei Verstößen gegen die »No drugs«-Politik. Aber ein drogenfreies Internat oder eine drogenfreie Schule gibt es nicht, nur mehr oder weniger drogenarme. Dieser Gefahr müssen sich alle Beteiligten bewusst sein. Insbesondere, wenn Eltern und Internatsleitung die Gefahren offensiv angehen und nicht der Vogel-Strauß-Politik verfallen, tut sich gerade in abgelegenen Gegenden hier aber eine besondere Chance auf, gefährdete Jugendliche gut durch die Pubertät zu bringen.

- Ob Kinder im Grundschulalter in ein Internat gehen sollten, ist umstritten. Während in Deutschland davor gewarnt wird, ist das in anderen Ländern unaufgeregte Praxis. Jedenfalls haben die kleineren Kinder, die ich in britischen Internaten gesehen habe, nicht unglücklich gewirkt, und von erhöhten psychischen Krankheitsraten dort ist nichts bekannt. Richtig ist, dass spätestens in Klasse 8 oder 9 mit Eintritt der Pubertät ein Internatsbesuch möglich ist.

- Ein schlecht geführtes Internat ohne wirkliche Aufsicht und professionelle Betreuung schadet auf jeden Fall Kindern, die mit festen Regeln und der Erledigung von Aufgaben Probleme haben. Wenn Hausaufgabenkontrolle und Freizeitgestaltung schlecht umgesetzt werden, dann wird sich da nichts bessern.

Was ist bei britischen Internaten anders?

Eltern, die ihre Kinder nach England oder Schottland schicken, haben dafür folgende Beweggründe:

- Das Kind soll im Ausland eine Fremdsprache gut lernen.
- Eltern wünschen sich für ihr Kind eine Schule mit Hockey, Uniformen, Tennis, Reiten und gehobenem englischen Lebensstil – mancherorts inklusive Putzfrau auch für das eigene Zimmer des Kindes.
- Sie wollen ihrem Kind eine positive Erfahrung ermöglichen, die sie selbst gemacht haben.
- Es soll schon in der Schule internationale Kontakte knüpfen.

Britische Privatschulen mit Internatsunterbringung haben – genau wie die eidgenössischen Internate – eine lange Tradition. (Oberschichts-)Eltern aus der ganzen Welt schicken ihre Kinder auf die Insel; Ölscheichs, amerikanische Manager, australisches Outback, englische und europäische Mittel- und Oberschicht treffen aufeinander und zunehmend auch auf russische und chinesische Eliten. Sind die englischen »Boarding-Schools« (Internate) derart gut, oder profitieren sie nur von der Tatsache, dass Englisch die Weltsprache schlechthin ist?

Zunächst sind britische Schulen anders: Sie sind militärischer. Nicht nur Schuluniformen, auch paramilitärische Übungen und Gottesdienstbesuche in der schuleigenen Chapel (de facto mancherorts eher eine Kathedrale) gehören zum Pflichtprogramm. Mancher aber fühlt sich dort als junger Mensch zu sehr eingeengt und nicht ernst genommen: Kleidung, enge Ausgehzeiten, strenge Vorschriften zu Make-up und Frisur sowie Art und Umfang des Schmuckes, Alkohol-

und Sexverbot erfreuen eher Eltern und Lehrer denn Schüler. Und das eigene Zimmer ist spärlichst möbliert, sehr klein oder muss gar mit einem Mitschüler geteilt werden.

Dafür Frühstücken und Leben in Harry-Potter-Atmosphäre. Das ist exklusiv und teuer. Die Kosten betragen pro Jahr 23 000 bis 30 000 Euro Schulgebühren. Dazu kommen viele tausend Euro zusätzlich im Jahr: Uniform, Bücher, Laptop, Exkursionen bis nach Hongkong, Segel- und Tauchkurse sowie diverse andere »kleinere« Wochenendunternehmungen, von denen die Eltern ihr Kind sicher nicht als Einziges ausschließen wollen.

Jedes Jahr müssen die Schulen sich einem Ranking unterwerfen, landesweit wird in der *Times* veröffentlicht, welche Schule welche Notendurchschnitte und Abschlüsse aufzuweisen hat. Das führt zum Wettbewerb der Schulen untereinander: Der Unterricht ist praxisorientierter. Lustvolles Bekenntnis zur Leistung, faszinierende sportliche und künstlerische Betätigungsmöglichkeiten, strukturierte Tagesabläufe mit Hausaufgabenbetreuung und kleinen Lerngruppen, erreichbare und zugewandte, nicht gestresste Lehrer – das zeichnet eine englische Privatschule aus.

Ein Term (Trimester) an einer britischen Boarding-School ist daher auf jeden Fall eine bereichernde Erfahrung. Und die Konsequenz des britischen Systems, verbunden mit dosierten Freiheiten und (Eigen-)Verantwortung, haben im Ausland schon manchen scheinbar hoffnungslosen Fall »geheilt«.

Wie gut ist ein britischer Schulabschluss?

Die gymnasiale Oberstufe (»5th and 6th form«) dauert in Großbritannien nur zwei Jahre, damit können nach 12 Schuljahren die »A-Levels« (sozusagen die Leistungskursabschlüsse) gemacht werden. Was kann man damit anfangen? Gibt es Alternativen?

- Für den Hochschulzugang in England müssen dort als Mindestvoraussetzung drei zentrale Prüfungen in drei Fächern erfolgreich im Abschlussjahr absolviert werden. Die englischen Hochschulen bzw. die Vergabestelle »UCAS« achten dabei auf konkrete Fächerkombinationen im Hinblick auf die Wahl des Studienganges. Die »A-Levels« sind also nur eine fachgebundene Hochschulreife. Will man sich die Möglichkeit offen halten, bestimmte Fächer in England zu studieren, dann muss man sich vorher informieren – die privaten Schulen selbst sind da sehr hilfsbereit und beraten individuell.
- Die Anerkennung der »A-Levels« in Deutschland ist unter bestimmten Voraussetzungen möglich, die Zugangsberechtigung gilt auch hier nur für bestimmte Fächer. Die vorherige Einbindung der in Ihrem Bundesland zuständigen Zeugnisanerkennungsstelle ist daher besonders wichtig.
- Eine beliebte Alternative zu den A-Levels ist daher das »International Baccalaureate Diploma Programme« (kurz »IB«), ein in Genf akkreditierter internationaler Schulabschluss, der konzeptionell zwischen dem deutschen Abitur und den englischen »A-Levels« liegt. Hier werden über zwei Schuljahre hinweg sechs Fächer belegt, drei auf »Standard Level« – etwa deutsches Grundkursniveau – und drei auf »Higher Level« vergleichbar mit unseren Leistungskursen. Dazu kommt das interdisziplinäre Fach »Theory of Knowledge« (Wissenstheorie) und »Creativity, Action, Service«, was dem musisch-künstlerischen Bereich bei uns entspricht, plus Sport plus soziales En-

gagement. Das IB wird – wegen der als zu undifferenziert geltenden »A-Levels« – auch immer stärker selbst von englischen Schülern in England belegt und ist auch in Deutschland an immer mehr Schulen zu erwerben.[85] Viele Universitäten weltweit und in Deutschland akzeptieren das IB mittlerweile als Zulassungsqualifikation.

Letztendlich kann man zu einem Besuch eines britischen Internats raten, aber auch in Deutschland gibt es gute und sehr gute bilinguale Schulen und Internate – zu geldbeutelverträglicheren Konditionen.

Privatschultipps konkret

Für die Suche nach geeigneten Privatschulen gilt, was auch für die Suche nach der richtigen öffentlichen Schule Gültigkeit hat. Deshalb ist es gut, auch das erste Kapitel zu lesen.

Aber weil Privatschulen und Internate viele Besonderheiten aufweisen, sind weitere Tipps notwendig. Und weil es hier besondere Fallstricke gibt, erscheint es mir wichtig, einige wenige Tipps vor diesem Hintergrund noch einmal zu wiederholen. Ich wünsche Ihnen eine erfolgreiche und spannende Suche!

Tipp 122:

Auch die Suche nach einer Privatschule beginnt mit dem Blick auf das eigene Kind.

Bevor Sie sich auf die zeitintensive Suche nach einem tollen Internat oder einer schlossgleichen Privatschule begeben oder gar den Versprechungen der Hochglanzbroschüren erliegen, sollten Sie sich ehrlich fragen, wie Ihr Kind wirklich ist: schüchtern oder gar ängstlich, sportlich, intellektuell brillant oder faul? (Letzteres muss kein Widerspruch sein.) Erst auf dieser Basis können Sie überlegen, welche

Schule passt. Tut ein bestimmtes Schulkonzept Ihrem Kind gut? Braucht es beispielsweise eine Schule, die ihre Schüler mit strenger Hand führt, oder eine, die ihren Schülern Freiheiten und Selbstverantwortung zugesteht?

Was können Sie tun?

- Überlegen Sie, welche Stärken und Schwächen Ihr Kind hat.
- Fragen Sie den Nachwuchs nach seinen Wünschen und Ängsten in Bezug auf die neue Schule.
- Überprüfen Sie Ihre Einschätzung in Gesprächen mit den Lehrern Ihres Vertrauens, die Ihr Kind eine Weile unterrichtet haben.

Tipp 123:

Das Kind muss mit dem Besuch einer Privatschule einverstanden sein.

Gegen den Widerstand Ihres Kindes werden Sie nicht gut entscheiden können – auch wenn es um die Anmeldung (oder Ummeldung) an eine attraktive Privatschule geht. Und Sie würden damit das Verhältnis zu Ihrem Kind sehr belasten. Ich habe Eltern erlebt, die ihr Kind ohne dessen Wissen an einer anderen Schule angemeldet haben – eine Katastrophe. In allen Fällen mussten sie ihr Kind wieder abmelden, um wenigstens ein Stück Vertrauen und familiären Frieden zurückzugewinnen.

Damit meine ich nicht, dass Sie nicht versuchen sollten, Ihr Kind zu überzeugen oder notfalls auch zu überreden. Sohn oder Tochter sollten aber in jedem Fall an der Auswahl der Schule beteiligt sein. Denn zu einer totalen Verweigerungshaltung des Kindes darf es nicht kommen. Damit wäre nichts gewonnen und »außer Spesen nichts gewesen«.

Was können Sie tun?

- Keine Entscheidungen gegen das Kind oder über den Kopf des Kindes hinweg.
- Lassen Sie Ihr Kind eine Wunschliste schreiben.
- Unter Umständen kann auch hier eine Probezeit abgesprochen werden.

Tipp 124:

Schreiben Sie selbst einen »Wunschzettel«.

Was wünschen Sie sich von der gesuchten Schule? Hier darf Ihnen nichts peinlich sein. Wie nebensächlich, lächerlich oder ambitioniert auch immer Sie Ihre eigenen Vorstellungen finden, alles sollte auf dieser Liste erscheinen! Fragen Sie sich ehrlich: »Was will ich für mein Kind? Getrennt geschlechtliche Erziehung oder koedukative? Ist ein umfangreiches Sportangebot wichtig, oder soll Segeln unbedingt auf dem Lehrplan stehen? Geht es mir um Glück, um Sicherheit, um eine architektonisch ansprechende Umgebung? Wie wichtig ist mir und meinem Kind Privatsphäre auch im Internat? Oder will ich vor allem eine prestigeträchtige Schule und ein gutes Sprungbrett an die Universität?« Vielleicht aber soll das Kind auch nur die Möglichkeit haben, in der Muttersprache eines Elternteils, zum Beispiel in Japanisch, Abitur zu machen. Das alles und mehr geht eher an einer privaten Schule als an einer öffentlichen.

Was können Sie tun?

- Seien Sie ehrlich bei der Erstellung Ihrer Wunschliste!
- Greifen Sie auf diese Auflistung beim Vergleich der favorisierten Schulen zurück.

Tipp 125:

Die Privatschule muss staatlich anerkannte Bildungsabschlüsse ermöglichen.

Ob das so ist, lässt sich in aller Regel schon auf der Homepage der Schule in Erfahrung bringen. Auch die Begriffe »anerkannte« oder »genehmigte Ersatzschule«[86] sind ein Hinweis, denn nur an Schulen mit diesem Prädikat kann die Schulpflicht erfüllt werden. Und das impliziert gemeinhin, dass auch anerkannte Abschlüsse möglich sind. Aber nachfragen sollten Sie in jedem Fall, wenn keine eindeutigen Aussagen zu finden sind.

Was können Sie tun?

- Im Zweifel die Privatschule anrufen und Auskunft einholen.

Tipp 126:

Sie müssen dem Schulprogramm aus vollem Herzen zustimmen können.

Noch wichtiger als bei der Suche nach einer öffentlichen Schule ist es bei der Suche nach einer Privatschule, das Schulprogramm genau zu studieren. Denn die Privatschulen sind nicht im selben Maße vom gesellschaftlichen Konsens getragen wie die staatlichen Schulen: fundamentalistische christliche Inhalte, anthroposophisches Weltbild, spezielle pädagogische Ansätze, die sich nicht für jedes Kind eignen, soziale Abgrenzung – wofür steht die Schule? Können Sie das aus vollster Überzeugung mittragen? Wenn nicht, dann sortieren Sie die Schule lieber aus, denn ändern werden Sie hier nichts! Und achten Sie auch darauf, wie stark das Mitspracherecht der Eltern ist, wenn Ihnen das wichtig ist.

Was können Sie tun?

- Studieren Sie den Internetauftritt, das Schulprogramm und die Prospekte.
- Prüfen Sie, ob weltanschauliche Fragen, das pädagogische Konzept und die Elternmitbestimmung Ihren Vorstellungen entsprechen.
- Was nicht geht, wird sofort aussortiert.

Tipp 127:

Sondieren Sie Ihre Finanzen.

Nun ist es Zeit, sich selbst Rechenschaft darüber abzulegen, wie viel Geld Sie monatlich in die Ausbildung Ihres Kindes oder Ihrer Kinder – wollen Sie nicht allen Sprösslingen gleiche Chancen bieten? – investieren können und wollen. Die Kosten der privaten Schulen variieren stark, wie wir in der Einleitung gesehen haben. Kirchliche Schulen erheben kaum Gebühren, andere bieten Stipendien, wieder andere – mit Internatsunterbringung – kosten gut und gern summa summarum 50 000 Euro und mehr im Jahr.

Was können Sie tun?

- Finden Sie heraus, wie viel Geld Sie zuverlässig langfristig in die Ausbildung Ihrer Kinder investieren können.

Tipp 128:

Privatschulen kosten mehr als nur Schulgebühren – viel mehr.

Wenn Sie glauben, dass mit den Schulgebühren alle Kosten abgedeckt seien, gehen Sie fehl. Schuluniformen, AGs oder Musikunterricht, Wochenendausflüge, Reisekosten, Kosten für eine Betreuungsperson vor Ort (vor allem im Ausland), Taschengeld, Sportausrüstungen, die nicht immer gemietet werden können, der hippe Mac für die Schule – Modell vorgeschrieben –, die Reise zu den neuen Freunden in Neuseeland oder Hongkong oder deren standesgemäße Unterbringung beim Gegenbesuch ... das summiert sich, wenn sie sich eine exquisite Schule mit teuren Extras (wie eine International School oder das Edel-Internat in England) statt der geldbeutelverträglicheren Montessori-Schule »um die Ecke« ausgesucht haben. Vergessen Sie auch nicht die Studienfahrt des Leistungskurses Geschichte nach Moskau und die Versicherungskosten. Klar, es gibt Secondhand-Schuluniformen, und am Wochenende kann das Kind auch mal im Internat bleiben, anstatt zum Tauchlehrgang mitzufahren, aber der Gruppendruck der In-Clique ist enorm. Und wenn sich das Kind nicht als geduldeter armer Verwandter fühlen soll, dürfen Sie das Sparen hier nicht übertreiben. Merke: Schulgebühren auf Ölscheichniveau bedeuten auch Nebenkosten auf Ölscheichniveau.

Was können Sie tun?

- Fragen Sie nach Nebenkosten. Insbesondere: Studienfahrten, Wochenenden, Anschaffungsliste, empfohlenes Taschengeld, Fördermaßnahmen, Musikunterricht und Extra-Prüfungsgebühren.
- Wenn Sie anfangen, über Kürzungen der Nebenkosten nachzudenken – suchen Sie sich eine andere Schule. Preisgünstigere Schulen bieten nicht unbedingt schlechtere Ausbildungen.

Tipp 129:

Oft werden (Teil-)Stipendien gewährt.

Nicht jeder kann hohe Schulgebühren zahlen. Und in Deutschland ist festgelegt, dass soziale Kriterien nicht den Zugang zu den Bildungschancen bestimmen dürfen. Viele Privatschulen reagieren, indem sie Voll- oder Teilstipendien an begabte Schüler vergeben.

Danach zu fragen ist keine Schande. Denn Schulen nehmen diese Stipendiaten oftmals ausgesprochen gern, um das akademische Niveau und Renommee der Schule zu stärken.

Was können Sie tun?

- Fragen Sie ohne Scheu nach Stipendien, wenn Sie ein befähigtes Kind haben.

Tipp 130:

Überprüfen Sie, wie viel Zeit und Engagement Sie für die Schule aufbringen können.

Privatschulen wollen nicht nur gefragt werden, was sie bieten, sondern stellen auch umgekehrt die Frage, was Sie als Eltern für die Schule zu tun gedenken. Viele, die aus dem öffentlichen System kommen, schockiert das. Aber die privaten Schulen können sich das problemlos erlauben – schließlich übersteigen die Bewerberzahlen die Kapazitäten. Gerade Schulen mit sympathisch niedrigem Schulgeld und hoher Qualität verdanken diese Kombination zu einem guten Teil der ehrenamtlichen Tätigkeit der Eltern, deren Zeit und Know-how dort viele Extras ermöglichen. Wenn Ihnen für das ehrenamtliche Engagement Zeit und Neigung fehlen, dann ziehen Sie lieber eine andere Schule in Betracht.

Was können Sie tun?

- Erkundigen Sie sich, was die Schule von den Eltern erwartet.
- Überprüfen Sie vor der Anmeldung, ob Sie genug Zeit haben, Ihren Pflichten im Rahmen der Elternarbeit dauerhaft nachzukommen.

Tipp 131:

Besuchen Sie ausgewählte Schulen mit Ihrem Kind.

Ihre Wunschliste steht. Die Recherche im Internet oder über eine Schulberatung hat eine Handvoll favorisierter Schulen ergeben, die in die engere Wahl kommen. Sie sind bezahlbar und entsprechen weitestgehend Ihren Vorstellungen. Nun sollten Sie sich zusammen mit Ihrem Nachwuchs auf den Weg machen! Der Prospekt oder die Internetseite genügen nicht, um einen echten Eindruck von einer Schule oder gar einem Internat zu bekommen.

Was können Sie tun?

- Lassen Sie sich die Schule in einer Schulführung zeigen und versuchen Sie, so viele Eindrücke wie möglich aufzunehmen.
- Treffen Sie den Schulleiter oder die Schulleiterin.
- Treffen Sie zukünftige Lehrer und Betreuer Ihres Kindes.
- Führen Sie ein Gespräch mit einem Schüler, der etwas älter als Ihr Kind ist.
- Werfen Sie einen Blick in die Klassen- und Unterrichtsräume.

Tipp 132:

Der Schulleiter muss Ihr Vertrauen genießen.

Am Schulleiter kommen Sie nicht vorbei, je mehr Betreuung notwendig wird, umso weniger. Im Fall einer Anmeldung wird diese Person wichtige Entscheidungen treffen, die über das Gelingen des Schulbesuchs entscheiden. Also bestehen Sie auf einem Gespräch!

Wer sitzt Ihnen nun gegenüber? Jemand, der noch im Elfenbeinturm residiert und über den Dingen schwebt oder ein echter Pädagoge, der sich für seine Schule und Schüler einsetzt? Ist es jemand mit Qualitätsansprüchen und Rückgrat? Mit dem Blick für das Wesentliche? Oder ein Selbstdarsteller? Wollen Sie mit dieser Person »in guten und schlechten Zeiten« zusammenarbeiten? Geht er auf Sie und Ihr Kind zu? Wie agiert er mit dem Personal?

Was können Sie tun?

- Ohne ein überzeugendes Schulleitergespräch melden Sie Ihr Kind nicht an.
- Überprüfen Sie, ob es in seinem oder ihrem Arbeitszimmer überhaupt einen Hinweis darauf gibt, dass er oder sie Schüler wahrnimmt.
- Beobachten Sie, wie die Schüler der Schule auf ihn oder sie reagieren: freundlich, ängstlich, aufgeschlossen oder gleichgültig?
- Trauen Sie Ihrem Eindruck und Ihrer Intuition!

Tipp 133:

Stellen Sie dem Schulleiter die richtigen Fragen.

Wenn Sie den Schulleiter nun persönlich »vor der Flinte« haben (was bei manchen Schulen nur auf einem Offenen Abend möglich ist, da es zu viele Bewerber gibt), dann ist es nicht sinnvoll, Fragen zu stellen, deren Antworten Sie auch dem Internet entnehmen können. Sie wollen ja vielmehr erfahren, ob Sie einer starken Persönlichkeit gegenübersitzen, der Sie ein Stück weit das Schicksal Ihres Kindes vertrauensvoll in die Hände legen können. Und gleichzeitig wollen Sie nicht den Eindruck des ewigen Nörglers und Querschießers hinterlassen. Wie schon gesagt, die Schulen haben weniger Plätze als Bewerber, da halst sich niemand komplizierte und anstrengende Eltern auf. Mit dummen Eltern will man an guten Schulen übrigens auch nicht unbedingt zusammenarbeiten.

Was können Sie tun?

- Fragen Sie, für wen die Schule besonders geeignet ist und wer an der Schule nicht glücklich werden würde.
- Fragen Sie nach den aktuellen und geplanten Schulentwicklungsschwerpunkten.
- Fragen Sie nach den Rausschmissen der letzten Jahre und nach deren Hintergründen – es erwarten Sie in jedem Fall interessante Einblicke. (Die Aussage »So etwas ist bei uns nie nötig« ist ohne besondere Erläuterung übrigens unglaubwürdig.)

Tipp 134:

Besuchen Sie das Sekretariat.

Das Sekretariat ist das Herz der Schule. Hier ist die Schnittstelle, bei der alle Informationen zusammenlaufen. Am besten, Sie erscheinen dort in einer großen Pause und beobachten, wie die Schüler behandelt werden: freundlich und kompetent oder abweisend und herablassend?

Hier erleben Sie die Stellung, die den Schülern zugebilligt wird, live. Und auch Sie werden zukünftig den Filter des Sekretariats überwinden müssen. Daher lohnt ein genauer Blick!

Was können Sie tun?

- Beobachten Sie die Sekretärin in der großen Pause bei Ihrer Arbeit. Ist sie freundlich und effektiv, hat alles im Griff?
- Achten Sie auf den Tonfall und den Umgang mit Schülern, Lehrern und Eltern.

Tipp 135:

Treffen Sie einen zukünftigen Lehrer.

Wenn Sie Ihren Schulbesuch machen, sollten Sie einen Lehrer – möglichst einen zukünftigen Hauptfach- oder den Klassenlehrer – kennenlernen. Das erleichtert Ihrem Kind und Ihnen die Entscheidung und gibt Ihrem Nachwuchs Sicherheit am ersten Tag. Der persönliche Eindruck ist wichtig. Wenn die Chemie stimmt und Sie von der fachlichen Arbeit und den menschlichen Qualitäten am Ende des Treffens überzeugt sind, dann ist ein wichtiger Punkt eingelocht.

Was können Sie tun?

- Treffen Sie den Klassenlehrer oder einen anderen Lehrer, der Ihr Kind viele Stunden in der Woche unterrichten wird.
- Fragen Sie nach der Klassenzusammensetzung.
- Erkundigen Sie sich nach den Vorhaben im nächsten Schuljahr und den letzten Themen in der Klassenlehrerstunde.

Tipp 136:

Die Hausführung ist die Informationsquelle schlechthin – wenn man sich nicht verwirren lässt.

Bei der Schulführung fluten eine Fülle von Eindrücken auf Sie ein. Parallel zu unbekannten Räumlichkeiten werden Sie höchstwahrscheinlich zugetextet. Sie wissen gar nicht, worauf Sie als Erstes achten sollen. Möglicherweise stehen Sie aber auch schon unter Beobachtung und sollen allerlei Fragen beantworten – zu Ihrem Kind, Ihrer Familie, den

Lieblingsfächern und Gott weiß, was noch. Da hilft es, sich vorher ein paar wesentliche Beobachtungsaufgaben und Fragen überlegt zu haben.

Was können Sie tun?

- Nehmen Sie sich Zeit für das Info-Brett: Hängt es nur voller Ermahnungen und weist auf zahllose Probleme hin, oder spiegelt es ein lebendiges Schulleben wider?
- Sehen Sie sich die Schüler und ihr Verhalten an: Wollen Sie, dass Ihr Kind auch so wird?
- Stimmt die Interaktion Lehrer-Schüler?
- Drücken sich rauchende Kinder in den Ecken rum?
- Gehen Sie in ein paar Klassenräume und überprüfen Sie, ob die genannten Lerngruppengrößen der Realität entsprechen.

Tipp 137:

Treffen Sie einen Schüler und quetschen Sie ihn oder sie aus!!

Das ist für Ihr Kind am interessantesten und überzeugendsten, was die anderen Kids über die Schule sagen. Denn sie sehen alles aus Schülerperspektive und werden den wahren Schulalltag nicht verschleiern können und wollen. Hier erhalten Sie wertvolle Einblicke – auch wenn nur positiv denkende Schüler von der Schul- oder Klassenleitung für Gespräche mit Interessierten ausgewählt werden. Stellen Sie die richtigen Fragen und hören Sie gut zu! Wenn die Antworten den Informationen von offizieller Seite widersprechen, dann ist höchste Vorsicht angesagt. Denn es muss nicht an der negativen Haltung des Schülers liegen!

Was können Sie tun?

- Finden Sie heraus, warum dieser Schüler oder diese Schülerin gerade diese Schule gewählt hat.
- Fragen Sie: »Was ist hier am besten?«
- »Wer wird hier glücklich, und wer hätte Schwierigkeiten?«
- Lassen Sie sich ein Übungsbuch zeigen.
- Im Internat: Erkundigen Sie sich danach, was man an den Wochenenden und an den Abenden unternehmen kann.

Tipp 138:

Werfen Sie einen Blick auf einen Stundenplan.

Einen wirklichen Eindruck vom Alltag an einer Schule oder in einem Internat vermittelt ein Wochenstundenplan. Ihm ist zu entnehmen, wie stark die Belastungen sind und wie viel Gewicht soziale und sportliche Aktivitäten haben. Und wie der Tagesablauf aussieht. Konkreter geht es nicht.

Was können Sie tun?

- Lassen Sie sich von einem Schüler aus dem zukünftigen Jahrgang Ihres Kindes dessen Stundenplan zeigen und erklären.

Tipp 139:

Umfangreiche Hausaufgaben über die Ferien sind nicht unüblich.

Sie können insbesondere in den höheren Jahrgangsstufen nicht unbedingt davon ausgehen, dass die Ferienplanungen der Familie von schulischen Aufgaben gänzlich unberührt bleiben. Vielleicht müssen regelmäßig (?) Referate vorbereitet oder Trainingseinheiten absolviert werden. Das kann zeitintensiv werden und ist vielleicht nicht überall möglich.

Was können Sie tun?

- Fragen Sie nach dem Umfang des schulischen Engagements, das in den Ferien erwartet wird.

Tipp 140:

Laptops können schnell zum Ärgernis werden.

Private Internate und Schulen haben ganz unterschiedliche Vorstellungen über den Computergebrauch ihrer Schüler. Während einige sich dabei auf feste Computerarbeitsplätze beschränken, die die Schüler nach Bedarf und Wunsch nutzen dürfen, sind andere Schulen dazu übergegangen, Laptops zur Verfügung zu stellen oder aber von den Eltern deren Anschaffung zu verlangen. Das ist an und für sich erst mal ein guter und zeitgemäßer Ansatz: Wireless LAN in der ganzen Schule, die Möglichkeit, überall an Materialien zu kommen und jederzeit an Hausarbeiten arbeiten zu können.

Die Schattenseiten müssen aber auch bedacht werden: Beschädigungen, Verlust des Gerätes, die Wahl der richtigen coolen Marke oder die vorgeschriebene Anschaffung einer bestimmten Ausführung – all das ist denkbar. Ganz unschön ist es, wenn nach wenigen Monaten privat aktuellere Exemplare angeschafft werden müssen, weil das Schulnetzwerk neu konzipiert wurde.

Was können Sie tun?

- Erkundigen Sie sich nach dem Laptopeinsatz, den Versicherungen und der Einsatzzeit eines Modells.
- Zahlreiche Computerarbeitsplätze mit großzügigen Nutzungszeiten und Internetanschluss machen Laptops überflüssig.

Tipp 141:

Referenzen, Zertifizierungen und (Fremd-)Evaluation sind an Privatschulen besonders wichtig.

Private Schulen haben gegenüber staatlichen Schulen mehr Freiheiten und Gestaltungsspielräume. Darin liegen große Chancen, aber auch Gefahren. Nutzt die Schule die sich ihr bietenden Möglichkeiten zum Wohl der Schülerinnen und Schüler? Wie erfolgreich ist sie wirklich? Das sind Fragen, die es in sich haben.

Sicherlich ist bei der Beurteilung einer Schule mehr von Interesse als der Durchschnitt der Abschlussnoten oder die Zahl der Schulabbrecher und Abmeldungen. Ranglisten, selbst wenn sie fächerspezifisch aufgeschlüsselt sind, sind unzuverlässig. Ein super Ergebnis in Koreanisch – war das vielleicht ein muttersprachlicher Schüler dieses Exotenfaches? Super Durchschnittsnoten – eine Folge strenger Auslese oder guter Arbeit der Schule?

In England gibt es wissenschaftliche Evaluationen, die versuchen, den »added value«, den Profit, den ein Schüler aus dem Besuch dieser Schule zieht, zu erfassen. Aber selbst hier ist es nicht einfach, einen Bericht in die Hände zu bekommen, der wirklich so aktuell und seriös ist, dass er eine gute Entscheidungsbasis darstellen könnte.

In Deutschland gibt es mittlerweile erste langjährige Fremdevaluationen und Prüfsiegel. Aber nur an wenigen Schulen.

Was können Sie tun?

- Fragen Sie nach Maßnahmen zur Qualitätsverbesserung und Evaluation.
- Bevorzugen Sie Schulen mit externen Evaluationsberichten und Zertifizierungsmaßnahmen, beispielsweise des TÜV Süd.
- Die Schule sollte die Fragen beantworten können: Wie erfolgreich sind wir? Woher wissen wir das? Wie wollen wir uns weiter verbessern?

Tipp 142:
Fragen Sie nach den Aufnahmekriterien.

Nicht immer sind die finanziellen Mittel der Eltern, die bisherigen schulischen Leistungen und der persönliche Eindruck, den Sie und Ihr Kind bei Ihrem Besuch machen, die alleinigen Auswahlkriterien der Schulleitungen.

Viele Schulen – gerade auch im Ausland – bestehen auf Aufnahmetests, teilweise sogar auf mehrstufigen Verfahren.

Das ist gut, wenn Ihr Kind gut ist. Sonst haben Sie ein Problem. Auf jeden Fall sind solche Tests ein Grund, exzellente Abgangsnoten nicht als Qualitätsmerkmal der Schule anzusehen. Denn wenn die Schüler von sich aus gut und motiviert sind, braucht die Schule sich nicht mehr groß anzustrengen, um überdurchschnittliche Abschlussergebnisse zu fabrizieren.

Eine gute Alternative zu punktuellen Aufnahmetests, die wenig über das Potenzial der Jugendlichen und Kinder aussagen, sind Probezeiten.

Was können Sie tun?

- Fragen Sie nach den Aufnahmekriterien.
- Fragen Sie nach den speziellen Fördermaßnahmen: bei Schulen mit hohen akademischen Hürden nach dem Konzept für die Begabtenförderung, bei solchen ohne Hürden auch nach den Fördermaßnahmen für schwächere Schüler.

Tipp 143:

Bleiben Sie bei der Bewerbung um einen Schulplatz ehrlich.

Selbstverständlich wollen Sie Ihr Kind in einem möglichst guten Licht darstellen. Das ist natürlich und muss auch so sein. Dennoch tun Sie sich und Ihrem Sprössling mittelfristig keinen Gefallen, wenn Sie hervorstechende persönliche Eigenschaften verschweigen. Ihr Kind ist schon dreimal von der Schule »geflogen«? Macht nie seine Hausaufgaben? Wurde beim Kiffen erwischt? Hat Lese-Rechtschreib-Schwäche? Das sollten Sie alles erwähnen, denn es kommt sowieso heraus – bei der Sichtung der Zeugnisse, bei der ersten Hausaufgabe oder beim Urintest. Sagen Sie, was Sache ist, und seien Sie konstruktiv. Sonst vergeben Sie die Chance der optimalen Förderung Ihres Kindes. Und Sie zerstören die notwendige Vertrauensbasis zwischen sich und der Schule.

Was können Sie tun?

- Berichten Sie von den bisherigen Schwierigkeiten und den vermutlichen Ursachen.
- Zeigen Sie, dass Sie gemeinsam mit der Schule Probleme lösen und nicht den Kopf in den Sand stecken wollen.

Die kleine Checkliste

122. Wie beginne ich mit der Suche nach einer Privatschule?
   - ❏ Schlecht: Ich sehe mir Schulen an und melde mein Kind an, wenn mir etwas gefällt, ohne mein Kind im Blick zu haben.
   - ❏ Gut: Ich kenne die Stärken und Schwächen meines Kindes.
   - ❏ Gut: Ich kenne seine Wünsche und Ängste in Bezug auf die neue Schule.
   - ❏ Gut: Ich habe mit Lehrern über das gesprochen, was mein Kind braucht.

123. Hat der Schulbesuch prinzipiell Erfolgsaussichten?
   - ❏ Schlecht: Ich melde mein Kind ohne sein Wissen an.
   - ❏ Schlecht: Mein Kind lehnt die neue Schule so stark ab, dass der Schulerfolg gefährdet ist.
   - ❏ Gut: Mein Kind ist grundsätzlich mit dem Besuch der Privatschule einverstanden.
   - ❏ Gut: Mein Kind erklärt sich mindestens zu einem Schulbesuch auf Probe bereit.

124. Weiß ich, was ich suche?
   - ❏ Schlecht: Ich finde meine Vorstellungen abgehoben oder zu albern, so dass ich sie schnell verwerfe.
   - ❏ Gut: Ich erstelle eine Wunschliste an die Schule.

125. Ermöglicht die Privatschule staatlich anerkannte Abschlüsse?
   - ❏ Schlecht: unklare Auskünfte.
   - ❏ Gut: Sie erfüllt die Schulpflicht.
   - ❏ Gut: »anerkannte« oder »genehmigte« Ersatzschule.

126. Passt die Schule zu uns?
   - ❏ Schlecht: Weltanschauliche Fragen entsprechen nicht meinen Vorstellungen.
   - ❏ Gut: Ich kann dem Schulprogramm aus vollem Herzen zustimmen.
   - ❏ Gut: Das pädagogische Konzept sagt mir zu.
   - ❏ Gut: Die Elternmitbestimmung gefällt mir.

127. Sind die finanziellen Voraussetzungen gegeben?
- ❏ Schlecht: Ich kann nicht allen Kindern eine vergleichbare Schulausbildung ermöglichen.
- ❏ Gut: Die Schulkosten kann ich langfristig tragen.

128. Schätze ich die Schulkosten richtig ein?
- ❏ Schlecht: Ich gehe davon aus, dass sich die Schulkosten auf das Schulgeld beschränken.
- ❏ Gut: Ich erhalte einen kompletten Überblick über »Nebenkosten« und notwendige Anschaffungen seitens der Schule.
- ❏ Gut: Ich kalkuliere auch Taschengeld und eventuell »Statusausgaben« mit ein.

129. Gibt es Finanzierungshilfen?
- ❏ Schlecht: (Befähigte) Kinder werden aus finanziellen/sozialen Gründen vom Schulbesuch ausgeschlossen.
- ❏ Gut: Mein Kind kann sich für ein Teil- oder Vollstipendium bewerben.

130. Kann ich den Anforderungen der Schule gerecht werden?
- ❏ Schlecht: Der zeitliche Einsatz belastet das Familienleben oder den Beruf zu stark.
- ❏ Gut: Ich kann das erforderliche zeitliche Engagement leisten.
- ❏ Gut: Ich kann die Schule finanziell unterstützen.

131. Habe ich mich gut über die Schule informiert?
- ❏ Schlecht: eine Entscheidung aufgrund von Prospekten, Internetseiten und Empfehlungen aus dem Bekanntenkreis.
- ❏ Schlecht: Ich vertraue blind der kommerziellen Schulberatung.
- ❏ Gut: ein Schulbesuch mit dem Kind.
- ❏ Gut: Gespräche mit Schulleiter, Lehrern, Betreuern und Schülern.
- ❏ Gut: eine Schulhausführung.

132. Kann ich mir eine Zusammenarbeit mit dem Schulleiter vorstellen?

❑ Schlecht: Die Schüler reagieren auf ihn oder sie gleichgültig.

❑ Schlecht: Die Schüler reagieren auf ihn oder sie ängstlich.

❑ Gut: Das erste Gespräch war überzeugend.

❑ Gut: Die Schüler der Schule reagieren auf ihn freundlich und aufgeschlossen.

❑ Gut: Sein Arbeitszimmer lässt erkennen, dass er sich für die Schüler interessiert.

133. Gibt die Schulleitung die richtigen Antworten auf die wichtigen Fragen?

❑ Schlecht: keine Auskunft zum Umgang mit Disziplinverstößen.

❑ Gut: Fragen nach den aktuellen und geplanten Schwerpunkten der Schulentwicklung.

❑ Gut: Informationen über glückliche und unglückliche Schüler.

134. Wie ist der Umgang miteinander?

❑ Schlecht: Schüler und Eltern werden von der Sekretärin herablassend und abweisend behandelt.

❑ Gut: Die Sekretärin ist freundlich und zugewandt.

❑ Gut: Schülern, Lehrern und Eltern wird im Sekretariat freundlich und kompetent geholfen.

135. Sind die Lehrer o.k.?

❑ Schlecht: Es findet kein Treffen statt.

❑ Gut: ein Treffen mit einem zukünftigen Lehrer beim ersten Besuch an der Schule.

❑ Gut: Berichte über Projekte und Themen in der Klasse.

❑ Gut: Die »Chemie« stimmt.

136. Verlief die Hausführung positiv?

❑ Schlecht: rauchende Schüler.

❑ Schlecht: Die Klassenräume zeugen von größeren Lerngruppen als offiziell verlautbart.

❑ Gut: Das Info-Brett zeugt von einem lebendigen Schulleben.

❏ Gut: Die Schüler sind mir angenehm. So wünsche ich mir mein Kind!

❏ Gut: Lehrer und Schüler gehen gut miteinander um.

137. War die Begegnung mit einem Schüler überzeugend?

❏ Schlecht: Die Antworten widersprechen allen bisherigen Eindrücken.

❏ Schlecht: Es gibt keine attraktiven Angebote für die Schüler in der Freizeit.

❏ Gut: Ich erfahre, was ihm oder ihr gut gefällt und was nicht so gut ist.

❏ Gut: Ich erhalte einen Einblick in die Haus- und Schulaufgaben.

138. Ist der Stundenplan gut?

❏ Schlecht: Ich bekomme auch auf Nachfrage keinen Stundenplan der Jahrgangsstufe zu Gesicht, in die mein Kind gehen wird.

❏ Gut: Die Aufteilung und Schwerpunkte gefallen mir.

139. Wie viel wird in den Ferien gearbeitet?

❏ Schlecht: Ferienhausaufgaben und familiäre Urlaubsplanungen widersprechen sich.

❏ Gut: Das Ausmaß der Hausaufgaben über die Ferien entspricht meinen Vorstellungen.

140. Werden die Risiken des Computereinsatzes auf die Eltern abgewälzt?

❏ Schlecht: Neben den Schulgebühren regelmäßige Kosten für teure Laptops einer bestimmten Marke.

❏ Schlecht: Die privat angeschafften Laptops sind nicht versichert.

❏ Gut: genügend zugängliche Computerarbeitsplätze.

❏ Gut: Die Schule stellt Laptops zur Verfügung.

141. Unterwirft sich die Schule einer Qualitätskontrolle?

❏ Schlecht: »Qualitätskontrollen sind bei uns überflüssig.«

❏ Schlecht: ein bloßer Verweis auf die guten Abschlüsse bei gleichzeitig hohen Aufnahmehürden.

❏ Gut: externe Evaluation und Zertifizierungen.

142. Stimmen die Aufnahmekriterien?
- ❏ Schlecht: Mein Kind ist nicht brillant, aber es gibt hohe akademische Hürden.
- ❏ Schlecht: Akademisch sehr anspruchsvolle Aufnahmetests ohne anschließende Begabtenförderung.
- ❏ Gut: Aufnahmetests, um Fördermaßnahmen für Schüler zu bestimmen.

143. War ich im Vorstellungsgespräch ehrlich?
- ❏ Schlecht: Ich habe Wesentliches verschwiegen und hoffe, dass es nicht bekannt wird.
- ❏ Gut: Ich habe Probleme angesprochen.
- ❏ Gut: Es wurde gemeinsam mit der neuen Schule nach Lösungsmöglichkeiten gesucht.

Internatstipps für das In- und Ausland

Tipp 144:

»Famous does not equal good.«

Nota bene: International berühmte Schulen sind nicht immer gute Schulen, schon gar nicht muss eine bekannte Schule die beste für Ihr Kind sein. Also ruhig Blut, wenn es mit Eton nicht klappt, wer weiß, wofür es gut ist.

Was können Sie tun?

- Machen Sie Ihre Entscheidungen nicht (allein) vom Klang eines Namens abhängig.

Tipp 145:

Freizeitangebote für Internatsschüler sind wichtig.

Was machen die Schüler an Wochenenden und in der Freizeit? Hängen sie nur vorm Fernseher oder Computer? Oder gibt es neben den AGs und Lernzeiten Sportmöglichkeiten, Aufenthaltsräume, Ausflüge? Wie lange dürfen die Schüler ab welchem Alter allein abends ausgehen? Wie kommen Sie dann in die Stadt – etwa trampend? Wichtige Fragen für ein Internat, vor allem, wenn die Schülerinnen und Schüler nur an wenigen Wochenenden außerhalb der Ferien nach Hause fahren.

Was können Sie tun?

- Fragen Sie am besten einen Schüler des Internats, was er und seine Freunde am Wochenende und am Abend unternehmen.

Tipp 146:

Treffen Sie jemanden vom Betreuungspersonal.

Auf der Hausführung sollten Sie das Betreuungspersonal, das sich in der unterrichtsfreien Zeit um die Kinder und Jugendlichen kümmert, kennenlernen. Sind Sie mit den Erziehern und Betreuern auf einer Wellenlänge?

Wie gehen die Betreuer mit den Kindern um? Etwa nachlässig oder ruppig? Finden sie den richtigen Tonfall, und haben sie einen guten Draht zu den Kindern? Wollen Sie Ihr Kind dieser Person, die an Ihrer Stelle einen Teil der Erziehung übernimmt, anvertrauen? Haben Jungen immer einen männlichen Ansprechpartner? Und vielleicht noch wichtiger: Haben Mädchen auch eine Ansprechpartnerin?

Was können Sie tun?

- Beobachten Sie: Geht er oder sie im Gespräch auf Ihr Kind ein?
- Achten Sie darauf, wie die Erzieher mit den anderen Kindern umgehen.
- Scheinen die Betreuer »die Bande« im Griff zu haben?

Tipp 147:

Sie müssen Ihr Kind jederzeit erreichen können.

Mit der Kommunikation zwischen Eltern und Kind ist es in den Internaten nicht immer bestens bestellt: Wenn nur Briefe erlaubt sind, dauert es zu lange. Ein Festnetzanschluss oder ein Mobiltelefon für 50 Kinder sind auch nicht der Weisheit letzter Schluss. Nächtliche E-Mails als einzige Kontaktmöglichkeit – wenig prickelnd! Und immer nur über das Schulsekretariat eine Nachricht zu hinterlassen, von der man nicht weiß, ob sie überhaupt beim Nachwuchs angekommen ist, weil er einfach den Rückruf vergisst beziehungsweise verweigert, müssen nicht sein.

Was können Sie tun?

- Wenn keine Handys erlaubt sind, fragen Sie, wie Sie Ihr Kind schnell und direkt erreichen können.

Tipp 148:

Erkundigen Sie sich schon bei der Schulbesichtigung nach der Einstellung der Schule zu Disziplinverstößen.

Egal, ob die Schule mit strenger Hand oder eher konziliant verfährt: Was einige Eltern sich wünschen, ist für andere ein Albtraum. Und die Erwartungen von Eltern eines süßen und unschuldigen kleinen Mädchens unterscheiden sich von den Wünschen der Eltern eines sündigen sechzehnjährigen Jünglings. An Privatschulen, besonders auch im Ausland, wird oftmals streng gemaßregelt, was hierzulande als weniger verwerflich angesehen wird: extravagantes Styling(!),

Flüche, Pornografie, Sex, Homosexualität, Alkohol. Da wird unter Umständen nach dem Motto »Wehret den Anfängen« hart durchgegriffen. Und bei Drogen und Diebstahl hört der Spaß dort auch früher auf als anderswo.

Was können Sie tun?

- Fragen Sie verschiedene Gesprächspartner nach den letzten Disziplinarmaßnahmen und deren Anlass.
- Überlegen Sie, ob dieses Regelwerk zu Ihnen und Ihrem Nachwuchs passt.

Tipp 149:

»Bei uns gibt es kein Mobbing!« stimmt so nicht.

Jedes Internat besuchen naturgemäß auch Außenseiter und Exoten, die in Gefahr sind, Zielscheibe von Spott oder gar kleinen und großen Schikanen zu werden. Besonders wenn Sie ein sensibles oder spezielles Kind haben, ist eine gute Betreuung wichtig: An wen kann sich der Betroffene wenden? Gibt es generelle Präventionsmaßnahmen? Was passiert im Fall des Falles? Sicher ist eines: Das Leugnen von Mobbingfällen ist die ideale Voraussetzung für Mobbing.

Was können Sie tun?

- Wird in Gesprächen die Problematik des Mobbings geleugnet und haben Sie ein sensibles Kind, dann streichen Sie die Schule von Ihrer Liste.

Tipp 150:

Ansprechpartner für psychische und medizinische Probleme müssen rund um die Uhr vorhanden sein.

Das versteht sich eigentlich von selbst, ist aber nicht in jedem Internat gegeben. Wenn die Kinder und Jugendlichen sich selbst in einem Schlaftrakt oder einem abgelegenen Gebäude überlassen bleiben und die Betreuer nachts außer Reich- und Hörweite sind, nimmt die Schule ihre Verantwortung nicht ausreichend wahr. Schüler müssen ohne großen Aufwand bei Bedarf schnell Hilfe holen können! Und eine Aufsicht muss auch nachts stattfinden!

Was können Sie tun?

- Überprüfen Sie, wo und ob die Betreuer abends und nachts erreichbar sind.

Tipp 151:

Lassen Sie sich Schlaf-, Aufenthalts- und Sanitärräume zeigen.

Hier wird Ihr Kind deutliche Abstriche machen müssen. Eine Unterbringung zu mehreren im Schlafzimmer ist auch in höheren Jahrgängen üblich, ein eigenes Bad dagegen nicht. In England können einem bei der Besichtigung der Sanitäranlagen Hören und Sehen vergehen. Und die Intimsphäre ist ein schwieriges Thema: Selbst bei den Schülern der Oberstufe ist nicht gesagt, dass vor dem Betreten der Zimmer angeklopft wird oder dass die Türen abgeschlossen werden können. Vielleicht wird Sie das auch mehr stören als Ihr Kind, dem das Gemeinschaftsgefühl wichtiger sein mag.

Was können Sie tun?

• Vergessen Sie bei der Hausführung nicht, sich die Internatsräume zeigen zu lassen.

Tipp 152:

Essen Sie mit den Schülern zu Mittag.

Wie ist das Essen? Fast Food? Lieblose kalorienhaltige Fertigpampe? Oder ausgewogen? Gibt es alternative Wahlmenüs, und bekommt man auf Wunsch einen Nachschlag? Nur für Ihren Besuch wird der Koch keine Extrawurst braten, ein Besuch der Schulkantine gibt Aufschluss.

Was können Sie tun?

• Nehmen Sie mit den Schülern eine warme Mahlzeit ein und schauen Sie auf den Speiseplan der Woche.

Tipp 153:

Internatsschüler sollten sich eine Zwischenmahlzeit zubereiten können.

Heranwachsende schaufeln die Kalorien nur so in sich rein – ohne dass sie gleich dicklich werden. Die Mengen sind gerade bei sportlich aktiven Jungen erstaunlich. Süßigkeiten unter dem Kopfkissen als Notration beim Heißhunger sollten deshalb nicht die einzige Option sein. Eine kleine

Teeküche, in der notfalls auch Spaghetti gekocht werden können, ist ungleich besser.

Was können Sie tun?

- Klären Sie, welche Möglichkeiten kalorienbedürftige Jugendliche für den kleinen oder großen Hunger zwischendurch haben.

Tipp 154: 👉

Die Schul- und Internatskosten im Ausland sind noch höher als im Inland.

Das ist so, weil diese Schulen, speziell die britischen Internate, sehr überlaufen sind: Schulgebühren plus Extrakosten für Mittagessen, Uniformen, Bücher, Laptop, Exkursionen, Musikunterricht, An- und Abreise, Renovierung des Zimmers, Versicherungen, Kaution, Taschengeld, Statusausgaben, Anmeldungsgebühren, Prüfungskosten ... Das läppert sich.

Was können Sie tun?

- Kalkulieren Sie nicht zu knapp.
- Verlangen Sie eine Übersicht der Extrakosten.

Tipp 155: 👉

Achten Sie auf die angebotenen Schulabschlüsse und A-Level-Kombinationen.

Die Kultusministerien der einzelnen Bundesländer regeln die Anerkennung der ausländischen Schulabschlüsse. Bedenken

Sie dabei, dass die A-Levels bestenfalls ein Fachabiturabschluss sind und keine allgemeine Hochschulreife. Es ist also wichtig, sich über den angestrebten Schulabschluss, die eventuellen späteren Berufswünsche und die Anerkennungsvoraussetzungen in Deutschland vor dem Schulbesuch klar zu werden.

International anerkannt ist der auch in Deutschland immer weiter verbreitete Abschluss »IB«.

Was können Sie tun?

- Lesen Sie »Wie gut ist ein britischer Schulabschluss?« im ersten Teil dieses Kapitels.
- Informieren Sie sich bei Ihrem Kultusministerium über die anerkannten A-Level-Kombinationen.
- Ziehen Sie insbesondere den IB-Abschluss in Betracht.

Tipp 156:

Schulen im Ausland müssen eine gründliche Studien- und Berufsberatung anbieten.

Wenn Sie sich dafür entschieden haben, dass Ihr Kind seinen Schulabschluss im Ausland erwerben soll und es eine (teure) Privatschule besucht, dann muss diese Schule auch ausführlich über die Anerkennung ihrer Abschlüsse und über spätere Studienmöglichkeiten informieren. Informationen über die dortigen Universitäten und deren Studiengänge, Besichtigungen der Universitäten und Besuch von Probevorlesungen müssen selbstverständlich sein. Warum sollte hier weniger laufen als an den öffentlichen deutschen Schulen? Und wenn Sie nach dem Abschluss noch ein Studium Ihres Kindes im Heimatland oder in Drittstaaten in Erwägung ziehen, haben Sie oder Ihr Kind damit genug zu tun.

Was können Sie tun?

- Holen Sie Informationen über die Laufbahnberatung der Schulen ein. In Großbritannien ist der »Careers Officer«, der Berufsberater, zuständig.

Tipp 157:

In Großbritannien ist es nasskalt, schlimmstenfalls auch in den Schulen.

Die Briten sind schlichtweg ein Volk mit einer anderen Betriebstemperatur als wir Deutschen: Im vollen Outdoor-Equipment und trotzdem fröstelnd bei 10 °C im Küstenwind durfte ich eine südenglische Familie beobachten, die ihre schätzungsweise fünfjährige Tochter in Unterhose am Strand spielen ließ. Der Rest der Familie lag in Badebekleidung auf dem Handtuch. Offenbar ging es dabei allen gut. Gar nicht gut ging es dagegen meinen deutschen Kommilitoninnen vor nächtlicher Kälte und daraus resultierender Schlaflosigkeit im schottischen Winter.

Diese Schlaglichter geben einen deutlichen Hinweis darauf, dass auch die Zimmertemperaturen andere sind. Gerade bei Schulen im Norden der Insel – aber nicht nur dort – kann das ein Problem sein, so dass selbst englischen Eltern kritisches Nachfragen nach den herrschenden Raumtemperaturen vor einer Anmeldung ihrer Kinder angeraten wird!

Was können Sie tun?

- Erkundigen Sie sich nach der Zimmertemperatur in Unterrichts- und Wohnräumen.

Tipp 158:

Auch wenn Ihr Kind ins (ausländische) Internat geht, müssen Sie für Ihr Kind da sein.

Die Schuljahre im Ausland gestalten sich völlig anders als in Deutschland. In England beispielsweise gibt es Trimester, die noch einmal von langen »Mid-Terms« unterbrochen werden. Da kann sich die Ferienzeit trotz hoher Kosten von Zehntausenden Euro schon einmal auf etwa 20 Wochen im Schuljahr summieren! (Hier mag sich der unvoreingenommene Leser natürlich fragen, wie viel Prozent seiner gezahlten Schulgebühren eigentlich für den Unterricht verwendet werden und wie viel für Verwaltung und Gebäude oder für die exquisiten Sportanlagen.)

Wie auch immer: Wenn Sie mit dem Gedanken eines englischen Schulbesuches für Ihren Nachwuchs spielen, um zu Hause Ihre Ruhe zu haben oder weil Sie sich aufgrund Ihrer anderen Verpflichtungen nicht wirklich kümmern können, dann gehen Sie grundsätzlich fehl! Es sei denn, Sie haben einen erstklassigen »Guardian«, aber das ist der nächste Tipp.

Und denken Sie auch daran: Ein kurzfristiger vorübergehender Schul- oder Internatsausschluss ist eine gängige Strafe, für die *Sie* dann ganz schnell eine Lösung finden müssen! Aber sofortige Rausschmisse müssen nicht sein.

Was können Sie tun?

- Erfragen Sie die Ferienregelungen und -zeiten, auch nach »verlängerten Wochenenden« und Feiertagen.
- Schließen Sie nach Möglichkeit den sofortigen Schul- oder Internatsausschluss aus. Die Schule kann hier schon für ein paar Tage eine andere Lösung finden, wenn sie will.

Im Ausland brauchen Sie einen zuverlässigen »Guardian«.

Es ist egal, wie sehr Sie bei der Aufnahme beteuern, dass Sie jederzeit verfügbar sind und im Notfall innerhalb weniger Stunden vor Ort sein können. Wenn Ihr Kind noch unter 18 ist, dann bestehen die Schulen auf einem »Guardian«. Das ist ein Ansprechpartner vor Ort, der das Kind unter Umständen während der Ferien und an Wochenenden aufnimmt, alltägliche Entscheidungen fällt und vor Ort treuhänderisch Unterschriften leistet, auch Bankgeschäfte und Transportfragen organisiert. Wie findet man einen guten »Guardian«?

Wer Verwandte und Freunde im Land hat, die diese Pflichten auf sich nehmen, kann sich glücklich schätzen. Die anderen sind auf kommerzielle Organisationen angewiesen, die sich in Preis, Leistung und Zuverlässigkeit sehr unterscheiden und idealerweise das Kind in einer Gastfamilie unterbringen. Am besten, Sie folgen Empfehlungen von Bekannten oder anderen Eltern der Schule. Die Schulen selbst zögern in der Regel mit Empfehlungen, denn sie wollen nicht in mögliche Konflikte hineingezogen werden.

Was können Sie tun?

- Folgen Sie Empfehlungen von Bekannten oder aktivieren Sie nach Möglichkeit Freunde im Land.

Klären Sie:

- Ist die Gastfamilie versichert?
- Liegen polizeiliche Führungszeugnisse vor?

- Kann das Kind die Familie auf Wunsch wechseln?
- Gibt es Kinder? Im gleichen Alter?
- Wird die Gastfamilie die ganze Zeit zur Verfügung stehen?
- Was sind die familiären Regeln in Bezug auf Ausgehen, Fernsehen, Taschengeld?
- Hat die Familie mit Gastkindern Erfahrung?
- Ist der »Guardian« 24 Stunden 365 Tage im Jahr erreichbar?

Tipp 160:

Bei Examen endet das »Term« sehr früh.

In den Schuljahren, die mit Abschlussprüfungen enden, müssen Sie damit rechnen, dass die Absolventen erheblich früher zu Hause sind: Zeit für die Familie, für Partys, Reisen, Praktika, Wehr- oder Zivildienst oder was auch immer. Gammeln muss nicht sein!

Was können Sie tun?

- Fragen Sie Ihr Kind rechtzeitig, was es mit der freien Zeit anfangen möchte.

Tipp 161:

Favorisieren Sie eine Schule, in der die Quote Einheimischer möglichst hoch ist.

Im Gegensatz zu früher, als an den englischen Schulen eine hohe Ausländerquote noch als Zeichen des Versagens gesehen wurde – zeigte es doch, dass man nicht genügend

Einheimische für sich hatte begeistern können –, sind nun Ausländer als Bereicherung willkommen. Wenn eine Schule aber zu viele nicht muttersprachliche Schüler aufnimmt, dann hängen die Schüler der verschiedenen Nationalitäten erfahrungsgemäß in der Freizeit in Cliquen zusammen und lernen alles Mögliche, nur nicht die Sprache des Gastlandes. Das ist eine ungenutzte Chance.

Was können Sie tun?

- Suchen Sie eine englische (oder andere ausländische) Privatschule mit einer niedrigen Ausländerquote, wenn das Kind die Sprache gut lernen soll.

Tipp 162:

Achten Sie auf die Qualifikation der Lehrkräfte für »English as a Foreign Language«.

Das Fach »Englisch für Ausländer« wird an den meisten britischen Internaten für die nicht englischsprachigen Schüler angeboten. Schließlich müssen diese möglichst schnell so gute Sprachkenntnisse erwerben, dass sie dem Unterricht folgen können. »EFL«, wie die Abkürzung lautet, bedeutet zunächst einmal gar nichts. Die unterrichtende Lehrkraft sollte ein »Teaching Diploma« in »EFL« erworben haben.

Vergessen Sie aber nicht, dass – auch wenn Ihr Kind nun optimale Bedingungen für den Fremdspracherwerb hat – Sie bei lausigem Englisch keine Wunder erwarten dürfen. Merkliche Fortschritte sollten sich allerdings nach wenigen Wochen einstellen.

Was können Sie tun?

- Stellen Sie die Sprachkenntnisse Ihres Kindes wahrheits-
  gemäß dar und fragen Sie nach Art und Umfang von
  »EFL«.
- Damit Ihr Kind mehr als nur einen Sprachkurs macht,
  sollten Grundkenntnisse von mindestens vier Schuljahren vorhanden sein. Dazu ein Intensivkurs zu Anfang des
  Aufenthaltes – dann sollte es dem Unterricht spätestens
  nach drei Monaten folgen können.
- Manche Schulen sind aber mit besonderen Programmen
  auch auf geringere Sprachkenntnisse bei den Neuan-
  kömmlingen eingerichtet. Erkundigen Sie sich vor Ort.

Tipp 163:

Eine gute Verkehrsanbindung der Schule ist wichtig.

Den Weg hin und zurück in die Schule werden Sie oft und
Ihr Kind noch öfter zurücklegen müssen. Diese Reise sollte
nicht nervenaufreibend und lang sein. Sie werden auch nicht
komfortabel spontan reisen können, denn wenn die Ferien
beginnen, bleiben die Leute gewöhnlich nicht zu Hause.

Wichtig ist aber auch der Weg in die nächste Stadt. Gibt
es da einen organisierten Transport seitens der Schule, oder
kommen die Kinder auf kreative und gefährliche Lösungen,
um abends ausgehen zu können?

Was können Sie tun?

- Flughafen, Bahnhof oder Busanbindung müssen für Sie
  und auch für das Kind gut zu bewältigen sein. (Es sei

denn, Sie können immer einen Wagen schicken oder wollen zu Ferienbeginn und -ende persönlich chauffieren.)

Tipp 164:

Man kann im Ausland auch auf eigene Faust suchen.

Schulberatungen sind oft nur Vermittlungsagenturen der Schulen, die Sie dafür mit hohen Kommissionen bezahlen.

Man kann auch selbst suchen. Dazu gibt es Hilfen, zum Beispiel für die Suche nach privaten englischen Internatsschulen den jährlich erscheinenden »Good Schools Guide«[87] oder das ebenfalls jährlich überarbeitete »Independent Schools Yearbook«[88]. Diese sind wertvolle, auch online präsente Ratgeber, die die Schulen im Auge behalten und detailliert bewerten. Die Informationen reichen vom Namen des direktorialen Haushundes bis zur Bewertung der akademischen Qualität der einzelnen Fachbereiche und der Qualität der psychologischen Betreuung. Die britische *Times* veröffentlicht jährlich aktualisierte Ranglisten auch im Internet.[89] Allerdings muss Ihr Englisch fließend sein, und Sie müssen ein wenig Zeit mitbringen! Ausgewählte Schulen können Sie dann mit Ihrem Kind nach Terminabsprache besuchen.

Was können Sie tun?

• Informieren Sie sich bei den genannten unabhängigen Ratgebern und besuchen Sie die Schulen.

Tipp 165:

Beginnen Sie rechtzeitig mit der Suche einer Schule im Ausland.

Nach Möglichkeit sollten Sie mindestens ein Jahr vor dem geplanten Schulwechsel das erste Mal mit der Schule im Ausland Kontakt aufnehmen. Das gilt insbesondere, wenn Sie auf eigene Faust suchen und noch eine Auswahl haben möchten, statt bei einer der weniger beliebten Schulen unterzukommen.

Was können Sie tun?

- Sammeln Sie erste Informationen mindestens anderthalb Jahre vor dem Schulwechsel.
- Vereinbaren Sie Ihren ersten Besuch an den in Frage kommenden Schulen mindestens ein Jahr vor dem geplanten Schulwechsel.

Tipp 166:

Geben Sie nicht gleich auf, wenn keine Plätze an Ihrer Wunschschule frei sind.

Die sehr gefragten Schulen im Vereinigten Königreich haben teilweise Wartelisten und nehmen Anmeldungen Jahre vor der geplanten Aufnahme entgegen. »Embryos may be accepted«, witzeln Kritiker dieser Praxis mit ihrem unnachahmlichen britischen Humor. Das heißt aber nicht, dass sich die Eltern, die ihre Kinder dort vorausschauend anmelden, nicht doch später anders entscheiden. Ferner verlassen auch Schüler vorzeitig die Schule, und manchmal werden die Kapazitäten ausgebaut. Es lohnt sich daher oft, es immer wieder zu versuchen, auch wenn die Absagen zunächst frustrierend sind.

Was können Sie tun?

- Bleiben Sie hartnäckig und fragen Sie immer wieder nach einem freien Platz.

Tipp 167:
Sichern Sie sich einen Schulplatz.

Wenn Sie die ausgewählten Schulen besucht und eine Entscheidung gefällt haben, beginnt das Aufnahmeverfahren.

Die Schule wird Sie durch die einzelnen Phasen begleiten. Erst nach einem erfolgreichen Aufnahmeverfahren wird Ihnen ein Schulplatz angeboten.

Was können Sie tun?

- Lassen Sie Ihr Kind registrieren. An manchen Privatschulen in Deutschland werden hier bereits saftige Gebühren fällig, in der Oberliga englischer Privatschulen kostet das Bewerbungs- und Registrierungsformular 25 bis 200 Britische Pfund.
- Überlegen Sie, ob Sie in das Anmeldeverfahren mehrerer Schulen einsteigen, denn die Aufnahmeprüfungen einiger Schulen sind eine große Herausforderung.
- Die Schule(n) wird/werden dann Kontakt aufnehmen und wahrscheinlich einen (englischen) Bericht der momentanen Schule verlangen, den zum Beispiel der Klassenlehrer anfertigt.
- Dann folgen in aller Regel Aufnahmeprüfungen in Deutschland und/oder England – teilweise kann auch die jetzige Schule unter Prüfungsbedingungen einige Tests

durchführen. Sicher aber wird es auch noch Interviews und Vorstellungsgespräche an der neuen Schule geben, wobei auch Sie als Eltern ein wenig unter Beobachtung stehen.

• Nach einiger Zeit kommt dann hoffentlich eine Zusage, verbunden mit einem Vertragsangebot und einer ersten Zahlungsaufforderung.

Tipp 168:

Der Besuch einer Privatschule mit Internat ist (auch) ein vertragliches Geschäftsverhältnis.

Es ist wichtig, dass Sie alle Regeln befolgen, die Sie sonst auch automatisch bei einem Geschäftsabschluss beachten. Ihr Rechte und Pflichten werden in einem Vertrag festgehalten, der von beiden Seiten gekündigt werden kann. Erst nach Vertragsabschluss ist Ihnen ein Schulplatz sicher.

Was können Sie tun?

• Lesen Sie alle Verträge vor der Unterschrift sorgfältig, fragen Sie notfalls nach.
• Zahlen Sie die Rechnungen prompt.

Tipp 169:

Nehmen Sie Ihr Kind ernst, wenn es im Internat unglücklich ist.

Sie sollten selbstverständlich nicht jede Behauptung ungeprüft glauben und sich an der Nase herumführen lassen.

Aber wenn Ihr Kind Sie unglücklich oder gar verzweifelt anruft, dann sollten Sie das ernst nehmen und nicht bloß mit Durchhalteparolen oder abwiegelnd reagieren. Einem Hilfeschrei müssen Sie folgen. Denn dass Ihr Kind sich am Ende aus Verlassenheit und Traurigkeit in Alkohol oder Drogen flüchtet, ist nicht Sinn und Zweck eines Internatsaufenthaltes: Dort soll es stärker und selbstständiger werden, nicht schwächer und verunsicherter!

Insbesondere, wenn Ihr Kind von Mobbing berichtet, sollten Sie schnell reagieren.

Was können Sie tun?

- Reagieren Sie unverzüglich.
- Klärende Gespräche mit dem Kind und den Betreuern bzw. Lehrern.
- Notfalls das Kind abmelden und eine andere Schule suchen.

Tipp 170:
Keine Entscheidung ist endgültig!

Wenn Sie auf der Suche nach einer Schule zu sehr ins Grübeln kommen und wenn Sie Angst vor einer Entscheidung haben, dann machen Sie sich bewusst: Es geht hier zwar um wohl überlegte, nicht aber um endgültige Entscheidungen. Behalten Sie die Nerven! Und fällen Sie Ihre Entscheidungen in dem Bewusstsein, dass es nicht um Leben und Tod geht. Denn unkorrigierbare Fehler können gar nicht gemacht werden. Ein späterer Schulwechsel ist immer noch möglich und wäre auch keine Tragödie.

Was können Sie tun?

- Holen Sie Informationen ein, fällen Sie eine Entscheidung und bleiben Sie gelassen.

Die kleine Checkliste

144. Lege ich zu großen Wert auf den Ruf einer Schule?
    - ❏ Gut: Mir ist bewusst, dass eine berühmte Schule nicht die beste Schule für mein Kind sein muss.
145. Gibt es sinnvolle Freizeitangebote, die meinem Kind Spaß machen?
    - ❏ Schlecht: Schon bei der Schulbesichtigung hängen alle nur »vor der Glotze«.
    - ❏ Schlecht: Die Angebote finden nur »bei Bedarf« statt.
    - ❏ Gut: Am Abend und am Wochenende werden sportliche und kulturelle Aktivitäten angeboten.
    - ❏ Gut: Die Aufenthaltsräume sind nicht reine Fernsehräume.
146. Werden die Schüler in der Freizeit gut betreut?
    - ❏ Schlecht: Mädchen haben keine Ansprechpartnerin und Jungen keinen Ansprechpartner.
    - ❏ Schlecht: Ich lerne bei meiner Besichtigung keinen Betreuer kennen.
    - ❏ Gut: Der/die Betreuer geht auf mein Kind ein.
    - ❏ Gut: Es gibt Betreuerinnen und Betreuer.
    - ❏ Gut: Der Umgang der Betreuer mit den anderen Schülern ist entspannt, aber bestimmt.
147. Kann ich mein Kind jederzeit erreichen?
    - ❏ Schlecht: ein Telefon für 50 Kinder.
    - ❏ Schlecht: nächtliche E-Mails.
    - ❏ Schlecht: nur Briefe.
    - ❏ Gut: Handynummern der Betreuer.
    - ❏ Gut: Kinder dürfen in der Freizeit Handys nutzen.
148. Kann ich den Schulregeln und ihrer Handhabung zustimmen?
    - ❏ Schlecht: Ich finde, dass meinem Kind zu wenig oder zu enge Grenzen gesetzt werden.
    - ❏ Schlecht: Ich finde die geschilderten Reaktionen seitens der Schule zu streng oder gleichgültig.

❏ Gut: Die Hausordnung gefällt mir.

❏ Gut: Ich bin mit dem Umgang mit Disziplinverstößen einverstanden.

❏ Gut: Mein Kind wird gut geschützt.

149. Tritt die Schule negativen gruppendynamischen Prozessen entschieden entgegen?

❏ Schlecht: Das Problem wird totgeschwiegen und mein Kind ist sensibel.

❏ Gut: Es gibt Ansprechpartner.

❏ Gut: Es gibt ein Anti-Mobbing-Training.

150. Sind die Ansprechpartner für die Schüler immer erreichbar?

❏ Schlecht: Keine Ansprechpartner abends, nachts oder am Wochenende vor Ort.

❏ Gut: Auch nachts gibt es eine Aufsicht.

❏ Gut: In Notfällen ist immer schnell Hilfe erreichbar.

151. Sind die Räumlichkeiten akzeptabel?

❏ Schlecht: ungepflegte und lieblose Ausstattung.

❏ Schlecht: Mein Kind ist nicht bereit, die erforderlichen Abstriche bei der Unterbringung hinzunehmen.

❏ Gut: gepflegte Sanitärräume.

❏ Gut: Aufenthaltsräume, die nicht nur aus Sperrholzmöbeln und DVD-Spieler bestehen.

❏ Gut: Schlafräume, die etwas Intimsphäre ermöglichen.

152. Ist die Verpflegung o.k.?

❏ Schlecht: Der Speiseplan ist einseitig.

❏ Gut: Das Essen schmeckt.

❏ Gut: Es gibt auf Wunsch einen Nachschlag.

153. Können sich Schüler Zwischenmahlzeiten zubereiten?

❏ Schlecht: nur ein Süßigkeitenautomat.

❏ Gut: eine frei zugängliche Teeküche.

154. Gehe ich von realistischen Kosten im Ausland aus?

❏ Schlecht: Ich gehe davon aus, dass das Schulgeld die Kosten bis auf kleinere Extras abdeckt.

❏ Gut: Ich weiß, dass die Extrakosten noch höher sind als in Deutschland.

❑ Gut: Ich erhalte frühzeitig eine Anschaffungsliste.

❑ Gut: Ich kann Eltern älterer Kinder fragen.

155. Stimmt die Wahl der Schwerpunktfächer?

❑ Schlecht: Wir haben noch keine Zukunftsvorstellungen, und mein Kind hat keine besonderen Interessen.

❑ Gut: Ich habe mich vor der Anmeldung an einer ausländischen Schule und Wahl der Schwerpunktfächer bei meiner deutschen Schulaufsicht über die Anerkennung des Schuljahres oder des Abschlusses informiert.

❑ Gut: Mein Kind hat schon einen Berufswunsch, und dieser wird bereits bei der Wahl berücksichtigt.

❑ Gut: der international anerkannte Abschluss »IB«.

❑ Gut: die Interessen des Kindes berücksichtigen.

156. Gibt es eine gute Studien- und Berufsberatung im Ausland?

❑ Schlecht: keine Einzelberatungen durch den Berufsberater der Schule.

❑ Gut: Schon vor der Anmeldung wird über die Anerkennung der Abschlüsse und Fächerkombinationen informiert.

❑ Gut: Besuch von Universitäten und Informationen zu Studiengängen.

157. Wird ausreichend geheizt?

❑ Schlecht: Zimmertemperaturen weit unter den gewohnten oder die Empfehlung, Thermounterwäsche mitzubringen.

❑ Gut: Temperaturen um 21 °C/70 °F.

158. Kann ich mich um mein Kind so kümmern, wie es das Internat verlangt?

❑ Schlecht: Ich gehe davon aus, dass außerhalb der Ferien, die ich aus Deutschland kenne, mein Kind im Ausland »versorgt« ist.

❑ Schlecht: Die Schule behält sich bei Problemen vor, das Kind sofort aus dem Internat auszuschließen.

❑ Gut: Bei Problemen kann ich kurzfristig reagieren.

❑ Gut: Ich kann während der zahlreichen Ferienwochen und Feiertage mein Kind aufnehmen und es gut betreuen.

159. Habe ich einen guten »Guardian«?
- ❏ Schlecht: Mein Kind kann die Gastfamilie nicht auf eigenen Wunsch wechseln.
- ❏ Schlecht: kein polizeiliches Führungszeugnis.
- ❏ Schlecht: keine Referenzen.
- ❏ Gut: Verwandte oder Freunde übernehmen diese Pflichten.
- ❏ Gut: Die Erziehung in der Gastfamilie ist transparent und findet meine Zustimmung.
- ❏ Gut: Es gibt Kinder im gleichen Alter.
- ❏ Gut: Die Gastfamilie steht länger zur Verfügung und ist immer erreichbar.
- ❏ Gut: Die Gastfamilie ist versichert.

160. Bin ich richtig über das Ende des Schuljahres informiert?
- ❏ Schlecht: Ich werde vom frühen Schuljahresende überrascht.
- ❏ Gut: Ich erhalte eine Jahresübersicht.
- ❏ Gut: Ich weiß, dass in den Jahrgängen mit Abschlussprüfungen die Schuljahre teilweise erheblich früher enden.

161. Kann mein Kind an der englischen Schule wirklich Englisch lernen?
- ❏ Schlecht: Der Anteil anderer Schüler, die nicht muttersprachliches Englisch sprechen, ist höher als 20 Prozent.
- ❏ Gut: Es gibt nur wenige Schüler, die auch Deutsch sprechen.

162. Wird die englische Sprache angemessen vermittelt?
- ❏ Schlecht: Die unterrichtenden Lehrkräfte haben kein »Teaching Diploma« in »English as a Foreign Language«.
- ❏ Gut: Es gibt nach Leistungsniveau differenzierten englischen Fremdsprachenunterricht.

163. Ist die Schule gut erreichbar?
- ❏ Schlecht: Die Anreise ist kompliziert und zeitraubend.
- ❏ Gut: Mein Kind kann die Anreise gefahrlos allein bewältigen.
- ❏ Gut: Die lokale Anbindung stimmt.

164. Kann ich selbst eine Schule im Vereinigten Königreich suchen?
- ❏ Schlecht: Ich traue mir den Linksverkehr nicht zu.
- ❏ Gut: Ich spreche fließend Englisch.
- ❏ Gut: Ich habe zwei Wochen Zeit für Gespräche und Schulbesuche vor Ort.
- ❏ Gut: Ich informiere mich anhand der englischen Ratgeberliteratur.

165. Habe ich rechtzeitig mit den Vorbereitungen begonnen?
- ❏ Schlecht: Die Suche beginnt überhastet weniger als 12 Monate vor dem geplanten Wechsel.
- ❏ Gut: Ich fange ein Jahr, besser anderthalb Jahre vor dem Schulwechsel mit der Suche an.

166. Bin ich hartnäckig genug bei meiner Suche?
- ❏ Schlecht: Ich begnüge mich mit der ersten abschlägigen Antwort.
- ❏ Gut: Ich frage später noch einmal nach oder lasse mich auf eine Warteliste setzen, wenn die Schule voll ist.

167. Habe ich mir einen Schulplatz gesichert?
- ❏ Schlecht: Ich verpasse Termine.
- ❏ Gut: Ich habe mein Kind registrieren lassen.
- ❏ Gut: Ich lasse mein Kind unter Umständen wegen der anspruchsvollen Aufnahmetests an mehreren Schulen registrieren.
- ❏ Gut: Mein Kind absolviert erfolgreich alle Aufnahmetests.

168. Habe ich meine Interessen gewahrt?
- ❏ Schlecht: Ich unterschreibe etwas, was ich nicht verstehe.
- ❏ Gut: Ich studiere den Schulvertrag sorgfältig.
- ❏ Gut: Ich überweise Rechnungen pünktlich.

169. Reagiere ich richtig auf die Klagen meines Kindes?
- ❏ Schlecht: Ich nehme mein Kind in seiner Not nicht ernst.
- ❏ Gut: Ich kläre in Gesprächen mit der Schule, ob das Problem eventuell gelöst werden kann.
- ❏ Gut: Ich melde mein Kind ab, wenn es unglücklich ist.

170. Mache ich mir zu viel Sorgen?

❏ Schlecht: Ich zögere eine Entscheidung zu lange hinaus.

❏ Gut: Ich überlege meine Entscheidungen gründlich.

❏ Gut: Ich hole mir Rat und Informationen ein.

❏ Gut: Ich weiß, dass ich jede Entscheidung revidieren kann.

5. Kapitel:
Das Krisen-ABC

Wenn in der Schule ein Problem auftaucht, herrscht bei den Eltern, denen das Wohl ihres Kindes am Herzen liegt, Alarmstimmung. Plötzlich wissen sie nicht mehr, ob sie bisher alles richtig gemacht haben, was nun zu tun ist oder wem sie glauben können. Sie sind verunsichert und machen sich vielleicht sogar Vorwürfe.

In diesem Kapitel geht es um solche Krisenfälle. Es enthält Informationen und Tipps zu den Problemen, mit denen Eltern und Schüler im Schulalltag meiner Erfahrung nach häufiger konfrontiert werden. Weil individuelle Fälle auch individuelle Lösungen brauchen, können leider oft keine generellen Empfehlungen gegeben werden. Aber mögliche Lösungsansätze helfen weiter. Und Sie bekommen Vorschläge, an wen Sie sich jeweils wenden können, um sich eingehend fundierten Rat zu holen. Wo es sinnvoll ist, finden Sie in diesem Kapitel auch konkrete weiterführende Literaturhinweise oder hilfreiche Internetadressen.

Noch zwei Tipps vorab:

1. Verfallen Sie nicht in Panik, handeln Sie nicht überstürzt. Es gibt immer eine gute Lösung, die auch noch eine Woche später realisierbar ist.
2. Zögern Sie nicht, sich von erfahrenen Experten – Pädagogen, Beratungslehrern, Kinder- und Jugendpsychologen, Erziehungsberatungsstellen – Unterstützung zu holen.

Abitur

Zur »Allgemeinen Hochschulreife« beraten die Oberstufenberater der einzelnen Gymnasien. Die Berechnungen sind kompliziert und unterliegen fortwährenden Veränderungen. Oft übersehen wird trotz intensiver Beratungen aber, dass das Abitur durch die Einbringung von Kursen zweier Schuljahre mit dem ersten Tag der Kursstufe beginnt. Da verlieren meiner Erfahrung nach die angehenden Abiturienten, die meinen, mit der Abiturprüfung ginge es so richtig los, und sich vornehmen, dann mal zu zeigen, was in ihnen steckt, unnötig Punkte. Sie gehen zu leichtfertig mit den Noten in den Pflicht-Grundkursen um. So schmälern sie ihren eigenen Durchschnitt, der immer noch über die Zulassung zu vielen Studienfächern entscheidet.

Was können Sie tun?

- Informieren Sie sich genau über die Berechnung der Abiturdurchschnittsnote und arbeiten Sie gezielt in den relevanten Kursen.
- Bereiten Sie die Prüfungen mithilfe guter Unterrichtsaufzeichnungen systematisch langfristig vor.
- Halten Sie alle Wahl- und Prüfungstermine gewissenhaft ein.
- Lesen Sie auch »Oberstufenkurswahl« im Krisen-ABC.

ADS/ADHS (Aufmerksamkeitsdefizit-/Hyperaktivitätsstörungen)

Gekennzeichnet sind ADHS-Kinder vor allem durch drei Kernsymptome:

- Aufmerksamkeitsschwäche – zum Beispiel mangelnde Konzentrationsfähigkeit, mangelnde Ausdauer bei Aufgaben, leichte Ablenkbarkeit
- Impulsivität – wie vorschnelles Antworten, nicht abwarten können, bis man an der Reihe ist, in Gespräche oder Spiele unangemessen hineinplatzen, überhastetes und unbedachtes Handeln
- Hyperaktivität – zum Beispiel motorische Unruhe, nicht stillsitzen können, mit Händen und Füßen zappeln

Diese Verhaltensmerkmale zeigen aber viele Kinder, ohne gleich ADHS zu haben. Deshalb ist eine professionelle Diagnose wichtig. Bei »echten« ADHS sind alle Kernsymptome mindestens sechs Monate und in allen Lebensbereichen (also nicht nur in der Schule oder nur beim Spielen) vorhanden. Oft sind die Verhaltensprobleme schon im Kindergarten aufgefallen, und es gibt bedeutsame Beeinträchtigungen beim Lernen in der Schule, beim familiären Miteinander oder beim Umgang mit gleichaltrigen Spielkameraden. ADHS-Kinder oder -Jugendliche nehmen oftmals eine Außenseiterrolle (etwa als Klassenclown oder Sündenbock) ein und sind in hohem Maße auf sich allein gestellt. Viele entwickeln weitere Schwierigkeiten (beispielsweise soziale Isolation, aggressives Verhalten, Lern- und Leistungsstörungen, Schulabbruch, depressives Verhalten und Ängstlichkeit).

Diese Entwicklungen bei »Zappelphilipp« oder »Hans guck in die Luft« – wie man früher treffend sagte – sind aber nicht zwangsläufig, sie können durch eine erfolgreiche Therapie verhindert oder verändert werden. Denn heute sind Aufmerksamkeitsdefizit-/Hyperaktivitätsstörungen wissenschaftlich ausgiebig untersucht worden, zählen sie doch zu den häufigsten Störungen im Kindes- und Jugendalter: Bis

Ende 2008 wurden ADHS bei 500 000 Kindern und Jugendlichen in Deutschland attestiert! Sowohl biologische (genetische) als auch psychosoziale Faktoren tragen zu ihrer Entstehung und ihrem Fortbestehen bei.

Die therapeutischen Interventionen nehmen auf die verschiedenen Lebensbereiche Bezug, denn eine Verbesserung in der Familie geht nicht automatisch mit einer positiven Veränderung auch in der Schule oder im Umgang mit Gleichaltrigen einher. ADHS-Kindern fehlt die Selbststeuerung, sie brauchen mehr und konkretere Anleitung sowie direktere Zuwendung als andere Kinder ihres Alters. Frühzeitige Hilfe birgt die besten Chancen für eine erfolgreiche Therapie und eine zügige Verringerung der Auffälligkeiten!

Wer zahlt die Therapie?

Behandlungen bei Therapeuten mit einer Kassenzulassung werden über die Krankenkasse abgerechnet. Dazu wird bei der zuständigen Krankenkasse eine Verhaltenstherapie beantragt, worauf eine begrenzte Zahl von Therapiesitzungen (etwa 25) genehmigt wird. Bei Therapeuten ohne Kassenzulassung und mit anderer Abrechnungsgrundlage (wie etwa dem Heilpraktiker-Gesetz oder dem Kinder- und Jugendhilfe-Gesetz) wird im Einzelfall die Kostenübernahme geprüft. Auskunft dazu geben die jeweiligen Behandlungsanbieter.

Was bewirken Medikamente?

Die medikamentöse Behandlung der ADHS mit dem Wirkstoff Methylphenidat, der Handelsname lautet »Ritalin«®, ist weit verbreitet, obwohl gravierende Nebenwirkungen auftreten können. Das Medikament verbessert in aller Regel aber nur die Grundvoraussetzungen des Kindes dafür, dass es sich angemessen verhalten kann. So hält es sich eher an die Regeln, weil beispielsweise Ausdauer und Konzentration zunehmen. Dennoch soll die Behandlung nicht ausschließlich auf einer Medikation beruhen, denn die Symptome sind nach Absetzen des Medikaments oder Abklingen der Wirkung zumeist unverändert vorhanden. In anderen Worten: Mangelnde Fähigkeiten und Kompetenzdefizite beim ADHS-Kind werden dadurch nicht zwangsläufig aufgehoben! Insofern ist die Medikation nur ein Behandlungsbaustein unter anderen. Die Entscheidung für eine medikamentöse Therapie der ADHS muss von erfahrenen Fachärzten (Kinder- und Jugendpsychiatern oder Fachärzten für Kinder- und Jugendpsychotherapie) nach einer sorgfältigen Diagnostik getroffen werden. Bei Vorschulkindern wird generell nur in Ausnahmen zur medikamentösen Behandlung geraten.

Was können Sie tun?

- Behalten Sie die Gesamtentwicklung der betroffenen Kinder und Jugendlichen im Blick: Wie entwickeln sich die Beziehungen des Kindes/Jugendlichen zu Gleichaltrigen und Bezugspersonen? Werden wichtige Entwicklungsschritte (zum Beipiel Übernahme familiärer Verpflichtungen, Entwickeln von Interessen und Hobbys) angemessen bewältigt? Kommen zusätzliche Probleme dazu (beispielweise beim Lernen)? Spätestens dann, wenn sich in diesen Punkten negative Entwicklungen abzeichnen, sollte man Kontakt zu einem Therapeuten aufnehmen.
- Weil eine sorgfältige Diagnose und individuelle Therapieplanung eng miteinander zusammenhängen, sollte die Diagnose durch den gleichen Therapeuten gestellt werden, der später auch die Behandlung übernimmt.
- Die Diagnose und Therapie sollten von verhaltenstherapeutisch ausgebildeten Kinder- und Jugendpsycho-

therapeuten durchgeführt werden. Aber auch Fachärzte für Kinder- und Jugendpsychotherapie oder Kinder- und Jugendpsychiater, Diplom-Pädagogen, Diplom-Heilpädagogen und andere Berufsgruppen führen die Behandlung durch. Man sollte in diesem Fall darauf achten, dass eine verhaltenstherapeutische Zusatzausbildung absolviert wurde.

- In der Therapie werden Sie ein Elterntraining erhalten, um Ihr Kind besser unterstützen zu können. Arbeiten Sie aktiv mit!

Wie sollte die Schule idealerweise ADHS-Kinder unterstützen?

- Durch kleine Klassen oder bei mehreren Kindern mit ADHS durch deren Aufteilung in verschiedene Klassen.
- Das Kind mit ADHS sollte eine Sitzplatzposition in der Nähe zur Lehrperson erhalten, um leicht und unaufwendig angesprochen werden zu können.
- Es sollte einen Sitzplatz haben, der nicht so viele Ablenkungen mit sich bringt, und neben einem eher ruhigen und unauffälligen Kind sitzen.
- Der Unterricht sollte strukturiert und abwechslungsreich sein.
- Wichtig sind klare Regeln mit direkten Konsequenzen bei Beachtung und Nichtbeachtung.
- Der Lehrer sollte das Kind häufig und unmittelbar loben.
- Dem Kind sollten Teilaufgaben gegeben und deren Fortschritt überwacht werden.
- Das Kind sollte zur Selbstkontrolle angehalten werden.
- Es sollte einen regelmäßigen Kontakt zwischen Eltern und Schule geben.

- Oft muss man auch über die weitere Beschulung des betroffenen Kindes nachdenken (zum Beispiel die Wahl des Schultyps). Denn Lehrer-Trainings zum Umgang mit ADHS werden nicht in ausreichendem Maße an allen Schulen durchgeführt.

Literatur und hilfreiche Informationen:

- »ADHS-Behandlungswegweiser NRW. Broschüre für Eltern, Erzieher sowie Lehrkräfte und alle Personen, die darüber hinaus mit auffällig unruhigen Kindern zu tun haben.« Die Broschüre wurde vom Lehrstuhl für Psychologie und Psychotherapie in der Heilpädagogik an der Universität zu Köln erstellt und beschreibt Ursachen sowie Therapiemaßnahmen. Es gibt ein Therapeutenverzeichnis für NRW, Download unter »www.gesundheit.nrw. de«, Stichwort »ADHS«.
- Adam Alfred, Stefanie Eiden, K. Werner Heuschen und Astrid Neuy-Bartmann: *Die Aufmerksamkeitsdefizit-/Hyperaktivitätsstörung (ADHS) und ihre Begleiterkrankungen (Legasthenie, Rechenschwäche u.a.).* Eine Informationsschrift für Kinder, Jugendliche und ihre Eltern, Erwachsene, Lehrer und Therapeuten, hg. v. ADHS-Zentrum München, Norderstedt: BoD 2007.
- Manfred Döpfner, Jan Frölich, Tanja Wolff Metternich: *Ratgeber ADHS: Informationen für Betroffene, Eltern, Lehrer und Erzieher zu Aufmerksamkeitsdefizit-/Hyperaktivitätsstörungen, Göttingen:* Hogrefe-Verlag 2007.

Alkohol und Co.

Alkohol ist ein gesellschaftliches Problem und ein verbreitetes Problem unter Jugendlichen, das sich auch mit der Einführung der Sondersteuer auf Alcopops Ende 2004 keineswegs erledigt hat. »Komasaufen«, verbreitet unter Schülern aller Schultypen, steht immer wieder in den Schlagzeilen und kennzeichnet die Spitze des Eisberges.

Die Bundeszentrale für gesundheitliche Aufklärung hat in einer aktuellen Studie den Alkoholkonsum von Jugendlichen in den Jahren 2004 bis 2007[90] untersucht. Danach stieg die pro Kopf konsumierte Alkoholmenge bei den 12- bis 17-jährigen Jugendlichen seit 2005 wieder, vor allem durch den »vermehrten Konsum von Bier, bier- bzw. weinhaltigen Mischgetränken sowie Spirituosen« und »besonders deutlich bei den männlichen Jugendlichen im Alter von 16 und 17 Jahren«. Aber auch »der Anteil der 12- bis 17-jährigen Jugendlichen, die im letzten Monat mindestens einmal an einem Tag fünf oder mehr Gläser alkoholhaltiger Getränke trinken (Binge-Trinken)« stieg »deutlich an und beträgt nun 26 %«.[91]

Die Schule allein kann dem nicht Herr werden. Zwar ist Alkoholgenuss auf Schulveranstaltungen verboten, aber wie soll das durchgesetzt werden? Es ist schlichtweg ein Ding der Unmöglichkeit, Schüler, die sich betrinken wollen, rund um die Uhr so zu kontrollieren, dass das verhindert werden könnte. Nächtliche Balanceübungen alkoholisierter Jugendlicher auf der Staumauer – die Lehrkraft glaubte die Schüler nach ihrem Kontrollgang schlummernd im Bett –, werden manchmal von den Mädchen der Klasse beendet, die aus lauter Verzweiflung bis dahin ihren Alkoholrausch nur vorgetäuscht hatten, um nicht uncool zu wirken, und schlagartig nüchtern waren. Was soll eine Begleitperson machen, deren Schüler auf der Klassenfahrt Wodka in Wasserflaschen gefüllt haben? Immer alles durchsuchen? Sie kann die Minderjährigen wegen ihrer Aufsichtspflichten auch nicht allein in den Zug oder Flieger setzen und muss, falls sie es doch tut, damit rechnen, auf den Kosten sitzen zu bleiben.

Was können Sie tun?

- Unterstützen Sie die Schule bei allen ernsthaften Bemühungen, Alkoholverbote durchzusetzen.
- Glauben Sie es, wenn Sie auf Alkoholexzesse Ihres Sohnes oder Ihrer Tochter angesprochen werden.
- Halten Sie sich nicht mit der Schuldfrage auf und glauben Sie nicht, dass Sie regelmäßiges Trinken eines Heranwachsenden allein abstellen können.
- Nehmen Sie mit Ihrem Hausarzt oder einer Suchtberatung Kontakt auf und klären Sie ab, welches Problem vorliegt und wie man es angeht.

Amoklauf

Amokläufe an Schulen auch in Deutschland gehören trauriigerweise in fast regelmäßigen Abständen zur Realität. Trittbrettfahrer, die mit ihren Drohungen Eltern und Schüler in tiefe Angst versetzen, sind leider noch häufiger, werden aber von der Presse dankenswerterweise eher ignoriert. Polizei, Kultusministerien und Schulleitungen haben längst überall Notfallpläne für den Fall der Fälle aufgestellt und Fortbildungen initiiert bzw. absolviert, die sie aber aus verständlichen Gründen nicht bis ins letzte Detail veröffentlichen.

Ich möchte hier vor allem auf die Situation eingehen, die die Masse der Schüler betrifft: die oft nervenaufreibende Konfrontation mit einem Amoklauf an einer anderen Schule. Anschließend schreibe ich kurz etwas zu den Verhaltensmaßregeln beim Amoklauf selbst.

Blutbäder an Schulen und die Berichterstattung darüber ängstigen vor allem jüngere Schüler stark, verunsichern und schockieren aber auch ältere Jugendliche. Ziel muss es deshalb sein, den Schülern wieder Sicherheit zu geben und jede Hysterie zu vermeiden. Wichtig ist es, diese besondere Gelegenheit auch zu nutzen, um einen pfleglichen sozialen Umgang in der Klasse zu betonen. Es sollte überlegt werden, wie sinnvollerweise auf Außenseiter eingegangen werden kann und wie man sich gut verhält, wenn man einen konkreten Verdacht hegt. Denn die Prävention, eine intakte Klassengemeinschaft und das Angehen von Problemen – nicht das Unter-den-Teppich-Kehren – sind die wichtigsten Lehren aus diesen schrecklichen Vorkommnissen. Als Nächstes müssen die Schule und die Eltern nach einem Amoklauf alles tun, um Trittbrettfahrer zu verhindern. Ein Fehlalarm – von dem sich die naiven »Witzbolde« einen spannenden Vormittag oder den Entfall einer Prüfung erhoffen – ist für die betroffen Kinder einer Schule und deren Eltern nämlich kein Spaß! Und Fehlalarme gab es nach jedem Amoklauf im Überfluss.

Zum Amoklauf selbst möchte ich Ihnen an dieser Stelle etwas von dem, was ich als Schulleitung auf einer Fortbildung eines Polizeipräsidiums erfahren habe, als Tipp mitgeben.

Der Täter oder die Täter sind in aller Regel nicht ansprechbar und in einem psychologischen Ausnahmezustand, den sie nur begrenzte Zeit aufrechterhalten können. Deshalb hilft es nur, sich zu verstecken, zu verbarrikadieren oder – wenn möglich, also Deckung vorhanden ist – zu fliehen. Die Lehrer der Schulen sollten in regelmäßigen Abständen über die Notfallpläne, die sich am Gebäude einer jeden Schule orientieren müssen, informiert werden. Sie werden im Fall des Falles in aller Regel über eine Durchsage informiert, die so gestaltet ist, dass die Schüler sie nicht identifizieren können. Das geschieht, um eine Panik in der Klasse erst mal zu verhindern und handlungsfähig zu bleiben. Natürlich gibt es keinen Amok-Probealarm, das wäre weder gruppendynamisch noch angesichts der Tatsache, dass die Täter ja in aller Regel der Schulgemeinschaft angehör(t)en, empfehlenswert. Kurzum: Es ist eine schreckliche Situation, die wir uns nicht gern vorstellen, aber in der man doch seine Chancen durch kluges Verhalten verbessern kann. Führen Sie sich jetzt bitte auch noch einmal die geringen Wahrscheinlichkeiten eines solchen Vorkommnisses vor Augen.

Was können Sie tun?

- Schüren Sie nicht die Ängste Ihres Sohnes/Ihrer Tochter, aber geben Sie tatsächlich vorhandenen Gefühlen Raum.
- Beruhigen Sie. Weisen Sie auf die sehr geringe Wahrscheinlichkeit hin, von einem Amoklauf betroffen zu sein.
- Achten Sie in der Klasse Ihres Sohnes auf Außenseiter oder Sündenböcke. Überlegen Sie gemeinsam mit dem Klassenlehrer, wie durch Aktivitäten und Projekte eine gute Gemeinschaft und ein angemessener Umgang miteinander gefördert werden können.
- Interessieren Sie sich für die Sorgen Ihres Nachwuchses, seinen Freundeskreis und dafür, was er mit dem Computer macht.
- Ein Verdacht gehört diskret behandelt: Klassenlehrer, Beratungslehrer und Schulleitung sind geeignete Ansprechpartner.
- Sprechen Sie mir Ihrem Kind bei Gelegenheit auch einmal über das, was ein Fehlalarm bedeutet: Menschen haben Angst, ein Schulverweis ist so gut wie sicher, und die Kosten des Polizeieinsatzes werden vom Täter oder seinen Eltern zurückgefordert.

Atteste werden ignoriert

Fall 1: Ihre Tochter bricht sich den Arm, sie kann aus offensichtlichen Gründen für längere Zeit nicht aktiv am Sportunterricht teilnehmen. Der Sportlehrer gibt ihr deshalb nicht die Note »gut«, die bisher ihren Leistungen entsprochen hätte. Begründung: »Du hast ja jetzt weniger geleistet als die anderen.« Darf er das?

Fall 2: Bei einem Schüler wird ein Gutachten über eine Lernstörung nicht bei der Benotung berücksichtigt, das »interessiere« nicht, heute hätte ja jeder faule Schüler angeblich eine Lernstörung.

Fall 3: Genauso schlimm ist der umgekehrte Fall: Eine nachgewiesene Hochbegabung wird mit einem Verweis auf die schlechten Schulnoten bezweifelt, obwohl schlechte Schulnoten für hochbegabte »Underachiever« geradezu typisch sind.

Was können Sie tun?

- Eine vorübergehende Erkrankung im Sport darf sich nicht auf die Note auswirken. Allein die Leistung, die erbracht wurde, zählt. Um der Gerechtigkeit Genüge zu tun, kann ein Zeugnisvermerk über attestierte Fehlzeiten eingefügt werden: Werden Sie bei der Schulleitung vorstellig, falls der Sportlehrer das anders sieht.
- Im Abitur müssen Sportprüfungen nach der Genesung in aller Regel nachgeholt werden.
- Lernstörungen und Hochbegabungen erfordern besondere pädagogische Maßnahmen. Bestimmte Lernstörungen – wie Lese-Rechtschreib-Schwäche – müssen unter Umständen auch bei der Notengebung berücksichtigt

werden. Gehen Sie erst zur Klassen-, dann zur Schulleitung. Informationen erhalten Sie auch bei Beratungsstellen und Selbsthilfegruppen vor Ort. (Siehe hier auch die jeweiligen Stichpunkte im Krisen-ABC).

Bilder im Internet

Früher war alles einfacher, da war Mobbing unter Schülerinnen und Schülern begrenzt auf den Klassenraum, die Schule, den Schulweg. War das Opfer zu Hause, dann war es vorbei. Heute aber gibt es das Internet. Damit ist Mobbing nicht mehr räumlich und zeitlich begrenzt. Wenn es dumm läuft, dann kommen die Bilder, die heimlich im Umkleideraum oder auf dem Klo gemacht werden, dank medienkompetenter Schüler binnen Sekunden ins Internet, wo sie – wenn es ganz dumm läuft – auf immer vagabundieren. Noch schlimmer sind halbnackte Partybilder oder intime Ansichten, die (meistens) der Ex ins Netz stellt.

Der niedersächsische Kriminologe Christian Pfeiffer hat bei einer Umfrage unter Jugendlichen in Hannover erfahren, dass 2,9 Prozent aller Jugendlichen bzw. 15,7 Prozent der Opfer im Bereich Körperverletzung und sexuelle Gewalt/Belästigung Erfahrungen mit dem Fotografieren bzw. Filmen von Übergriffen machen mussten. Bei jeder zehnten Körperverletzung wurde fotografiert oder gefilmt, ebenso bei jeder dreizehnten sexuellen Tat.[92]

Noch schlimmer ist das »Happy Slapping«: Kinder, Jugendliche oder andere Menschen werden bewusst angegriffen und gefilmt, um das Geschehen im Internet einer breiten Öffentlichkeit zugänglich zu machen. Je brutaler oder ekliger die Bilder und Videos sind, umso mehr Anerkennung ernten sie in der Szene. Das Opfer erleidet nicht nur körperliche Blessuren, sondern auch tiefe psychische Verletzungen. Die Täter aber kompensieren so eigene Schwächen und Kränkungen. Oder sie langweilen sich einfach nur.

Alle Geschehnisse haben eine juristische, eine psychologische und eine erzieherische Dimension. Und auf all diesen Ebenen muss die Sache angegangen werden:

- Pädagogisch gesehen handelt es sich um eine extreme Form von Mobbing. Hier gilt das, was auch unter diesem Stichwort gesagt wird. Außerdem muss den Tätern durch geeignete medienpädagogische Maßnahmen ein verantwortungsvoller Umgang mit den modernen Kommunikationstechniken verdeutlicht werden – am besten präventiv, bevor der erste Fall an der Schule auftritt.
- Psychologisch muss das Opfer geschützt und gestärkt werden. Idealerweise sollte am Ende ein Opfer-Täter-Ausgleich stehen. Falls die Täter aber unerkannt bleiben, muss erwogen werden, ob nicht ein Klassen- oder Schulwechsel im Interesse des Kindes sinnvoll wäre.
- Juristisch kann gegen die Weiterverbreitung aller Bilder, die ohne Einwilligung des Abgebildeten ins Netz gestellt werden, vorgegangen werden. Falls die Täter nicht selbst schnellstens das Corpus Delicti aus dem Netz nehmen, muss der Provider das tun.[93]

Ist eine Anzeige bei der Polizei ratsam?

Bei minderjährigen Kindern können Sie als Erziehungsberechtigte Anzeige erstatten. Volljährige Schüler müssen das selbst tun. Das empfiehlt sich insbesondere dann, wenn die Täter oder deren Eltern nicht einsichtig oder erst mal nicht zu fassen sind. Sie glauben nicht, wie heilsam es für viele Schüler ist, wenn die Polizei sie zum Gespräch vor-

lädt! Auch wenn die Ermittlungen nicht erfolgreich sind –
die Wahrscheinlichkeit, dass es zu einer Wiederholung
kommt, ist so viel geringer.

Welche Folgen hat eine Anzeige?[94]

- (Gefährliche) Körperverletzung wird vom Jugendgericht
  hart bestraft (§§ 223, 224 StGB).
- Strafbar ist nicht nur das Herstellen, sondern auch das
  Verbreiten von Gewaltvideos (§ 131 StGB).

Eltern machen sich strafbar,

- wenn sie zulassen, dass ihre Kinder solche Gewaltvideos
  im Handy oder zu Hause im Computer haben.
- wenn sie zulassen, dass ihre Kinder diese Videos anderen Kindern zeigen.
- wenn sie zulassen, dass ihre Kinder Gewaltvideos an andere Kinder weitergeben (§ 15 Jugendschutzgesetz).

Auf jeden Fall können Sie mit Recht erwarten, dass vonseiten der Schule alles getan wird, um solche Vorfälle zu unterbinden und Sie und Ihr Kind zu unterstützen.

Was können Sie tun?

- Sorgen Sie dafür, dass die Bilder schnellstmöglich aus
  dem Netz genommen werden – entweder durch den
  Provider oder die Täter.
- Stärken Sie Ihr Kind, das mit großen Schamgefühlen, Wut
  und Verletzung zu kämpfen hat. Machen Sie ihm klar,
  dass es jeden hätte treffen können, dass Sie zu ihm stehen und die anderen dafür bestraft werden.

- Helfen Sie Ihrem Kind zusammen mit dem Klassenlehrer, und zögern Sie nicht, psychologische Beratung in Anspruch zu nehmen.
- Denken Sie auch über einen Schulwechsel nach, falls es zu keiner befriedigenden Lösung kommt.
- Sprechen Sie mit der Schulleitung. Verlangen Sie die Bestrafung der Täter. Eine normale Strafarbeit oder zwei Tage »Nachsitzen« reichen auf keinen Fall aus.
- Bei Körperverletzung schalten Sie die Polizei ein und erstatten Sie Anzeige.

Hilfreiche Informationen:

- www.neukoelln-jugend.de/medienschutz.
- Rat für Kriminalitätsverhütung in Schleswig-Holstein (Hg.): *Happy Slapping und mehr.* Brutale menschenverachtende oder beleidigende Bilder auf Handys, Kiel o.J., unter: www.datenschutzzentrum.de/schule/happy-slapping. pdf.

Bullying
Siehe »Mobbing«.

Cybersucht
Siehe »Internetsucht«.

Diebstahl
Mehr als jeder dritte Viert- bis Siebtklässler an allen Schularten wird Opfer eines Diebstahls.[95] Diese kommen häufiger in Hauptschulen als in Realschulen und Gymnasien vor. Gut, dass es sich dabei in der Regel um kleinere Delikte

handelt, denn 53 Prozent der Diebstähle entfallen auf Kleinigkeiten wie Schreibutensilien oder Bücher. Dabei ist die Grenze zwischen tatsächlichen Diebstählen und der Nachlässigkeit der Besitzer fließend. Schwerwiegender sind die 23 Prozent aller Fälle, in denen Geld oder die komplette Geldbörse gestohlen wurde. Auch Kleidungsstücke gehören mit 19 Prozent zu den beliebteren Beutestücken – gefolgt von Schmuck, Handys (sechs bzw. fünf Prozent) und Zubehör (vier Prozent). Erstaunlich ist, dass zwischen den Bundesländern Unterschiede hinsichtlich des bevorzugten Diebesguts bestehen. Langfinger in Nordrhein-Westfalen und Bremen bevorzugen Schulsachen, in Niedersachsen lockt dagegen Bargeld.

Was können Sie tun?

Wenn Ihr Kind beklaut worden ist:

- Es der Klassenlehrerin oder der Schulleitung melden. Die gehen dann auf die Suche und beobachten die weitere Situation in der Klasse genauer.
- Bei größeren Diebstählen – wie dem vor der Schule abgestellten Fahrrad – sollten Sie eine polizeiliche Anzeige erstatten. Nur so werden die Polizeistreifen verstärkt. Eine eventuell privat abgeschlossene Versicherung zahlt das Fahrrad. (Von der Schule gibt es nichts.)
- Sie sollten Ihrem Sohn/Ihrer Tochter einschärfen, besser auf die eigenen Sachen aufzupassen, die Schließfächer zu benutzen und die Lehrer zu bitten, in den Pausen das Klassenzimmer abzuschließen.
- Gehört der überführte oder geständige Täter zur Klassengemeinschaft, dann sollte er bei kleinen Diebstählen nicht kriminalisiert werden. Arbeiten Sie mit der Klassen-

lehrerin und nach Möglichkeit auch mit den Eltern dieses Kindes zusammen (siehe auch unten: »Wenn Ihr Kind tatsächlich der Langfinger war«).

Wenn Ihr Kind zu Unrecht verdächtigt wird:

- Eruieren Sie, wie es zu dem Verdacht kam: Durch unglückliche Zufälle – dann versuchen Sie den Verdacht in Gesprächen mit dem Bestohlenen und der Klassenlehrerin auszuräumen, und trösten Sie Ihr Kind. Durch eine Intrige – dann schlagen Sie unter dem Stichwort »Mobbing« nach.

Wenn Ihr Kind tatsächlich der Langfinger war:

- Erliegen Sie nicht der Versuchung, den eindeutigen Diebstahl Ihres Kindes zu decken, das schafft nur Folgeprobleme.
- Machen Sie Ihrem Kind unmissverständlich klar, dass auch das Stehlen kleinerer Dinge kein Kavaliersdelikt ist, sondern dass es an den Grundpfeilern des sozialen Miteinanders rüttelt: »Was du nicht willst, das man dir tu', das füg auch keinem andern zu ...«
- Finden Sie den Grund für den Diebstahl! Oft ist es gar nicht die Gier, einen bestimmten Gegenstand besitzen zu wollen, sondern zum Beispiel eine Mutprobe, ein Racheakt, das Bedürfnis, Macht auszuüben, Langeweile usw. Diese Ursachen sollten Sie genau betrachten, damit Sie Ihr Augenmerk nicht auf die Symptome richten (das Stehlen), sondern auf die Ursache.
- Es klingt komisch, aber auch den Tätern müssen positive Emotionen wie Selbstwertgefühl vermittelt werden. Nur so können sie sich beispielsweise dem Gruppendruck widersetzen.

- Ohne Strafe (nicht nur vonseiten der Schule, auch durch Sie) geht es nicht. Kinder und Jugendliche ändern ihr Handeln nicht nach langen Schimpftiraden, sondern aufgrund schmerzlicher Konsequenzen. Achten Sie dabei aber darauf, dass Ihre Sanktionen mit dem Vorfall zu tun haben. Wenn Ihr Sohn oder Ihre Tochter Sportschuhe im Umkleideraum geklaut hat, um auf einer Party besonders cool zu sein, werden für zwei Monate alle Partys gestrichen, nicht der Fernsehkonsum. Da lassen Sie auch keine Diskussionen zu. Am besten, Sie stellen es ruhig und eindeutig klar. Er/sie kann eine Weile nicht mit, Schluss.

Disziplinprobleme

Ihr Kind hält sich in der Schule nicht an die Regeln: Es plappert dazwischen, bleibt nicht auf seinem Platz sitzen, kriecht im Unterricht gar auf allen vieren durch den Klassenraum und kläfft dabei wie ein Hund – im Alter von 15 Jahren! Es piesackt oder bedroht andere Schüler. Oder es muss in jeder Stunde den Klassenclown spielen.

Wenn die Probleme so extrem sind, werden die Lehrkräfte reagieren, sie werden Ihnen schreiben, Sie anrufen oder zu einem Gespräch bitten. Strafarbeiten, Nachsitzen oder Ausschluss von Schulaktivitäten sind neben einer schlechten Verhaltensnote oder einschlägigen Zeugnisbemerkungen weitere Folgen. Unangenehmer für den Rest der Klasse und für die Lehrkräfte ist es, wenn die Regeln ganz geschickt immer bis an die Grenzen strapaziert werden, so dass der Unterricht nicht mehr gut verläuft, aber die Verursacher nur schwer zur Verantwortung gezogen werden können.

Welche Möglichkeiten der Intervention hat die Schule?

- *Pädagogische Maßnahmen:* Ermahnung, Ändern der Sitzordnung, Gespräche, Extra-Aufgaben, in manchen

Bundesländern auch der Verweis vor die Tür oder die Platzierung in einem Raum mit einer gesonderten Aufsicht. Schriftliche Zielvereinbarungen gehören auch dazu.

- *Ordnungsmaßnahmen:* Anwesenheitspflicht und Übernahme von Aufgaben außerhalb der Unterrichtszeit, zeitweise Ausschluss vom Unterricht oder von Klassenfahrten, (Androhung der) Versetzung in eine Parallelklasse, (Androhung des) Schulverweis(es).

Entgegen anders lautender Gerüchte ist es nicht so, dass alle Stufen nach einem »Treppchenmodell« durchlaufen werden müssen. Wenn ein besonders schwerer Disziplinverstoß erfolgt, kann nach der Maßgabe der Verhältnismäßigkeit auch eine strengere Ordnungsmaßnahme erfolgen: Wird zum Beispiel ein Mitschüler mutwillig schwer verletzt, dann wird eine Strafarbeit nicht ausreichen.

Wichtig ist, dass die Schule immer zuerst auf eine Verhaltensänderung und Einsicht zielt. Gewinnt die Schulleitung dabei aber den Eindruck, dass dieses nicht erfolgreich ist, wird sie zu strengeren Mitteln greifen, denn sie muss die anderen Schüler, deren Eigentum und das der Schule schützen. Sie wird versuchen, sich ein umfassendes Bild zu machen, und zu Anhörungen einladen – Gespräche mit dem Kind und den Eltern. Hier werden Möglichkeiten der Zusammenarbeit ausgelotet und nachgeforscht, wo Ursachen und Veränderungsmöglichkeiten liegen. Bei weitergehenden Maßnahmen wird auch die Schulkonferenz beteiligt.

Was können Sie tun?

- Arbeiten Sie mit der Schule zusammen und versuchen Sie, die Regeln konsequent durchzusetzen.

- Bei wiederholten Vorfällen, bei denen Ihr Kind sich aber immer als unschuldig darstellt, sollten Sie mehr der Schule als Ihrem Kind glauben.
- Suchen Sie die Ursache: Ist das Flegelverhalten nur auf einzelne Fächer oder Lehrkräfte beschränkt? Besteht eine Über- oder Unterforderung? Sucht sich Ihr Kind gezielt die schwächsten Lehrer raus? Oder ist die gesamte Unterrichtszeit betroffen? Sind besondere familiäre Umstände der Auslöser? Liegen vielleicht behandlungsbedürftige Aufmerksamkeitsstörungen vor?
- Folgen Sie gegebenenfalls der Bitte der Schule, eine schulinterne oder unabhängige psychologisch-pädagogische Beratung aufzusuchen.

Als Eltern der betroffenen Klassenkameraden:

- Ermutigen Sie die Schule, gegen das Flegelverhalten im Interesse der anderen Schüler der Klasse konsequent vorzugehen.
- Zeigen Sie Ihrem Sohn/Ihrer Tochter, dass Ihnen die Schule und gutes Sozialverhalten wichtig sind, reden Sie mit ihm/ihr über die Folgen und Ursachen solcher Verhaltensweisen, um Nachahmungseffekte zu verhindern.

Dyskalkulie
Siehe »Rechenschwäche«.

Eingliederung
Die Eingliederung in eine neue Klasse oder Schule, egal aus welchem Grund – Umzug, Schulwechsel, Schulverweis, Wiederholung oder Überspringen einer Klassenstufe – kann

dem Nachwuchs durch einige umsichtige Maßnahmen erleichtert werden.

Was können Sie tun?

- Ein Tag in der neuen Klasse vor Beginn des Schuljahres nimmt Ängste.
- Der Stundenplan sollte vor dem ersten Tag bekannt sein, auch ein Besuch im Schulgebäude möglichst mit einer Schulführung hilft.
- Kontaktieren Sie die Klassenlehrerin vor dem ersten Schultag. Stellen Sie Ihr Kind vor und bitten Sie sie, einen Paten und Sitznachbarn für die Begleitung in den ersten Tagen zu finden. (Jemanden, der hilfsbereit ist und vielleicht sogar ein ähnliches Hobby hat.) Bei einem chaotischen Kind, das Schwierigkeiten mit seiner Arbeitssystematik hat, ist ein guter Schüler gleichen Geschlechts als Nachbar günstig.
- Informieren Sie die neue Klassenlehrerin oder den neuen Klassenlehrer über Besonderheiten Ihres Kindes, wie außergewöhnliche Schüchternheit, Krankheiten etc. und gegebenenfalls über besondere familiäre Belastungen.

Einschulung in die Grundschule

Über die Kriterien für eine gute öffentliche oder private Schule ist in diesem Buch schon ausführlich geschrieben worden. Viele Eltern fragen sich aber auch, welcher Einschulungszeitpunkt für ihr Kind richtig ist: Fünf bis sieben Jahre ist die Spannbreite für Einschulungen in Deutschland. In anderen Ländern mag der erste Schultag erheblich früher sein, dort sind die Schulen aber auch auf jüngere Kinder eingerichtet.

In Deutschland sind die einzelnen Bundesländer in Bezug auf die frühere oder spätere Einschulung unterschiedlich flexibel, einige Bundesländer gehen dazu über, das Einschulungsalter auf fünf Jahre vorzuverlegen, was von vielen Fachleuten positiv gesehen wird. Sie können sich im Sekretariat einer nahe gelegenen Grundschule oder auf den Seiten der Kultusministerien über Ausnahmen informieren.

Generell sind Kinder schulfähig, wenn sie gesund sind und sowohl in Bezug auf ihre kognitiven Fähigkeiten (Sprache, Wahrnehmung, Merkfähigkeit) als auch hinsichtlich ihrer sozialemotionalen Entwicklung weit genug entwickelt sind: Sie müssen in der Lage sein, in einer Gruppe zurechtzukommen, und sie brauchen soziale Kompetenzen wie etwa auf andere Rücksicht nehmen, zuhören und Kontakte knüpfen können.

Was können Sie tun?

- Sprechen Sie mit anderen Eltern, fragen Sie die Erzieherinnen, und lassen Sie sich von der aufnehmenden Grundschule beraten. Wenn Sie das normale Einschulungsverfahren durchlaufen und die Empfehlung des Grundschullehrers beachten, sollten Sie mit Ihrer Entscheidung auf der sicheren Seite sein.
- Ist Ihr Kind hochbegabt, aber sozialemotional noch nicht reif genug, empfehle ich die Einschulung nicht vor dem Alter von sechs, dafür aber auf jeden Fall gleich in die zweite Klasse.
- Ist das Kind sehr schüchtern und ängstlich, dann sollten Sie lieber bis zum siebten Lebensjahr warten.
- Überlegen Sie, ob Ihr Kind ohne die Kindergartenfreundschaften bleiben soll.

- Fünfjährige, die schon lesen können, Zeichen der Hochbegabung aufweisen und genug Selbstbewusstsein haben, können schon in die Schule.

Elternrechte werden ignoriert

Eltern haben als Erziehungsberechtigte gesetzlich verbriefte Rechte. Die wichtigsten in Bezug auf Schule sind:

- Das Aufenthaltsbestimmungsrecht: Die Eltern entscheiden, ob Minderjährige auf Klassenfahrt mitfahren, und Eltern müssen informiert werden, wenn der Nachwuchs – aus welchen Gründen auch immer – nicht im Unterricht ist.
- Die Schulwahl.
- Informationsrechte bezüglich der Entwicklung ihres Sohnes/ihrer Tochter in der Schule, der Unterrichts-, Klassen- und Schulaktivitäten.
- Mitbestimmungsrechte: beim pädagogischen Schulkonzept und Klassenaktivitäten.
- Anhörungsrechte bei Disziplinverstößen.

Werden diese Rechte systematisch verweigert und bleibt die Schulleitung in Gesprächen unzugänglich, ist das ein Grund für eine Dienstaufsichtsbeschwerde und kann dazu führen, dass ein Beschluss der Schule nicht in Kraft treten darf, bis diese Elternrechte zugestanden worden sind.

Was können Sie tun?

- Informieren Sie die Elternvertretung der Schule.
- Informieren Sie sich bei Ihrem Landeselternbeirat über die Rechtslage, falls Sie der Schulleitung nicht trauen.

- Wenden Sie sich an die vorgesetzte Behörde. Das sind Schulämter, Oberschulämter oder die Schulabteilungen der Regierungspräsidien bzw. Bezirksregierungen.
- Bei weitreichender Missachtung von Elternrechten (Schulkonferenzen werden nicht einberufen, Spenden verschwinden, die Schulleitung verweigert von Anfang an jedes Gespräch) wenden Sie sich auch an die Presse oder den Landtagsabgeordneten.
- Wenn Sie Schaden für Ihr Kind befürchten, denken Sie über einen Schulwechsel nach.

Familiäre Probleme

Schwierigkeiten in der Familie – Partnerschaftskrisen oder Trennung, Arbeitslosigkeit, Krankheiten oder Unfälle, schlimmstenfalls sogar ein Todesfall – möchte man in vielen Fällen gar nicht nach außen tragen und mit Fremden besprechen. Manchmal ist das peinlich oder auch zu persönlich. Dennoch müssen zum Wohl des Kindes solche großen Belastungen der Schule und anderen wichtigen Bezugspersonen mitgeteilt werden.

Was können Sie tun?

- Teilen Sie familiäre Probleme, wenn Sie zu einer großen Belastung für Ihr Kind werden, der Schule, sprich dem Klassenlehrer, mit und bitten Sie ihn oder sie, die Kollegen zu informieren.
- Die Eltern der besten Schulfreundin oder des besten Schulfreundes sollte man auch informieren, damit Ihr Kind durch Freunde und deren Eltern unterstützt werden kann.

Freistunden

Vor allem im Stundenplan älterer Schüler sind Freistunden ein Grund für große Unzufriedenheit. Da könnte doch der Nachmittagsunterricht liegen – so denkt man spontan. Und dann wäre man früher zu Hause oder könnte noch zum Sport.

Meistens werden aber diese Verlegungen nicht möglich sein, denn an jedem einzelnen Stundenplan hängen noch viele andere Lehrer-, Schüler- und Klassenstundenpläne, so dass ein Stundentausch kaum möglich sein wird.

Was können Sie tun?

- Vielleicht noch mal mit dem Stundenplaner, dem Oberstufenberater oder einem anderen Schulleitungsmitglied über einen möglichen Tausch sprechen.
- Darauf bestehen, dass für die Freistunden ein guter Arbeitsplatz oder Aufenthaltsraum in der Schule zur Verfügung steht.
- In der Ober- oder Kursstufe: Überlegen, ob wirklich alle gewählten Wahlfächer und freiwilligen Zusatzkurse notwendig sind – denn je mehr Kurse, desto mehr Freistunden werden wahrscheinlich auftreten.

Fremdsprachenwahl

Das ist oft ein großes Drama. Nicht nur, dass die beiden Erziehungsberechtigten nicht selten unterschiedlicher Auffassung sind und das Kind bzw. der Jugendliche selbst sich von unklaren Motiven leiten lässt, auch die Freunde spielen eine maßgebliche Rolle: Häufig ändert sich die Klassenzusammensetzung, und die befreundeten Kinder wollen zusammenbleiben. Schließlich geht es aber auch noch um die Lehrer. Wer welche Sprache unterrichtet oder wer wo

Klassenlehrer wird, sind ebenfalls wichtige Entscheidungs-
kriterien für viele Kinder und deren Eltern. Schließlich wird
sogar die Schulwahl von der Fremdsprachenwahl beeinflusst.

Für jede Fremdsprache gibt es gute Gründe:

- Latein empfiehlt sich wegen der grammatischen Strukturen und der Grundlagen, die dieses Fach für den Erwerb
  weiterer Fremdsprachen bietet. Auch als Voraussetzung
  für viele Studiengänge ist Latein nach wie vor wichtig.
- Englisch als Wissenschafts- und Weltsprache Nummer 1
  bedarf keiner weiteren Begründung.
- Spanisch als Weltsprache mit seiner Nähe zum Lateini-
  schen und seiner zunehmenden Bedeutung auch in Nord-
  amerika bedarf ebenfalls keiner Begründung.
- Französisch ist ebenfalls von internationaler Bedeutung.
- Genauso haben Sprachen wie Chinesisch oder die unserer europäischen Nachbarländer ihre Daseinsberechtigung als Schulfächer.

Was können Sie tun?

- Gelassen bleiben. Einen großen Fehler – außer sein
  Kind gegen seinen Willen zu etwas zwingen und damit
  den Misserfolg heraufzubeschwören – kann man nicht
  machen.
- Wichtiger als die Fremdsprachenwahl sollte im Allgemeinen die Wahl einer guten Schule sein.

Frist oder Termin versäumt

In der Schule gibt es wichtige Termine, zum Beispiel die Anmeldung, Fächer- und Kurswahlen, Klassenarbeiten, (Nach-)-
Prüfungen oder die Abiturtermine.

Wenn Sie verbindliche Termine ohne stichhaltige Entschuldigung versäumt haben, können Sie manchmal mit einem Zusatztermin Nachteile vermeiden. Aber es kann auch sein, dass Prüfungen als »nicht bestanden« gelten, eine Anmeldung nur noch auf der Warteliste der Schule oder gar nicht mehr akzeptiert wird.

Was können Sie tun?

- Nehmen Sie eine »Arme-Sünder-Haltung« ein, und versuchen Sie schnell einen Nachtermin zu erhalten.
- Wenn eine Prüfung als nicht bestanden bewertet wird, weil ein Termin nicht eingehalten wurde, können Sie nur auf Gnade, nicht aber auf Recht hoffen. Eine juristische Anfechtung hat keine Erfolgsaussicht.
- Kommt es auf dem Weg zur Prüfung zu einer Verzögerung, dann melden Sie sich umgehend in der Schule und erklären die Situation.

Geldprobleme

In Deutschland hat sich die Kluft zwischen Arm und Reich in den letzten Jahrzehnten erhöht, 2000 bis 2005 schneller als in allen anderen OECD-Ländern, so eine aktuelle Studie der »Organisation für wirtschaftliche Zusammenarbeit und Entwicklung« (OECD) zur Einkommensverteilung. Eine echte Trendumkehr ist nicht in Sicht.[96] Die Anzahl der Haushalte ohne jedes Erwerbseinkommen ist auf 19 Prozent gestiegen, den höchsten Wert innerhalb der OECD. Und der eigentliche Skandal: 2005 waren mehr Erwachsene und Kinder trotz wirtschaftlichen Wachstums einkommensarm als 1985 – das heißt, diese lebten in einem Haushalt mit weniger als 50 Prozent des deutschen mittleren Einkommens.

Die Gesamtarmutsrate stieg von sechs auf elf Prozent, jene der Kinder von sieben Prozent auf 16 Prozent. Die obersten zehn Prozent der Bevölkerung besitzen etwa die Hälfte des Gesamtvermögens, die reichsten zehn Prozent verfügen etwa über ein Viertel des Gesamteinkommens.

Für die Betroffenen sind ihre niedrigen Einkommen immer noch ein schambesetztes Thema, selbst wenn diese Armut durch Krankheit, Scheidung oder Arbeitslosigkeit entstanden und unverschuldet ist. Die wenigsten einkommensschwachen Eltern trauen sich daher, an Elternabenden Kostenbeschränkungen für Klassenfahrten laut einzufordern. Ich habe auch erlebt, dass sie damit nicht auf Wohlwollen stoßen: »Warum sollen wir uns eigentlich immer an denen orientieren, die nichts haben?« Mit dieser Gegenfrage der Bessergestellten am Elternabend muss man rechnen, wenn es um Ziel und Kosten der Klassen- oder Studienfahrten geht.

Was können Sie tun?

- Fast alle Schulen haben über Fördervereine einen finanziellen Topf, mit dem sie bei Nachweis der Bedürftigkeit – etwa ein Schreiben der Eltern mit kurzer Skizzierung der häuslichen Situation oder eine Bestätigung des Sozialamtes – diskret die Kosten ganz oder teilweise übernehmen. Zögern Sie nicht, bei der Schulleitung nachzufragen.
- Wenden Sie sich möglichst frühzeitig an das Sozialamt und beantragen Sie eine Kostenübernahme bei Klassenfahrten.[97]
- Scheuen Sie sich nicht, kostenverträgliche Unternehmungen zu fordern. Eine erhöhte Sensibilität der Lehrkräfte zu diesem Thema ist oft wünschenswert.

Gewalt

Die Presseberichte über Gewalt, Erpressungen und Mobbing an Deutschlands Schulen häufen sich seit Jahren. Forscher der Ruhr-Universität Bochum kennen Zahlen:[98] Jeder dritte befragte Bochumer Achtklässler hat eine heftige Prügelei mit Verletzungen beobachtet. An Gesamtschulen haben laut Studie 14 Prozent der Schüler in den letzten zwölf Monaten so getreten oder geschlagen, dass das Opfer zum Arzt musste, an Gymnasien sind es acht Prozent. Die 14-Jährigen prügeln sich meist, weil sie sich beleidigt fühlen. 60 Prozent der befragten Schüler waren der Meinung, dass die eigene Ehre in jedem Fall verteidigt werden müsse. Die Hälfte fand, man solle zurückschlagen, wenn man angegriffen werde.

Jüngste Befunde machen jedoch Mut, Gewalttaten sind insgesamt rückläufig, auch wenn im Bereich der Körperverletzungen teilweise ein Anstieg beobachtet wird, Präventionsprogramme scheinen zu greifen.[99]

Angst, Frustrationen, Langeweile, fehlende Perspektiven, übermäßiger Konsum von Gewaltvideos, Rauschmittel- und Alkoholkonsum – das sind die Hauptursachen für Gewalt unter Jugendlichen.

Was können Sie tun?

- Verhindern Sie, dass Ihre Kinder Gewalt verherrlichende Darstellungen konsumieren.
- Fordern Sie präventives Anti-Gewalt-Training in der Schule und Projekte sozialen Lernens.
- Fordern Sie Streitschlichterprogramme, falls noch nicht vorhanden.
- Falls Ihr Kind betroffen ist, fordern Sie, dass es vor den Tätern effektiv geschützt wird.

- Zeigen Sie schwere Körperverletzungen immer bei der Polizei an. Die kann nach meiner eigenen Erfahrung im Gegensatz zur Schule sehr effektiv Jugendgangs bekämpfen.

Literatur und hilfreiche Informationen:

- Heidrun Bründel, Klaus Hurrelmann: *Gewalt an Schulen.* Pädagogische Antworten auf eine soziale Krise, Beltz 2007.
- Siehe auch die Stichworte »Mobbing« und »Bilder im Internet«.

Hausaufgaben

Egal, ob nicht gemacht, abgeschrieben oder zu viele Hausaufgaben: Schlagen Sie bei den Tipps 56 bis 66 nach!

Hochbegabung

Ein hochbegabtes Kind muss keine guten Schulnoten haben, es kann in der Schule als »Underachiever« sogar sehr schlechte Zensuren haben. Es kann in einer Minute Dostojewski analysieren und im Brustton der Überzeugung erklären, vor lauter Bewunderung der literarischen Leistung nun Russisch lernen zu wollen, um das Gesamtwerk angemessen würdigen zu können, und sich in der nächsten Minute über einschlägige Comics aus Entenhausen amüsieren. Die Begabung kann sich auch nur auf einen Teilbereich beziehen, während andere Bereiche unterentwickelt sind: Vielleicht spielt ein hochbegabtes Kind ein Musikinstrument sehr gut, ist aber nicht in der Lage, mit Gleichaltrigen ein Gespräch zu führen.

Was kennzeichnet ein hochbegabtes Kind?

Jedes Kind ist anders, und die im Folgenden genannten Auffälligkeiten und Merkmale sind immer unterschiedlich ausgeprägt. Nur ein qualifizierter Test eines Arztes oder Psychologen kann Gewissheit bringen. Aber im Allgemeinen zeigen sich folgende Symptome:

- Außergewöhnliche kognitive Fähigkeiten: eine hohe Denkleistung, sehr gute Analysefähigkeit, schnelles Schlussfolgern, eine ausgeprägte Problemsicht und hohes Abstraktionsvermögen.
- Komplexe sprachliche Fähigkeiten.
- Herausragende Fantasie und Kreativität.
- Große Sensibilität im sozialen und emotionalen Bereich.

Auch die im Folgenden aufgezählten Eigenschaften und Verhaltensweisen sind keine vollständige Übersicht, aber weitestgehend empirisch gesichert. Die Übergänge zwischen den einzelnen Altersstufen sind fließend:

Die ersten Auffälligkeiten sind früh vorhanden. Bereits vom 15. Monat bis zum dritten Lebensjahr treten häufig eine frühe sprachliche Artikulation und relativ flüssiges Sprechen auf. Der Wortschatz ist überdurchschnittlich, und das Kind fordert andauernde Beschäftigung. Es kann sehr stark auf die Mutter fixiert sein, sich sehr detailliert erinnern und zeigt reges Interesse an Zahlen und Buchstaben. Lieder, Gedichte und Geschichten können nacherzählt werden. Dabei ist das Kind auffällig geräuschempfindlich.

Im dritten bis sechsten Lebensjahr fallen eine hohe Lerngeschwindigkeit bei konformer Interessenlage auf, während Spiele ohne geistige Anforderung als lustlos erlebt werden. Ältere Spielgefährten werden bevorzugt, und selbstständiges Lesen wird angestrebt, so dass Lesen, Schreiben und Rechnen vor der Einschulung beherrscht werden. In zwischenmenschlichen Beziehungen ist das Kind sensibel und zeigt eine extreme Wissbegierde mit vielen »Warum?«-Fragen.

In den Kindergarten geht das Kind ungern, weil es sich langweilt. Es empfindet keine Freude bei einfachen Spielen, weil die geistige Anforderung fehlt. Vielfach interessiert es sich für Dinge, die über der Altersnorm liegen, und spielt deshalb lieber allein. Es erlebt sich als »anders« und kann sich schwer in die Gruppe integrieren, ist emotional besonders empfindlich und weint häufig.

In der Schule und Freizeit gilt das Kind als Streber oder Besserwisser und ist unbeliebt. Seine Art wird von Lehrern und Mitschülern schwer verstanden und/oder nicht akzeptiert. Es fühlt sich fast ständig unterfordert und kann dadurch zum Störenfried werden. Das Kind kann auch durch Perfektionismus und ausgeprägte Kritikbereitschaft immer wieder anecken, es fühlt sich von der Umwelt unverstanden und isoliert sich. Weiterhin entstehen soziale Anpassungsprobleme, weil geistige Fähigkeit und soziale Reife in den Augen der Umwelt nicht zueinander passen.

Was können Sie tun?

- Lassen Sie Ihr Kind zuerst von einem Arzt oder Psychologen testen und teilen Sie das Ergebnis den Lehrern mit.
- Akzeptieren Sie das »Anders-Sein« Ihres Kindes.
- Denken Sie daran, dass bei ihm geistige Entwicklung und emotionale Reife kaum miteinander Schritt halten. Erwarten Sie trotz allem ein altersgemäßes, kindliches Verhalten.
- Zeigen Sie besondere warmherzige Fürsorge und Ermutigung.
- Loben Sie, zeigen Sie Anerkennung und gestehen Sie ihm Kompetenz zu.

- Fördern Sie Ihr Kind durch geschickte Fragen, halten Sie sich mit Meinungen oder Kommentaren zurück.
- Legen Sie Grenzen gemeinsam mit Ihrem Kind fest. Das hilft ihm, diese zu akzeptieren.
- Tauschen Sie sich mit gleich betroffenen Eltern aus.
- Lesen Sie auch den Anfang von Kapitel 2 und Tipp 36.

Literatur und hilfreiche Informationen:

- Zum Einstieg: Franz J. Mönks, und Irene H. Ypenburg: *Unser Kind ist hochbegabt.* Ein Leitfaden für Eltern und Lehrer. München/Basel: Verlag Ernst Reinhardt 1998 (Band 14 der Reihe »Kinder sind Kinder«).
- Einen guten Gesamtüberblick bietet die »Deutsche Gesellschaft für das hochbegabte Kind e.V.«: www.dghk.de/index.html.
- Umfangreich: www.genius-hochbegabung.de.

Hyperaktivität
Siehe »ADHS«.

Internetsucht
Siehe auch »Tipp 34«.

Verschiedenen Studien zufolge zeigen mehr als eine Million Internetnutzer in Deutschland Anzeichen einer Internetsucht. Bei drei bis vier Prozent der etwa 32 Millionen deutschen Internetnutzer ist der Gebrauch des neuen Mediums zumindest problematisch.

Unter ihnen sind auch viele Jugendliche, die sich obsessiv Computerspielen widmen: sogenannte Internet-Junkies, die täglich 10 bis 15 Stunden im Netz hängen – ohne ausreichend zu essen, zu trinken oder sich zu waschen. Denn die Computerspiele im Internet lösen schnell einen Dopaminausstoß im Gehirn aus. Der sorgt für Glücksgefühle und besitzt ein großes Abhängigkeitspotenzial; schließlich ist es wesentlich mühsamer und langwieriger, dieselben Glücksgefühle im wirklichen Leben zu erreichen. Besondere Gefahren gehen von solchen Spielen aus, an denen gleichzeitig mehrere Personen teilnehmen. Nach Ansicht von Experten können diese Junkies aber lernen, bewusster mit dem Internet umzugehen, sie müssen nicht völlig abstinent werden.

Was sind die Alarmsignale?

- Ihr Kind nimmt nicht mehr an Freizeitaktivitäten teil, die nichts mit einem PC zu tun haben.
- Freunde bleiben fern, weder Sport noch Hobbys werden noch wahrgenommen.
- Immer häufiger deutliche Müdigkeit und Lustlosigkeit.
- Sohn oder Tochter nehmen nicht mehr an gemeinsamen Essenszeiten teil und essen lieber »nebenbei« am PC.
- Ihr Kind vertröstet Sie ständig, wenn es um die Erledigung von Aufgaben geht, und löst sich nicht von seinem Rechner.
- Die Hygiene Ihres Kindes und des Kinderzimmers lassen deutlich zu wünschen übrig.
- Die schulischen Leistungen nehmen plötzlich ab. Manchmal sind Kinder und Jugendliche öfter krank und meiden den Schulbesuch.
- Sie finden keinerlei Zugang mehr zu Ihrem Kind.
- Auffallend aggressives Verhalten beim Stören (oder gar Abschalten) der Onlineaktivitäten.

Was können Sie tun?

- Achten Sie bewusst auf den Umgang Ihres Kindes mit den Neuen Medien.
- Setzen Sie Ihre Hoffnung nicht allein darauf, dass sich das Computerverhalten Ihres Sprösslings von allein normalisiert.
- Treffen Sie klare zeitliche und inhaltliche Absprachen für die Nutzung des PCs, und kontrollieren Sie deren Einhaltung unbedingt, damit Ihr Kind überhaupt einen Anhaltspunkt hat.
- Installieren Sie ein Sicherungsprogramm: Das hilft Ihnen bei der Prävention und Kontrolle! (Die »Kindersicherung« – ein vielfach sehr positiv getestetes Jugendschutzprogramm – legt zum Beispiel fest, wie lange der Computer pro Tag von den Kindern oder Jugendlichen genutzt werden darf. Nach Ablauf der vereinbarten Zeit fährt der Computer automatisch herunter und lässt sich nicht mehr starten.)
- Nehmen Sie gegebenenfalls therapeutische Hilfe in Anspruch.

Literatur und hilfreiche Informationen:

- Wolfgang Bergmann und Gerald Hüther: *Computerspielsüchtig.* Kinder im Sog der modernen Medien. Düsseldorf: Walter Verlag 2006.
- Sabine M. Grüsser und Ralf Thalemann: *Computerspielsüchtig?* Rat und Hilfe für Eltern. Bern: Huber 2008.
- Umfassend: www.onlinesucht.de. Dort gibt es Studien, zahlreiche Tipps und einen sehr hilfreichen Elternratgeber: »*Abitur in Azeroth.* Wenn Kinder und Jugendliche die Realität in eine Traumwelt verlagern,« mit Fragebögen zur

ersten Feststellung einer Onlinesucht und Hinweisen für die Kostenübernahme der Therapie durch die Kassen.

- Das erwähnte Jugendschutzprogramm »Kindersicherung« finden Sie unter: www.salfeld.de/software/kindersicherung/index.html.

Krankheit

Bei längeren oder kürzeren Krankheiten geht immer die Gesundheit vor. Verständlich, dass angesichts des Leistungsdrucks, den viele Schüler und Eltern in der Schule empfinden, manchmal zu lange versucht wird, die gesundheitlichen und medizinischen Erfordernisse und die schulischen Anforderungen zu Lasten der körperlichen und psychischen Stabilität des Kindes unter einen Hut zu bringen. Aber langfristig zahlt sich eine gute Gesundheit immer aus. Die Gesundheit geht vor!

Welche Möglichkeiten gibt es im Krankheitsfall?

Es gibt eine Vielzahl von Möglichkeiten, wie auf ein krankes Kind Rücksicht genommen werden kann. Das geht so weit, dass die Versetzungskonferenz am Schuljahresende eine Versetzung beschließen kann, obwohl die Zensuren den Versetzungsbestimmungen eigentlich nicht genügen. Auch kann eine Bemerkung über die Dauer einer Erkrankung in das Zeugnis aufgenommen werden. Das ist als Erklärung für einen Leistungsabfall wichtig, denn so wird jedem deutlich: Der Leistungseinbruch war nicht selbst verschuldet, eine mittelmäßige Note ist unter diesen Umständen sehr positiv zu sehen.

Während der Rekonvaleszenz schließlich kann der Schulbesuch nur in ausgewählten Schulfächern eine sinnvolle Übergangslösung darstellen, die die Schulleitung aufgrund von ärztlichen Attesten genehmigen kann.

In Kliniken ist bei einer längerfristigen Behandlung immer eine Klinikschule angegliedert, in der die Kinder ihrer Gesundheit und den Therapieplänen entsprechend den Schulstoff erarbeiten.

Ist nicht das Kind, sondern sind Sie als Elternteil ernsthaft erkrankt, müssen Sie ebenfalls im Interesse Ihres Kindes, das großen Ängsten ausgesetzt ist, in der Schule aktiv werden.

Was können Sie tun?

Wenn der Nachwuchs krank ist:

- Durch die Mitschüler (und manchmal auch durch die Lehrer) können mittels E-Mails, Besuchen und Telefonaten in den wichtigsten Fächern Rückstände gering gehalten werden.
- In Absprachen und Beratungen mit den Lehrern kann geklärt werden, welcher Stoff unabdingbar ist und was weniger zentral für den weiteren Verlauf des Unterrichts ist.
- Bei schwereren gesundheitlichen Beeinträchtigungen müssen nicht nur die Lehrer, sondern auch die Schulleitung einbezogen werden.
- Informieren Sie die Schule genau über die Krankheit und belegen Sie diese auch mittels Attesten.
- Inwieweit die anderen Schüler über die Krankheit informiert werden sollen, können Sie mit der Schule absprechen. Rechtlich haben die Lehrer Schweigepflicht, und die Bestimmungen des Datenschutzes erlauben ohne Ihre Zustimmung nicht die öffentliche Verbreitung von Krankheitsdiagnosen.

Wenn Sie krank sind:

- Informieren Sie bei einer ernsthaften Krankheit die Klassenlehrerin, damit die Belastungen des Kindes berücksichtigt werden können.
- Gut: Die Eltern der wichtigsten Schulfreunde wissen Bescheid.

Lehrer

Sie haben Pech, und Ihr Kind hat einen wirklich schlechten Lehrer erwischt. Vielleicht ist er unfähig und unterrichtet so, dass das Lernen nur trotz des Unterrichts stattfindet. Vielleicht ist er ausgebrannt und aggressiv gegenüber den Kindern. Ihr Kind leidet. Es hat Angst vor ihm. Es geht ungern zur Schule, und die Note bricht ein. Der Leistungsabfall ist bei vielen Kindern der Klasse zu beobachten, und eine gemeinschaftliche Aktion der Eltern steht an.

Kann man etwas gegen schlechte Lehrer tun?

Einerseits haben die öffentlichen Schulen nur die verbeamteten Lehrer, die sie haben. Und die müssen auch arbeiten, sprich: im Unterricht eingesetzt werden. Das heißt aber andererseits nicht, dass Schüler und Eltern alles ertragen müssen und sich nicht effektiv wehren können. Aber Sie brauchen in dieser Angelegenheit einen längeren Atem.

Die Schulleitungen haben ganz unterschiedliche Reaktionsmöglichkeiten, wenn sie sicher sein können, dass echte Versäumnisse vorliegen: Beratungsgespräche, Unterrichtsbesuche, Versetzungen und Verpflichtungen zu Fortbildungen.

Ihre Möglichkeiten sind Gespräche mit der Lehrkraft direkt, über den Elternvertreter oder den Klassenlehrer oder auf dem Elternabend. Dann steht Ihnen natürlich der Gang zur Schulleitung offen, im äußersten Notfall auch die Abmeldung Ihres Kindes. Aber das kann nur die letzte Konsequenz sein, denn Ihr Kind muss sich neu eingewöhnen, und eventuell auch Unterrichtsstoff selbstständig nacharbeiten. Es verliert Freunde oder nimmt nun täglich einen längeren Schulweg auf sich. Drohen allerdings mehrere Eltern überzeugend mit einer Abmeldung, wird eine Schulleitung immer reagieren müssen.

Was können Sie tun?

- Plant ein Lehrer seinen Unterricht nicht (damit meine ich so gut wie nie) oder gibt er unverständliche Anweisungen und Hausaufgaben (damit meine ich so gut wie immer)? Dann schließen Sie sich zusammen und gehen Sie zur Schulleitung. Nehmen Sie eine schriftliche Dokumentation oder konkrete Beispiele mit. Macht Arbeit, aber wirkt.

- Schaut ein Lehrer bei tätlichen Auseinandersetzungen weg? Auch hier hilft das direkte Gespräch. Der Elternvertreter der Klasse kann eingeschaltet werden, sonst kann eine Debatte auf einem Elternabend Abhilfe schaffen. Schließlich müsste – wenn das nichts hilft – die Schulleitung eingeschaltet werden.

- Vermeiden Sie auf jeden Fall den Bumerang-Effekt. Die Gefahr, dass Ihr Kind die Beschwerde ausbaden muss, ist vor allem dann gegeben, wenn Sie den Eindruck haben, dass es nicht nur ein einmaliges Versehen oder ein zwar verständlicher, aber inakzeptabler verbaler Ausrutscher im Unterrichtsgeschehen war. Schlechte Lehrer sind oft schwache Menschen oder ausgebrannt und lassen ihre Wut häufig am Schwächeren aus. Kinder haben einen feinen Riecher für diese Gefahr. Nehmen Sie deren Befürchtungen ernst. Schließen Sie sich mit mindestens drei anderen Eltern zusammen. Das schützt Ihr Kind, erhöht Ihr Gewicht bei den Verhandlungen mit der Schulleitung und stärkt Ihre Position am Elternabend.

- Vergessen Sie nicht bei all diesen Aktionen, Ihr Kind zu stärken. Es muss wissen, dass, wenn ihm Ungerechtigkeit widerfährt, es nicht seine Schuld ist. Und dass es sich Herabwürdigungen nicht zu Herzen nehmen darf.

Leistungseinbruch

Ein plötzlicher Leistungseinbruch von mehr als einer Note in einem oder mehreren Schulfächern ist immer ein Alarmsignal, das auf viele mögliche Ursachen zurückgeführt werden kann:

- Eine veränderte familiäre Situation.
- Ein gesundheitliches, psychisches oder gar Suchtproblem des Kindes oder Jugendlichen.
- Pubertäre Krisen, vielleicht auch eine unglückliche erste Liebe.
- Ein Umzug oder Schulwechsel.
- Ein soziales Problem in der Klasse oder Schule, beispielsweise Mobbing und gewalttätige Auseinandersetzungen.
- Ein Problem mit der Unterrichtskraft.

Was können Sie tun?

- Versuchen Sie zunächst herauszufinden, ob ein äußerer Anlass (ein Konflikt, ein Lehrerwechsel oder Ähnliches) gegeben ist – was relativ leicht ist, wenn nur ein Schulfach betroffen ist.

- Sprechen Sie mit den Lehrern und Ihrem Kind.
- Wenn Sie keine klare und schnell veränderbare Ursache finden und die Leistungen nicht innerhalb weniger Monate wieder besser werden, sollten Sie nicht zögern, professionelle Beratung in Anspruch zu nehmen.
- Bei pubertätsbedingtem Leistungsabfall – ein verbreitetes Phänomen – bleiben Sie gelassen, bestehen Sie aber auf der Erledigung der Hausaufgaben und auf Lernzeiten, damit die Leistungen nicht gänzlich in den Keller sausen. Mit Ende der Pubertät wächst in aller Regel auch der Arbeitseifer, und die Leistungen bessern sich wieder.

Leistungsverweigerung

Bei einer Leistungsverweigerung müssen Sie schnell reagieren. In diesem Fall geht das Kind vielleicht gar nicht mehr in die Schule oder den Unterricht, es verweigert die mündliche und schriftliche Mitarbeit, spielt den Klassenclown und provoziert so Unterrichtsverweise. Neben den Ursachen, die beim Leistungseinbruch genannt worden sind, kommen in diesem Fall aber noch Lernstörungen oder auch Über- bzw. Unterforderung als tiefer liegende Ursachen in Betracht. Der schulische Erfolg wird so sehr schnell gefährdet.

Was können Sie tun?

- Probieren Sie die schulinternen »Bordmittel«: Gespräche mit dem Nachwuchs, den Lehrern, der Schulleitung und der Beratungslehrerin.
- Falls das nicht wirkt: Nehmen Sie professionelle Hilfe eines Kinder- und Jugendpsychologen in Anspruch.

Lernstörungen

Eine Lernstörung liegt vor, »wenn die Leistungen eines Schülers unterhalb der tolerierbaren Abweichungen von verbindlichen institutionellen, sozialen oder individuellen Bezugsnormen ... liegen oder wenn das Erreichen von Standards mit Belastungen verbunden ist, die zu unerwünschten Nebenwirkungen im Verhalten, Erleben oder in der Persönlichkeitsentwicklung des Lernenden führen«.[100]

Lernstörungen können vorübergehend sein oder auch länger andauern, sogar chronisch werden. Sie können sich auf einen Bereich beschränken, wie zum Beispiel Lese-Rechtschreib-Schwäche oder Rechenschwäche, sie können sich aber auch auf die meisten schulischen und außerschulischen Bereiche erstrecken, wie deutlich eingeschränkte intellektuelle Fähigkeiten. Das heißt: Eine Kind mit Lese-Rechtschreib-Schwäche oder Dyskalkulie kann durchaus überdurchschnittlich intelligent sein! Für pädagogische Laien ist das angesichts der vielen Rechtschreibfehler oder scheinbar abstruser Rechenfehler zunächst kaum vorstellbar.

- *Die Ursachen einer Lernstörung können in der Schülerpersönlichkeit liegen:* Zu nennen wären hier organische Faktoren (zum Beispiel Drüsenfehlfunktionen oder Fehlfunktionen des Zentralen Nervensystems), kognitive Faktoren (Intelligenz, Informationsverarbeitung) und nicht kognitive Faktoren (wie Schulangst, Selbstkonzept, Lern- und Leistungsmotivation, Arbeitsverhalten).
- *Die Ursachen können in der Familie liegen:* Familiengröße, Einkommen, Berufstätigkeit der Eltern, Erziehungsstil, Kommunikation, Erwartungshaltungen, Werte und häusliches Lernumfeld.
- *Aber die Ursachen können auch in der Schule liegen:* an der Interaktion zwischen den Schülern oder zwischen

Lehrer und Schülern, an Lehrereinstellungen und Erwartungseffekten, an der Leistungsbeurteilung, Unterrichtsqualität, mangelnder Individualisierung usw.

Häufige Lernstörungen sind Lese-Rechtschreib-Schwäche (Legasthenie oder Dyslexie), mit der etwa fünf Millionen Deutsche oder vier bis sechs Prozent der Gesamtbevölkerung zu kämpfen haben, und Rechenschwäche (Dyskalkulie), unter der vier bis sechs Prozent der Grundschüler leiden.

Was können Sie tun?

- Lassen Sie sich beraten: erst in der Schule, dann bei qualifizierten Beratungsstellen.
- Legen Sie Wert auf eine genaue Diagnose und einen individuellen Therapieplan.

Literatur und hilfreiche Informationen:

- Siehe auch die Stichwörter »ADHS«, »Lese-Rechtschreib-Schwäche« und »Rechenschwäche«.
- Zwei wichtige Klassiker: Werner Zielinski: *Lernschwierigkeiten:* Ursachen – Diagnostik – Intervention, Stuttgart: Kohlhammer 1995, und
- Dieter Betz u. Helga Breuningner: *Teufelskreis Lernstörungen,* Weinheim: Beltz 1998.

Lese-Rechtschreib-Schwäche/LRS/Legasthenie/ Dyslexie

Vielleicht gehört Ihr Kind zu denen, die nur mit vielen Fehlern von der Tafel oder aus einem Buch abschreiben können. Buchstaben fehlen, sie werden verwechselt und falsch hinzugefügt. Und es fällt Ihrem Kind beim Lesen schwer, die

Buchstaben zu Wörtern zusammenzusetzen. Selbst wenn Ihr Kind viel für ein Diktat geübt hat, am nächsten Morgen ist »alles weg«, obwohl Ihr Sohn oder Ihre Tochter sonst überhaupt nicht »schwer von Begriff« ist. Langsam, aber sicher wirkt sich die Leseschwäche jedoch auch in Mathe und den Fremdsprachen aus. Wenn Sie sich hier angesprochen fühlen, dann gehört Ihr Kind wahrscheinlich zu den drei bis fünf Prozent aller Kinder und Jugendlichen, die an LRS leiden; Jungen sind häufiger betroffen als Mädchen.

Da für die betroffenen Kinder die Legasthenie sehr belastend ist, können auch psychosomatische Beschwerden wie Herumkaspern, Kopf- und Bauchschmerzen vor Klassenarbeiten, Schlafstörungen oder Bettnässen auf eine Legasthenie hinweisen. Rund 40 Prozent der von Legasthenie betroffenen Kinder leiden psychisch – von mangelndem Selbstbewusstsein bis hin zu Depressionen. Je früher eine Legsthenie erkannt wird, umso besser sind die Behandlungschancen.

Wo liegen die Ursachen?

LRS ist eine Teilleistungsschwäche, von der man keineswegs auf eine geringe Intelligenz schließen darf. Defizite in den visuellen und auditiven Fähigkeiten sind gut erforscht, genetische Faktoren spielen ebenso eine Rolle – die Wahrscheinlichkeit, dass auch andere Familienangehörige betroffen sind, liegt bei 50 Prozent. Trotzdem kommen Krankenkassen für die Behandlung von LRS nicht auf. Das Jugendamt unterstützt die Therapie manchmal, häufig aber muss sie privat bezahlt werden: rund 300 Euro jeden Monat pro Kind. Aber es lohnt sich: Eine Befragung der Berliner Humboldt-Universität ergab, dass Legastheniker 14 Jahre nach einer qualifizierten Therapie zu 43 Prozent die Hochschulreife besaßen und zu 92 Prozent ihren Wunschberuf ausübten oder erlernten.[101]

Was können Sie tun?

- Wenn Sie befürchten, dass Ihr Kind LRS hat, dann handeln Sie schnell und ziehen Sie Spezialisten hinzu.
- Klären Sie ab, ob Seh- oder Hörfehler verantwortlich sind.
- Bestehen Sie dann auf einer Untersuchung durch einen Kinder- und Jugendpsychiater, eine psychologische oder Erziehungsberatungsstelle. Zuverlässige Aussagen kann man erst am Ende der zweiten Klasse treffen. Gentests sind noch in der Entwicklungsphase.
- Da für die Therapie andere Qualifikationen verlangt werden als für die Diagnose, sollte hier eine andere Stelle gewählt werden.
- In vielen Bundesländern erhalten LRS-Kinder einen »Nachteilsausgleich« (mehr Lesezeit während einer Klassenarbeit) oder einen »Notenschutz« (Rechtschreibfehler werden von der Benotung ausgenommen). Informieren Sie die Schulleitung über die LRS, reichen Sie ein Attest ein und erkundigen Sie sich nach den genauen Bestimmungen.

Literatur und hilfreiche Informationen:

- Gerd Schulte-Körne: *Elternratgeber Legasthenie,* München: Droemer/Knaur 2004.
- Umfangreich und mit vielen Verweisen ist die Homepage des »Bundesverbandes für Legasthenie und Dyskalkulie« (BVL): www.bvl-legasthenie.de. Dort finden Sie auch Hinweise zur Wirksamkeit von Therapien.

Mobbing

Mobbing oder Bullying – wie der neuere Begriff lautet – ist eine subtile Form der Gewalt, die Kinder und Jugendliche in der Schule treffen kann. Man versteht darunter »gezielte, systematische und wiederholte Schikanen physisch und psychisch stärkerer Schüler gegenüber Schwächeren: Die Täter, die ›Bullies‹, isolieren und attackieren bei diesem Gruppenphänomen einen oder ein paar wenige hilflose Schüler aus dem Klassenverband. Von verbalen Attacken und Demütigungen, Hänseleien bis hin zu immer wiederkehrenden körperlichen Angriffen reicht das Instrumentarium der Quälereien, dessen sich die ›Bullies‹ bedienen.«[102] Auch Sachbeschädigung, Raubdelikte und Erpressung gehören zu den Gewaltformen.

Interessant ist, dass sich Mädchen und Jungen unterschiedlicher Taktiken bedienen: Während Jungen dazu neigen, auf offene und direkte Art aggressiv vorzugehen, setzen Mädchen eher eine indirekte Form des Mobbings ein. Es werden Gerüchte verbreitet oder Geheimnisse ausgeplaudert. Dabei kommt es besonders häufig vor, dass frühere Freundinnen zum Opfer werden. Auch können verbale Aggressionen den Opfern erhebliche psychische Qualen bereiten, die in körperlichen Symptomen gipfeln und die kindliche Entwicklung sehr negativ beeinflussen können.

Wer wird Opfer? Haben die Opfer schuld?

Nein, denn das typische Mobbing-Opfer gibt es nicht! Wer mobben will, findet immer ein Opfer. An Schulen trifft es meist diejenigen, die sich innerhalb der Klasse in einer schwachen Position befinden und keine Unterstützung von anderen Kindern erwarten dürfen. Manchmal werden jedoch auch Schüler und Schülerinnen gemobbt, die sich auf irgendeine Art und Weise auffällig verhalten. Eines aber gilt für alle: Je länger sie sich unterdrücken lassen, desto schwieriger wird es für sie, sich wieder aus dieser Situation zu befreien. Ohne Hilfe ist das häufig nicht möglich.

Welche Ursachen dieses Phänomens kennt man?

Oft sind es mehrere Faktoren, die zusammenkommen, bevor ein Kind zum Täter wird: Gruppenzwänge, erlebte Gewalt in der Herkunftsfamilie, unstrukturiertes Freizeitverhalten, Rollenunsicherheit oder auch nur der Wunsch nach dem besonderen Kick – also Langeweile. Dazu kommt, dass intensiver Konsum von Gewalt verherrlichenden Computerspielen oder Filmen erwiesenermaßen die Hemmschwelle heruntersetzt – vergessen wir nicht, dass diese Medien in der US-Armee erfolgreich die Schießhemmung der Soldaten herabgesetzt haben. Als weitere Faktoren kommen auch Integrationsprobleme, Perspektiv- und Orientierungslosigkeit in Betracht.

Forscher gehen heute aber auch davon aus, dass nicht nur die Persönlichkeit des Täters oder Opfers eine Rolle spielen. Bestimmte Situationen begünstigen das Mobbing, ungelöste Konflikte zum Beispiel. Zwar führt nicht jeder Konflikt unweigerlich zu Mobbing – schließlich gehören Konflikte zum Schulalltag. Aber wenn es zu unausgesprochenem Ärger oder Neid kommt, kann es sein, dass der dann ein Ventil braucht – zum Beispiel ein Mobbing-Opfer. Dabei muss das Opfer noch nicht einmal am vorangegangenen Konflikt beteiligt gewesen sein. Häufig hat es gar nichts damit zu tun.

Mobbing tritt bevorzugt in einem Umfeld auf, das die Betroffenen nicht ohne Weiteres verlassen können. Wer im Sportverein gemobbt wird, kann problemlos zu einem anderen Verein wechseln. Ein Wechsel der Schule oder des Ausbildungsplatzes ist hingegen nur selten möglich. Für Mobbing-Opfer kann so der Alltag zum Albtraum werden. Sie leiden in Folge der Übergriffe unter Bauch- und Kopfschmerzen, Unkonzentriertheit, Bettnässen, Schlafstörungen, Albträumen, Angstattacken und Depressionen. Häufig werden die schulischen Leistungen der gemobbten Schüler schlechter, weil sie jede Gelegenheit zum Schwänzen des Unterrichts nutzen oder den Schulbesuch schließlich ganz verweigern. Oft isolieren sich die Opfer und werden einsam. Sie schotten sich immer mehr von anderen Menschen ab. Ihr Selbstvertrauen leidet, sie verbringen ihre Freizeit lieber allein. Im schlimmsten Fall verlieren sie die Fähigkeit, offen auf andere Menschen zuzugehen. Und die Täter werden mit der Zeit immer brutaler, während die Mitschüler oft eine neutrale Haltung einnehmen und das Gefühl haben. das Opfer im Stich zu lassen. Oder sie leiden insgeheim unter der Angst, selbst Opfer werden zu können.

Was können Sie tun?

- Gehen Sie nicht davon aus, dass sich Ihr Kind Ihnen anvertraut. Das tun die wenigsten – aus Scham, in dem Wunsch, Sie zu schonen, oder aus Angst, die Situation könnte noch schlechter werden.
- Sie müssen erkennen, dass Ihr Kind gemobbt wird. Typische Verhaltensweisen sind: Schulunlust, der plötzliche Wunsch, auf dem Schulweg begleitet zu werden, nachlassende Schulleistungen und Schulschwänzen, regelmäßiger Verlust von Geld oder Besitz, Nervosität, Aggressionen, Albträume. Nehmen Sie diese Indizien ernst, auch wenn sie noch kein Beleg für Mobbing sind.
- Wenn Sie vermuten, dass Ihr Sohn oder Ihre Tochter gemobbt wird, sollten Sie das weitere Vorgehen gemeinsam mit Ihrem Kind besprechen. Trotz des starken Impulses, so schnell wie möglich zu helfen, sollten Sie in Ruhe überlegen, wie es weitergeht.
- Unüberlegte, schnelle Aktionen im Alleingang können die Situation verschlimmern. Wenden Sie sich lieber oh-

ne zu zögern an eine Beratungsstelle oder suchen Sie gemeinsam mit dem oder der KlassenlehrerIn nach einer Lösung.

- Stehen Sie Ihrem Kind bei, nehmen Sie es ernst und machen Sie deutlich, dass es nicht schuld an der Situation ist.
- Machen Sie das Mobbing nicht zum Hauptgesprächsthema in der Familie. Sorgen Sie stattdessen dafür, dass Ihr Kind sich außerhalb der Schule einen neuen Freundeskreis aufbaut. Wenn das gelingt, kann auch das Selbstvertrauen des Kindes langsam wieder zurückkehren.
- Führen Sie ein Tagebuch: Mobbingsituationen dauern. Um das Problem erfolgreich zu lösen, ist es wichtig, den Ablauf vollständig in Erinnerung zu behalten. Schreiben Sie auf, was Ihrem Kind widerfährt, was zwischen Ihnen und Ihrem Kind passiert und welche Schritte Sie einleiten.

Literatur und hilfreiche Informationen:

- Zum Einstieg: Der SWR hat eine informative Internetseite entwickelt: www.kindernetz.de/infonetz/thema/mobbing/eltern/index.html.
- Auch die Polizei hat hilfreiche Infos ins Netz gestellt: www.polizei-beratung.de/vorbeugung/jugendkriminalitaet/gewalt_an_schulen.
- Beraten lassen können Sie sich über Ihre zuständige schulpsychologische Beratungsstelle. Die Adressen finden Sie unter: www.schulpsychologie.de/ww3ee/265546.php?sid=887104460886409113231414941 49530.

Null-Bock-Haltung

Seien Sie ehrlich: Stimmt das wirklich, dass sich Ihr Kind für nichts interessiert? Oder haben Sie vielleicht einen Computerfreak oder Sportfanatiker vor sich? Ihr Kind muss sich nicht für alles interessieren. Aber es sollte in der Schule auch die Hängepartien überstehen, eine gewisse Frustrationstoleranz und Interessensschwerpunkte entwickeln.

Was aber, wenn es sich nun wirklich für nichts interessiert?

Zum einen gibt es das typische Durchhänger-Alter: Wenn Ihr Filius 16 oder 17 Jahre alt ist, ist das eigentlich schon der Normalzustand. Es interessiert ihn schlichtweg nichts. Lange im Bett bleiben und bis in die Puppen vor dem Computer oder dem Fernseher sitzen, das sind meist die Lieblingsbeschäftigungen. Hausaufgaben machen? Geschirrspüler ausräumen oder Gartenarbeit erledigen? Das sind eindeutig überhaupt keine Tätigkeiten, die goutiert werden. Ziehen Sie Grenzen und üben Sie sich in Gleichmut. Die Mädchen sind so mit 13 bis 16 Jahren im Zickenalter, sie wissen noch nicht, wer sie wirklich sind, was sie wollen und sind zu Hause unausstehlich. Die Kinder werden zu den schärfsten Kritikern der Erwachsenen ihrer Umgebung, allen voran der eigenen Eltern.

Was für Erklärungen gibt es noch? Persönliche Probleme, die erste Liebe, schlechter Unterricht, Über- oder Unterforderung, Misserfolge, Trotz.

Was können Sie tun?

- Ein Auslandsaufenthalt wirkt oft Wunder. Wenn möglich, schicken Sie Ihren Sohn oder Ihre Tochter ins Ausland. Da reißt sich der Nachwuchs zusammen, und Sie werden sehen, dass Sie nach einem Jahr einen gereiften jungen

Erwachsenen, der wahrscheinlich auch seine Ziele für sich definiert hat, zurückbekommen. Und der auch weiß, was er an Ihnen hat.

- Das Ausland ist keine gute Lösung, wenn Ihr Sohn/Ihre Tochter ein Mensch ist, der Wut, Trotz oder seine Gedanken bei einem Menschen seines Vertrauens loswerden muss: Dann braucht er vielleicht Sie als Vertrauensperson und sollte nicht in einer fremden Umgebung negative Gefühle in sich »hineinfressen«.
- Üben Sie sich in Gleichmut und warten Sie darauf, dass Ihr Kind früher oder später »aufwacht«. Das bedeutet aber nicht, dass er oder sie sich ganz vor seinen schulischen oder häuslichen Pflichten drücken darf oder Sie gar alle Unverschämtheiten durchgehen lassen.
- Bei permanenter Unterforderung ist dem sehr begabten Kind alles zu läppisch, und aus der sich immer wiederholenden Erfahrung des Banalen und Langweiligen resultiert irgendwann einmal totales Desinteresse. Ihr Kind braucht dann intellektuelles Futter, professionelle Beratung und muss zumindest einen Bereich finden, wo es richtig gefordert wird und sich einbringen kann. Dann ist wieder Licht am Ende des Tunnels zu erkennen.
- Bei Überforderung sollten Sie einen Schulwechsel in Erwägung ziehen.
- Versuchen Sie einen Zugang zu Ihrem Kind zu bekommen, den Grund in Erfahrung zu bringen, und holen Sie sich notfalls professionellen Rat.

Oberstufenkurswahl

Ein wichtiger Schritt zum Abitur ist die Wahl der Kurse, allen voran der Prüfungskurse, aber auch der Wahlpflichtkurse. Die angehenden Kursstufenschüler wünschen sich Fächer, die ihnen liegen, unterrichtet von guten Lehrern, mit denen sie zurechtkommen und die gute Noten geben. Diese Wünsche werden aber selten alle erfüllt. Was dürfen sie erwarten? Was können sie tun?

Am wichtigsten sind zunächst die Kurse, die im Abitur besonderes Gewicht haben und in denen auch die Prüfungen stattfinden werden oder können. Hier ist es ein legitimer und erfüllbarer Wunsch, dass zum Wahlzeitpunkt das Kursangebot und die Lehrkräfte bekannt sind, die diese Kurse unterrichten. Darauf sollten Schüler und Eltern auf jeden Fall bestehen.

Schwierig wird es, wenn eine geringe Einwahl der Schüler in einen Kurs dessen Zustandekommen gefährdet. Mögliche Lösungen sind hier:

- Der Kurs wird mit einer benachbarten Schule koordiniert, so dass in ihm Schüler zweier Schulen unterrichtet werden. Dafür müssen allerdings Stundenplannachteile verschmerzt werden.
- Der Kurs findet jahrgangsübergreifend statt. Hier gibt es dann Probleme, wenn ein Kursteilnehmer das Abitur nicht besteht oder länger durch Krankheit ausfällt. Da der Unterrichtsstoff in einer rotierenden zweijährigen Reihenfolge durchgenommen wird, kann ein halbjähriger Kurs nur schwer wiederholt werden.
- Die Schule erwirkt eine Ausnahmegenehmigung für einen unterbesetzten Kurs. Das geht aber zu Lasten anderer Kursgruppengrößen, da nicht mehr Lehrer zur Verfügung stehen und die Kurszahl sich nun zwangsläufig erhöht.

Die belegpflichtigen Kurse, die nicht oder nur wenig im Abitur zählen, sind viel zahlreicher. Hier wird es schwieriger oder unmöglich sein, Lehrer vor Ab- oder Einwahl in Kurse zu erfahren. Es besteht in aller Regel kein Anspruch auf einen bestimmten Kurs, einen bestimmten Lehrer oder ein Fach, wenn es nicht Pflichtfach ist, also unbedingt in das Abitur eingebracht werden muss.

Es wird schwierig sein, eine Umwahl von einem unbeliebten zu einem beliebten Lehrer durchzusetzen, denn die Schule hat nur die Lehrer, die sie hat, und sie muss bemüht sein, gleichmäßige Kursgrößen zu gewährleisten.

Was können Sie tun?

- Sie oder Ihr erwachsener Nachwuchs sollten darauf bestehen, dass in den Fächern der schriftlichen Prüfungen die unterrichtenden Lehrer vor der Kurswahl bekannt sind.
- Wenn die Einwahlen für einen Kurs zu gering sind, versuchen Sie bei der Schulleitung eine der oben beschriebenen Lösungen zu erreichen.
- Gegenüber einer zögerlichen Schulleitung, die – wie wir gerade gesehen haben – für die Ablehnung eines Kurses gute Gründe hat, können die Betroffenen versuchen, durch ihren Zusammenschluss und eine gemeinsame Absichtserklärung des Schulwechsels doch noch eine Zustimmung zu erhalten.
- Mit Tauschpartnern oder in Gesprächen mit der Schulleitung lässt sich vielleicht im Einzelfall ein Kurstausch erwirken. Gute Argumente sind beispielsweise eine konfliktreiche Vorgeschichte zwischen dem Schüler und dem betroffenen Lehrer. Sie sollten versuchen, die erfolgreichen Bemühungen älterer Schülergenerationen in Erfahrung zu bringen, und sich daran orientieren.

- Die Elternvertretungen sollten generell auf ein breites Kursangebot drängen und die Schule unterstützen, wenn es darum geht, Personallücken zu schließen.

Onlinesucht
Siehe »Internetsucht«.

Psychosomatische Symptome
Wenn Ihr Kind Schlafstörungen, Bauchschmerzen, Appetitstörungen hat, es plötzlich nervös und unkonzentriert ist, dann zeigt es deutliche Signale für ein psychisches Problem – sofern keine physische Erkrankung vorliegt. Auch plötzliche Albträume und Angstattacken müssen sehr ernst genommen werden.

Die möglichen Ursachen sind vielfältig. Sie müssen nicht mit der Schule zusammenhängen.

Was können Sie tun?

- Klären Sie physische Erkrankungen beim Hausarzt ab.
- Sprechen Sie zuerst mit Ihrem Kind. Allerdings werden Sie bei dieser Symptomatik oft keinen Zugang zu ihm finden. Dann suchen Sie einen Kinder- und Jugendpsychologen auf, zumal, wenn auch Gespräche mit der Schule keine eindeutige und abstellbare Ursache ergeben.

Rechenschwäche/Dyskalkulie
Rechenschwäche ist der breiten Öffentlichkeit weniger bekannt als die viel diskutierte Lese-Rechtschreib-Schwäche, obwohl vier bis sechs Prozent der Grundschulkinder betroffen sind. Und genau wie bei der LRS sind auch bei dieser Teilleistungsschwäche Faulheit oder gar mangelnde

Intelligenz nicht ursächlich. Selbst eine geringe mathematische Begabung kann den betroffenen Kindern nicht automatisch unterstellt werden!

Dyskalkulie »zeigt sich durch beständige Minderleistung im Lernstoff des arithmetischen Grundlagenbereiches (Mächtigkeitsverständnis, Zahlbegriff, Grundrechenarten, Dezimalsystem), wobei die betroffenen Schüler mit ihrer subjektiven Logik in systematisierbarer Art und Weise Fehler machen, die auf begrifflichen Verinnerlichungsproblemen beruhen.«[103] Als Beispiel sei genannt: $85 - 68 = 23$. Hier wird jede Ziffer nur für sich subtrahiert, nicht die zweistellige Zahl als Menge erkannt. Jegliches Üben und Automatisieren sind so vergeblich, da die Kerngedanken unerschlossen sind: dass hinter jeder Zahl eine bestimmte Menge steht. Wenn Menge und Zahl mit gänzlich falschen Vorstellungen besetzt sind, kann die innere Logik des Stellenwertsystems nicht erarbeitet werden.

Kinder entwickeln die Fähigkeit, Zahlen mit Mengen zu verknüpfen, normalerweise schon vor der Einschulung. Damit könnte man die Dyskalkulie bereits im Kindergarten vorhersagen, aber erkannt wird sie oft erst später – Ende der zweiten oder Anfang der dritten Klasse.

Die Ursachen der Dyskalkulie sind bisher nicht genau bekannt: Ist ein unterdurchschnittliches räumlich-visuelles Vorstellungsvermögen dafür verantwortlich? Oder können die Kinder Zahlen nicht bildlich erfassen? Was ist auf eine erbliche Veranlagung und was auf Stress zurückzuführen?

Rechenschwache Kinder haben auch Schwierigkeiten in anderen Fächern: Tages-, Wochen-, Jahresverlauf, Thermometer, Himmelsrichtungen, Uhr, Stromkreis, geschichtliche Ereignisse werden nicht verstanden oder richtig eingeordnet. Auch die Orientierung mithilfe von Karten und Tabellen bereitet erhebliche Schwierigkeiten.

Was können Sie tun?

- Wenn Ihr Kind für Aufgaben im Zahlenraum bis 100 sehr viel mehr Zeit als die Klassenkameraden benötigt und länger als andere Kinder mit den Fingern abzählt, sollten Sie es auf Rechenschwäche testen lassen und bei positivem Ergebnis eine qualifizierte Therapie anstreben.

Literatur und hilfreiche Informationen:

- Claus Jacobs und Franz Petermann: *Ratgeber Rechenstörungen.* Informationen für Betroffene, Eltern, Lehrer und Erzieher, Göttingen: Hogrefe Verlag 2007.
- Umfangreiche Informationen gibt das »Institut für Mathematisches Lernen Braunschweig«: www.home.snafu.de/wehrmann/rechenschwaeche.html. Dort gibt es auch eine bundesweite Liste von Therapiezentren.
- Hilfreich ist auch die Homepage des »Bundesverbandes für Legasthenie und Dyskalkulie«: www.bvl-legasthenie.de.

Schließung der Schule

Finanzielle Aspekte, sinkende Schülerzahlen und eine desolate Haushaltslage des Schulträgers führen vermehrt gegen alle Proteste der betroffenen Schüler, Eltern und Pädagogen zu Schulschließungen.

In Tipp 10 habe ich geraten, solche Schulen im langfristigen Interesse des Kindes bei der Anmeldung zu meiden. Was aber, wenn Ihr Kind schon auf einer von der Schließung bedrohten Schule ist?

In den neuen Bundesländern, die die demografische Entwicklung früher und drastischer als die alten Bundesländer durchlaufen haben, kam es in der Folge zur Gründung von privaten Schulen, die die staatlichen Defizite auszugleichen suchten.[104]

Was können Sie tun?

- Falls Ihr Kind bereits auf der Schule ist, sollten Sie auf jeden Fall gemeinsam mit den anderen Betroffenen politischen Druck ausüben. Lokalpolitiker und Landtagsabgeordnete wollen wiedergewählt werden.
- Schalten Sie die Presse ein, wenden Sie sich mit Unterschriftensammlungen an das Ministerium, und bestehen Sie darauf, dass für Sie eine gute Übergangslösung gefunden wird.
- Die Alternative: Suchen Sie sich frühzeitig einen anderen Schulplatz, der möglichst das gleiche Fächerangebot bietet. Denn wenn andere auf dieselbe Idee kommen, wird das schwierig.
- Überprüfen Sie die Möglichkeit einer privaten Schulgründung.

Literatur und hilfreiche Informationen:

- Der »Verband Deutscher Privatschulverbände e.V.« (www.privatschulen.de) vermittelt auf Wunsch Kontakte zu erfolgreichen Schulgründungen.

Schulangst

Jeder fünfte Schüler in Deutschland soll unter Schulangst leiden, Mädchen häufiger als Jungen. Diese Kinder haben Angst vor der Schule, vielleicht sogar psychosomatische Symptome wie Bauchschmerzen, Kopfweh oder Schlaflosigkeit. Sie blühen in den Ferien auf und leiden in der Unterrichtszeit. Am Morgen vor der Schule trödeln sie und klagen regelmäßig über Unwohlsein. Sie versuchen so den Schulbesuch zu vermeiden oder mindestens zu verzögern.

Für die Schulangst gibt es zwei Erklärungen:

Zum einen eine Leistungs- oder Prüfungsangst, also die Angst zu versagen und den Anforderungen nicht gerecht zu werden. Diese Angst trifft nicht nur überforderte und leistungsschwache Schüler, sondern auch gute und sehr gute Schüler, die mit hohen Erwartungen von anderen konfrontiert sind oder sich selbst sehr unter Druck setzen. Gerade an Prüfungstagen treten dann vermehrt die Anzeichen der Angst auf, die Betroffenen machen sich große Sorgen und gehen von ihrem eigenen Misserfolg aus. Wissenslücken, zum Beispiel nach einem Schulwechsel oder längerer Krankheit, die Wahl eines ungeeigneten Schultyps oder zu hoher Leistungsdruck können zu dieser Art der Schulangst führen. Auch individuelle Lernschwierigkeiten, schlechte Prüfungsvorbereitungen, zu forderndes Verhalten der Eltern oder Herabwürdigungen der Lehrer können verantwortlich sein.

Zum anderen können soziale Ängste für Schulangst verantwortlich sein: Werden die Schüler gehänselt oder herabgesetzt, dann entstehen Schüchternheit, Scham und Angst vor anderen. Vielleicht beginnen die Kinder und Jugendlichen auch zu stottern. Mobbing in der Schule oder auf dem Schulweg kann soziale Angst ebenfalls auslösen.

Was können Sie tun?

- Stärken Sie die Zuversicht Ihre Kindes: Ermutigen Sie es.
- Sorgen Sie dafür, dass Ihr Kind sich auf Prüfungen vorbereitet (siehe auch die Tipps dazu in Kapitel 2).
- Lassen Sie feststellen, ob eine echte Leistungsüberforderung vorliegt.

- Überprüfen Sie, ob eine Lernschwäche, eine Mobbing-situation oder Konflikte mit Lehrern vorliegen.
- Bei starken psychosomatischen Symptomen sollten Sie eine professionelle Beratung hinzuziehen.

Schwänzen

Wenn Kinder einzelne Stunden oder ganze Vormittage der Schule fernbleiben, merken die Eltern das zunächst oft nicht. Langeweile, Abenteuerlust, vor allem aber die Unlust, sich mit dem manchmal mühsamen und frustrierenden Lernpro-zess in der Schule abzumühen, sind häufige Motive der Kinder und Jugendlichen. Lernen macht nicht immer Spaß, und der Sinn der Mühen liegt aus Schülersicht im Schulalltag nicht gerade auf der Hand, auch wenn die Lehrer sich be-mühen, die Relevanz eines Themas zu vermitteln. Warum da nicht lieber die Freiheit auf dem Skateboard genießen, statt in der Schule zu büffeln? Manchmal werden dann aus ein-zelnen Stunden ganze Tage, die Schüler entscheiden sich schließlich ganz gegen die Schule. So gilt Schulschwänzen als Kernsymptom von Störungen des Sozialverhaltens, denn die Schüler bringen durch ihr Verhalten sehr deutlich zum Ausdruck, dass sie sich nicht an gesellschaftliche Normen und Konventionen halten wollen.

Ca. ein bis zwei Prozent der Schüler gehören zum »harten Kern«: Sie schwänzen im großen Stil. Das sind in Deutsch-land etwa 100 000 bis 200 000 Schüler. Allein in Berlin sollen rund 8000 von 360 000 Schülern überhaupt nicht mehr zur Schule gehen, und 3000 schwänzen den Unterricht so gut wie ständig.

Wo wird am meisten geschwänzt?

Vor allem an den Haupt- und Sonderschulen, gefolgt von den Grundschulen. Die 8. Klasse ist am häufigsten be-troffen, 30 Prozent der Acht- bis Zehntklässler schwänzen in Freiburg sporadisch und acht Prozent regelmäßig. Auch für Brandenburg gibt es Zahlen: Das Schwänzen einzelner Stunden ist unter Schülern der 9. und 10. Klassen mit ca. 50 Prozent verbreitet. 25 Prozent schwänzen bisweilen auch ganze Schultage.[105]

Schulschwänzer haben keine Angst vor der Schule und deshalb auch keine psychosomatischen Beschwerden. Eher sind sie kleine Anarchisten, die sich nicht an Regeln halten, aggressiv und trotzig sind und sich mit Gleichgesinnten verbünden. Nicht gemeint sind hier die kleinen Fluchten zur Selbstfindung, die zum Erwachsenwerden bei den Sechzehn- und Siebzehnjährigen irgendwie dazugehören: erst einmal Frühstücken gehen, aber den Schulstoff nachholen und die Noten im Blick behalten.

Was sind die Auslöser?

Familiäre Konflikte und Probleme sowie Desinteresse der Eltern an den schulischen Sorgen und persönlichen Nöten ihrer Kinder sind wichtige Auslöser. Wenn sich die Eltern aber nicht interessiert zeigen, entwerten sie die schulischen Bemühungen ihrer Kinder. Oft leiden Schulschwänzer auch unter Lernstörungen, so dass eine Kombination aus Erziehungsdefiziten und (Teil-)Leistungsschwächen zusammenkommt. Häufig haben Schulschwänzer nicht nur der Schule den Rücken gekehrt, sie sind auch von zu Hause weggelaufen und neigen zu kriminellen Handlungen und Drogenkonsum.

Was können Sie tun?

- Nehmen Sie ernst, wenn Sie erfahren, dass Ihr Kind dem Unterricht fernbleibt. Suchen Sie die Ursachen und zeigen Sie sich an den Leistungen Ihres Kindes in der Schule interessiert.

Literatur und hilfreiche Informationen:

- Fundiert: www.neurologen-und-psychiater-im-netz.de, unter der Rubrik »Kinder und Jugendliche« finden Sie das Stichwort »Schulverweigerung«.
- Eine interessante Studie der Fachhochschule für Verwaltung und Rechtspflege Berlin, Fachbereich Polizeivollzugsdienst finden Sie unter: www.fhvr-berlin.de/fhvr/fileadmin/dozent/ohder/pb_schuleschwaenzen.pdf.

»Sitzenbleiben«

Wenn ein Kind oder ein Jugendlicher eine Klassenstufe wiederholen muss, ist das nicht schön. Die Betroffenen empfinden ein persönliches Versagen und stehen unter dem Druck, eine weitere Wiederholung auf jeden Fall zu vermeiden, denn sonst muss die Schulart gewechselt werden: vom Gymnasium in die Realschule, von dort in die Hauptschule. Zudem steht zu Beginn des neuen Schuljahres die unangenehme Aufnahme in eine neue Klasse an, in der alle wissen: »Der/die ist ›kleben geblieben‹.«

Was können Sie tun?

- Führen Sie Abschlussgespräche mit den alten Lehrern: Fragen Sie nach deren Ursacheneinschätzung, und lassen Sie sich hinsichtlich zukünftiger Unterstützungsmöglichkeiten beraten.
- Bei Kindern, die sich den Misserfolg zu Herzen nehmen: Nutzen Sie die Sommerferien zur Erholung. Einmal eine längere Zeit ohne schulische Probleme mit positiven Aktivitäten stärkt das angeknackste Selbstbewusstsein.
- Bei Kindern, die eher unbeeindruckt wirken: Wenn Sie glauben, dass das nicht nur eine Maske ist, sollten die

Sommerferien nicht nur zu Erholung genutzt werden. Lassen Sie feststellen, ob eine Lernstörung oder psychische Probleme vorliegen.

- Begleiten Sie die schulische Arbeit intensiv: Kontrollieren Sie Hausaugaben, bleiben Sie in Kontakt mit den Lehrern, sorgen Sie dafür, dass Lernzeiten eingehalten werden, und loben Sie, wann immer es einen Grund dafür gibt!
- Lesen Sie, was unter dem Schlagwort »Eingliederung« geschrieben steht.
- Wenn es sich im neuen Schuljahr nicht bessert: Denken Sie über einen Wechsel des Schultyps nach.

Springen

Hochbegabte sollten eine Klassenstufe höher springen – oder gleich in die zweite Klasse eingeschult werden. Keinesfalls sollten sie ihre Lebenszeit verplempern und noch dazu eine massive Schulunlust entwickeln. So früh wie möglich an die Uni, hin zu den sie wirklich interessierenden spannenden Dingen.

Mit »hochbegabt« sind hier die positiv getesteten Schüler gemeint, die sich nicht schulisch engagieren und entweder relativ schlechte Noten haben oder aber mit wenig Aufwand sehr gute. Diejenigen, die viel arbeiten und gute Noten haben, sollten nicht springen, das würde sie zu sehr fordern und wäre eher kontraproduktiv.

Bei einer richtigen Begleitung kann sich das »Springen« sehr segensreich auswirken.

Was können Sie tun?

- Die neue Klasse sollte sozial intakt sein, und die Lehrer sollten ein Grundverständnis für Hochbegabte haben.
- In der neuen Klasse sollte sich auf jeden Fall ein geeigneter Pate finden.

- Begleitende Gespräche Ihres Nachwuchses mit einem qualifizierten Beratungslehrer oder Jugendpsychologen sind ratsam.
- Parallel sollte eine Hochbegabten-AG oder ein Hochbegabten-Zug besucht werden. Den Schulstoff eines Jahres nachzuholen ist für diese Schüler nicht eine so große Herausforderung, wie viele meinen.
- Machen Sie nicht den Fehler, die Spezialinteressen aus Angst um den schulischen Erfolg beim vermeintlich so fordernden »Springen« zu streichen.
- Lesen Sie die Tipps zur Eingliederung.

Trennung der Eltern

Die Trennung eines Elternpaares ist für die Kinder ein einschneidendes Erlebnis. Die Kinder leiden übrigens auch dann, wenn nur ein Elternteil leiblich ist, sie den anderen aber als wichtige Bezugsperson akzeptiert haben: Jedes Kind möchte, dass die Eltern zusammenbleiben. Trauer, Wut, Schuldzuweisungen oder -gefühle sowie Vermittlungsversuche sind typische Reaktionen. Allerdings können Kinder ewige Streitereien und Drohungen eines Elternteils, den anderen zu verlassen, auch nicht ertragen.

Wie reagieren Kinder unterschiedlichen Alters?

- Im Alter von sieben bis acht Jahren entwickeln Kinder starke Gefühle des Verlustes und fühlen sich zurückgewiesen. Sie weinen und sind launisch, fühlen eine innere Leere und haben Konzentrationsschwierigkeiten. Bei ca. 50 Prozent kommt es vorübergehend zu Leistungsabfall in der Schule. Sie fühlen sich zur Parteinahme verpflichtet, was Loyalitätskonflikte zur Folge hat.

- Neun bis zwölf Jahre: In diesem Alter zeigt sich oft Wut auf die Eltern, aber die Kinder machen sich auch Sorgen. Sie scheinen nach außen hin mutiger, aktiver und gelassener. In Wirklichkeit sind die Kinder aber oft überfordert, nicht selten haben sie daher körperliche Beschwerden wie Bauch- und Kopfschmerzen.
- 13 bis 18 Jahre: Jugendliche erleben ihre Eltern eher als unabhängige Persönlichkeiten und können ihre Beziehung von denen der Eltern untereinander trennen. Sie können oft intellektuell nachvollziehen, dass eine Trennung besser ist. Aber auch sie fühlen Zorn und Trauer sowie Schmerz und Scham. Sie können sich verlassen und betrogen fühlen und haben Angst, die Fehler der Eltern zu wiederholen.

Wenn Sie sich zu einer Trennung entschlossen haben, sollten Sie versuchen, den Schaden für die Kinder so gering wie möglich zu halten. Dazu gibt es allerhand Ratgeber, auch Mediations- und Erziehungsberatungsstellen können hilfreiche Tipps geben. Wichtig ist, dass alle Angelegenheiten, die die Kinder betreffen, nicht als Waffen benutzt werden und die Kinder sich nicht positionieren müssen. Das sollte Ihr Ziel sein: einvernehmliche Lösungen in Bezug auf die Kinder zu finden, zumal das gemeinsame Sorgerecht beider Elternteile heute die Standardregelung im Scheidungsfall darstellt.

Welche besonderen Überlegungen aber betreffen die Schule?

Die Schule wird in aller Regel nur einen Elternteil anschreiben oder über Schwierigkeiten informieren. Sie geht davon aus, dass die beiden Eltern einvernehmlich zusammenarbeiten. Der Elternteil, bei dem das Kind lebt und der es angemeldet hat, ist der Ansprechpartner der Schule. Bei der hohen Zahl der Scheidungen und der teilweise großen Klassen ist es auch nicht möglich, Vater und Mutter jeweils eigene Gesprächstermine zuzugestehen. Bei Eltern, die den Rosenkrieg über die Kinder auch nach der Trennung fortführen, sind große Problem vorprogrammiert, die die Schule nicht lösen kann, wenn die Eltern sich nicht ins Benehmen setzen und einigermaßen einvernehmlich agieren.

Was können Sie tun?

- Arbeiten Sie auch nach der Trennung in schulischen und (Erziehungs-)Fragen nicht gegeneinander – Sie schaden Ihrem Kind.
- Informieren Sie sich gegenseitig über alle schulischen Belange und treffen Sie gemeinsame Entscheidungen.
- Lassen Sie sich beraten, wie Sie die Trennung Ihren Kindern mitteilen und welche Regelungen für die kindliche Entwicklung günstig sind.

Literatur und hilfreiche Informationen:

- Die Homepage der »Berliner Erziehungs- und Familienberatungsstellen in freier und öffentlicher Trägerschaft« bietet Infos: www.efb-berlin.de/dokument.py?nr=34.
- Auch hilfreich ist die Homepage des »Staatsinstituts für Frühpädagogik«: www.familienhandbuch.de/cmain/f_Aktuelles/a_Trennung_Scheidung/s_595.html.

Umzug
Nicht selten müssen Familien aus beruflichen oder anderen Gründen umziehen. Das bedeutet in aller Regel, dass sich zumindest die Schule, vielleicht auch der Wohnort oder gar

das Bundesland ändert. Für einen Schulwechsel innerhalb eines Bundeslandes sehen Sie bitte unter »Wechsel der Schule« nach. Hier geht es um einen Umzug aus einem anderen Bundesland oder gar aus dem Ausland.

Wenn Sie aus dem Ausland kommen, muss zunächst festgestellt werden, ob die Abschlüsse anerkannt werden, auf welchen Schultypus und in welche Klasse das Kind sinnvollerweise gehen soll. Ansprechpartner ist die aufnehmende Schulleitung. Bringen Sie zum Gespräch mit der Schulleitung die letzten Zeugnisse mit – gegebenenfalls plus einer amtlich beglaubigten Übersetzung, falls es sich nicht um eine in Deutschland gängige Fremdsprache handelt. Im Gespräch werden dann der Jahrgang und die Schulart festgelegt. Da die Performance der Schüler schwer prognostizierbar ist, wird wahrscheinlich eine Probezeit festgelegt, nach deren Ablauf über die endgültige Aufnahme befunden wird, und/oder es gibt eine Überprüfung der mündlichen und schriftlichen Leistungen in wichtigen Fächern.

Wenn Sie aus einem anderen Bundesland kommen, vertrauen Schulleitungen auf die Zeugnisse, denn hier werden die Abschlüsse ja gegenseitig anerkannt. Gleichwohl habe ich die Erfahrung gemacht, dass zum Beispiel Kinder, die aus Berlin nach Baden-Württemberg umgezogen sind, meistens nicht in den gleichen Jahrgang eingeschult werden konnten.

Wann sollte man umziehen?

Wenn Sie es beeinflussen können, ist natürlich ein Umzug zum Schuljahreswechsel günstig. Falls die Sommerferien der beiden Bundesländer so liegen, dass sie für das Kind durch den Umzug entfallen würden, können Schulleitungen – vor allem die der abgebenden Schule – Ihnen mit einer kleinen Beurlaubung wegen Umzugsorganisation sicherlich entgegenkommen. Aber auch jeder andere Umzugstermin geht. In diesem Fall holen Sie sich von der abgebenden Schule eine aktuelle Leistungsübersicht, die dann mit den Leistungen der neuen Schule verrechnet wird. Denn das Zeugnis ist immer ein Ganzjahreszeugnis! Ein bisschen ungeschickt ist lediglich der Umzug ein bis zwei Monate vor Schuljahresende des neuen Bundeslandes, denn da treffen die Notengebung der neuen Schule und die Umstellungsschwierigkeiten aufeinander.

Wann sollte man mit der Schulsuche beginnen?

Einen Schulplatz können Sie erst suchen, wenn der Umzug feststeht, denn die neue Schule wird erst tätig, wenn sie Ihre neue Adresse hat. Sie müssen sich vorstellen, dass in den Zuzugsgebieten viele Anfragen eingehen und die Schulen die Erfahrung gemacht haben, dass sich die meisten Anfragen erledigen, weil die Wohnung dann doch in einem anderen Stadtteil liegt.

Wichtig ist vor allem, dass die Fächer der alten Schule, insbesondere die Fremdsprachen, auch an der neuen Schule fortgeführt werden können. Ein Jahr Lernrückstand in einem Fach können gute Schüler in aller Regel innerhalb weniger Monate aufholen.

Was können Sie tun?

- Sobald Sie Ihre neue Adresse kennen, gehen Sie mit den letzten Zeugnissen (und Übersetzungen) nach Terminvereinbarung (!) zu den nahe liegenden Schulen, die die Fremdsprachen Ihres Kindes anbieten. Die notwendigen Informationen können Sie den Stadtplänen und Schulhomepages entnehmen.
- Versuchen Sie einen Termin mit der zukünftigen Klassenlehrerin und Ihrem Kind vor Ort zu vereinbaren – das nimmt Ängste.

- Bitten Sie darum, dass der Klassenlehrer einen Paten aus der gleichen Klasse bestimmt, der sich um Ihr Kind kümmert.
- Bitten Sie um Übersendung des Stundenplanes vor dem ersten Schultag.
- Vergessen Sie nicht alle wichtigen Informationen über Besonderheiten des Kindes, der häuslichen Situation usw. der neuen Klassenlehrerin mitzuteilen, denn nicht immer werden Schülerakten zwischen den Schulen gewissenhaft ausgetauscht.

Unfall

Zu den Unterrichtsversäumnissen siehe auch »Krankheit«.

An was müssen Sie denken, wenn ein Unfall in der Schule stattfand?

Ihr Kind ist auf dem Schulweg und in der Schule gesetzlich versichert. Melden Sie den Unfall im Sekretariat der Schule, vielleicht möchte die Schulleitung Sie sprechen, um sich über die Risiken weiterer Unfälle ein Bild zu machen oder zu überprüfen, ob ein Versäumnis eines Schulangehörigen, zum Beispiel bei der Aufsicht oder Hilfestellung im Sportunterricht, vorliegt. Sie werden dann dem Versicherungsträger den Unfall melden müssen und Formblätter ausfüllen. Auch ärztliche Gutachten müssen oft beigefügt werden. Fahrten des Kindes mit dem Taxi oder dem Krankenwagen von der Schule zum Arzt oder in das Krankenhaus sind versichert und gehen nicht zu Ihren Lasten, falls Sie nicht schnell genug an der Schule sein konnten.

Was können Sie tun?

- Den Unfall der Schule melden, die zeigt es dann beim Versicherungsträger an und sorgt dafür, dass Sie alle notwendigen Formulare erhalten.

Unterrichtsausfall

Siehe Kapitel 1 die Abschnitte »Was muss sich ändern, damit deutsche Schulen wieder Spitze sind?« und »Erhoffen Sie keine schnelle Änderungen, wenn Sie Unterversorgung mit Lehrkräften oder inakzeptable Gebäude stören« sowie die Tipps 117 und 119.

Versetzung auf Probe

Die Versetzung auf Probe nach einem Beschluss der Klassen- bzw. Versetzungskonferenz soll Schülern die Möglichkeit eröffnen, den nicht gelernten Stoff in den Sommerferien (und zum Teil zu Beginn des Schuljahres) nachzuarbeiten. Dann erfolgt meist eine Prüfung, die über den Verbleib in der nächsthöheren Klassenstufe entscheidet. Es kann auch sein, dass die Halbjahreskonferenz zu Beginn des neuen Kalenderjahres, also zum Halbjahreswechsel, eine Entscheidung fällt. Es gibt des Weiteren Versetzungen auf Probe, die mit den Schulleitungen individuell ausgehandelt werden, beispielsweise bei der Aufnahme in eine Schule.

Was können Sie tun?

- Bei individuellen Versetzungen auf Probe müssen Sie sich genau über die Konditionen informieren: Werden Gutachten der Fachlehrer eingeholt? Wann? Gibt es Prüfungen? Auf welchen Prüfungsgebieten?
- Sonst: Lassen Sie Ihr Kind an von der Schule empfohlenen Ferienkursen in den Sommerferien teilnehmen.
- Lassen Sie sich von den Lehrern eine Übersicht über den zu wiederholenden Stoff geben.
- Wenn der Wiederholungskurs zu Beginn der Ferien liegt, sollte Ihr Kind nach einer zweiwöchigen Er-

holungspause den Prüfungsstoff erneut wiederholen.

- Wenn die Halbjahreskonferenz entscheidet, braucht Ihr
  Kind bis dahin eine qualifizierte Nachhilfe, die es bei der
  Lernmethodik und der Aufarbeitung des Unterrichtsstof-
  fes unterstützt.
- Lesen Sie die Tipps zur Prüfungsvorbereitung und zum
  Lernen in Kapitel 2.

Versetzung gefährdet

Nicht an allen Schulen gibt es heutzutage noch die ge-
fürchteten »Blauen Briefe«, die bei schlechten Leistungen
und fraglicher Versetzung als zusätzliche Warnung ein paar
Monate vor den Abschlusszeugnissen die Elternhäuser erreichen. Viele Schulen meinen heute, dass die Zwischen-
zeugnisse oder Halbjahresinformationen in Verbindung mit
den ausgehändigten Versetzungsbestimmungen sowie den
mit Unterschrift zur Kenntnis genommenen Klassenarbeiten
ausreichend Transparenz schaffen.

Mit dem Wegfall der »Blauen Briefe« hat sich eine zweite
Tendenz an deutschen Schulen durchgesetzt: Klassenwie-
derholungen werden in zunehmendem Maße dadurch vermieden, dass die Schülerinnen und Schüler die Möglichkeit
erhalten, den Unterrichtsstoff ihrer leistungsschwachen Fächer in den Sommerferien nachzuholen und sich dann zu
Beginn des neuen Schuljahres einer Prüfung zu unterziehen, die eine Versetzung doch noch ermöglicht. Anstoß für
diese Entwicklung gab unter anderem das PISA-Ergebnis,
das die Wiederholerquote in Deutschland als zu hoch be-
urteilte.

Schon immer aber konnten und können unabhängig davon die Versetzungskonferenzen angesichts besonderer
Umstände bei einer positiven Prognose trotz ungenügen-

der Noten eine Versetzung probeweise oder endgültig beschließen.

Was können Sie tun?

- Halten Sie sich durch Kenntnisnahme der Klassenarbeiten und durch guten Kontakt zu den Lehrern über den Leistungsstand Ihres Kindes auf dem Laufenden.
- Denken Sie rechtzeitig über Nachhilfe nach.
- Teilen Sie bei einer Versetzungsgefährdung Ihres Kindes angesichts besonderer Umstände – Scheidung, Krankheit etc. – diese der Schule rechtzeitig mit, damit die Versetzungskonferenz dem Rechnung tragen kann.
- Erwägenswert ist auch eine freiwillige Rückstufung. Das gilt nicht als »nicht versetzt«, was wichtig sein kann, falls im folgenden Jahr wieder Versetzungsschwierigkeiten auftreten. Denn beim »Sitzenbleiben« zweier aufeinanderfolgender Klassenstufen müsste ein Schüler die Schule verlassen.

Verweis von der Schule

Ein Schulverweis bedeutet, dass Sie sich nun um die Aufnahme an einer neuen Schule kümmern müssen, denn schließlich sind Sie für die Erfüllung der Schulpflicht verantwortlich. Keine Schulleitung muss Ihr Kind nehmen, aber irgendeine schon. Das heißt, dass Sie keinen Anspruch auf einen Platz an einer bestimmten Schule haben. Manchmal kann es sogar sein, dass eine weiter entfernte Schule von der alten dringend angeraten wird, um den Schüler von seinem unguten Milieu zukünftig fernzuhalten. Und Sie können hundertprozentig sicher sein, dass jede Schule, an der Sie vorsprechen, die Schulleitung der alten Schule anrufen wird. Das können Sie nicht verhindern, denn Sie müssen die Zeugnisse der alten Schule vorlegen.

Was können Sie tun?

- Sprechen Sie zusammen mit Sohn/Tochter an allen potenziellen neuen Schulen vor, und sagen Sie die Wahrheit, was die Hintergründe und Vorgeschichte Ihres Ersuchens anbelangt.
- Schieben Sie nicht anderen die Schuld für den Verweis zu.
- Seien Sie konstruktiv: Thematisieren Sie, wie Sie sich die Zukunft vorstellen, was Sie dazu beitragen können und was Sie sich an Unterstützung erhoffen.

Wechsel der Schule

Ein Schulwechsel ist manchmal unvermeidbar, wenn beispielsweise von Berufs wegen ein Ortswechsel ansteht oder ein Schulwechsel aus guten Gründen ratsam erscheint: falls ein Mobbing-Problem nicht gelöst wird, schulische Konflikte das Kind über die Maßen belasten oder das Fächerangebot bzw. die Klassengröße dort unbefriedigend sind. Es kann auch sein, dass sich der gegenwärtige Schultyp als falsch herausstellt.

Bei einem Wechsel von einer staatlichen an eine private Schule (siehe Kapitel »Privatschulen und Internate – ein Ausweg?«) gibt es keine besonderen Schwierigkeiten, aber vom privaten System zurück ins staatliche System kann es sein, dass die aufnehmende Schule vor der Aufnahme in eine bestimmte Jahrgangsstufe auf einer eigenen Leistungsfeststellung oder einem Probezeitraum besteht: Die Lehrpläne und Bewertungssysteme (falls überhaupt vorhanden) sind in diesem Fall einfach zu unterschiedlich.

Falls Sie aus beruflichen Gründen das Land oder Bundesland wechseln, lesen Sie bitte auch die Hinweise unter dem Stichwort »Umzug«.

Was können Sie tun?

Siehe Kapitel 1 »Wie finde ich die richtige Schule für mein Kind?«. Hier kurz das Wichtigste zur Erinnerung:

- Beziehen Sie Ihr Kind in die Entscheidung ein.
- Nehmen Sie Ihr Kind mit, und lernen Sie die Schule und den Klassenlehrer vor dem ersten Schultag kennen.
- Bringen Sie den Stundenplan vor dem ersten Schultag in Erfahrung.
- Wünschen Sie sich einen Klassenkameraden zum Paten, der Ihr Kind in der ersten Zeit unter seine oder ihre Fittiche nimmt.
- Informieren Sie die neue Schulleitung ehrlich über Schwierigkeiten und Konflikte an der alten Schule, denn Sie können getrost davon ausgehen, dass die neue Schulleitung zum Telefonhörer greift und sich bei der alten Schulleitung informiert – wenn nicht routinemäßig, dann spätestens, wenn erste Probleme auftreten.

Ein X für ein U vormachen

Zu Hause werden der Lehrer und sein Unterricht vom Kind in einem schlechten Licht dargestellt: »Nein, die Hausaufgaben hat der gar nicht deutlich aufgegeben. Ich habe nichts mitbekommen« oder »Das ist gar nicht erklärt worden«, »Der hat mich auf dem Kieker. Ich habe gar nichts getan.« In der Schule werden nicht gemachte Hausaufgaben mit reihenweise verstorbenen Großeltern erklärt und merkwürdig kindlich erscheinende Entschuldigungszettelchen »von der Mutter« vorgelegt. Lehrer und Eltern werden gegeneinander ausgespielt. Am Ende entschuldigen Sie möglicherweise Ihr Kind, die Lehrer resignieren, und die Zusammenarbeit zwischen Schule und Elternhaus ist gestört.

Um das zu verhindern, hilft nur eines: eine gute Kommunikation zwischen Schule und Elternhaus, eine Zusammenarbeit, die auf einem gegenseitigen Grundvertrauen und gelungener Kommunikation beruht.

Was können Sie tun?

- Lesen Sie Kapitel 3 Teil 1.
- Auch wenn Sie Ihr Kind lieben – glauben Sie nicht immer alles blind, was es erzählt, und suchen Sie den Kontakt zum Lehrer.

Zensuren fragwürdig

Zensuren scheinen nicht immer gerecht: Der Nachbar hat eine bessere Zeugnisnote, obwohl er doch auch nicht mehr im Unterricht gesagt hat und die Klassenarbeit dieselbe Bewertung hatte. Oder der Notendurchschnitt in der Parallelklasse ist weit höher, wie kann das sein?

Zunächst einmal kann ein echter Irrtum vorliegen – eine Note ist vielleicht falsch berechnet worden, oder der Lehrer ist in der Tabelle verrutscht und hat so die Bewertung falsch abgelesen – ein unglückliches Versehen im Eifer der Korrekturen oder des Zeugnismarathons, bei dem die Lehrer Hunderte von Noten ausrechnen und übertragen müssen. Das kann passieren und ist leicht zu korrigieren. Und solches tun die Lehrer dann auch umstandslos.

Welche Regeln gelten für die Bewertung von Schülerleistungen?

- Die Lehrkräfte sind verpflichtet ihre Kriterien für die Benotung am Beginn des Schuljahres bekannt zu geben. Wie viele Arbeiten werden geschrieben? Wie ist das Verhältnis von mündlicher und schriftlicher Leistung, und wie werden Teilleistungen gewichtet? Von dieser Verlautbarung dürfen Lehrkräfte dann nicht unbegründet abweichen.
- Pädagogen sind auch verpflichtet, die Zensuren kurz zu begründen. Dabei reichen formal gesehen Begründungen wie: »Die Qualität deiner mündlichen Leistungen reicht nicht für eine bessere Bewertung.« Lehrer müssen also nicht in die Details der inhaltlichen Anforderungen gehen, um eine Zensur stichhaltig zu begründen.
- Lehrer müssen Atteste über Teilleistungsschwächen berücksichtigen. Erkrankungen dürfen den Schülern nicht zum Nachteil gereichen: Beispielsweise darf eine durch gesundheitliche Beeinträchtigungen nicht absolvierte Sportprüfung nicht mit der Note »6« (Leistungsverweigerung) bewertet werden, denn das Versäumnis ist ja erwiesenermaßen unverschuldet. Allerdings müssen das Attest oder die Entschuldigung innerhalb der den Schülern bekannten Frist auch schriftlich vorliegen.

Aber jedem Lehrer steht bei der Beurteilung von Schülerleistungen ein Ermessensspielraum zu. So darf er beispielsweise die Leistungsentwicklung während des Schuljahrs mit berücksichtigen und vom rein rechnerischen Durchschnitt einer Endnote abweichen. Und der Durchschnitt der parallelen Klassen und Kurse muss keineswegs immer gleich sein. Auch kann ein Lehrer bei knappen Notenverhältnissen nicht gezwungen werden, großzügiger oder strenger zu sein als unter normalen Umständen.

Einen Anspruch auf Änderung der Note haben Sie nur, wenn wirkliche Formfehler vorliegen: Rechenfehler oder die bekannt gegebenen Kriterien der Zensurenfindung wurden nicht eingehalten.

Was können Sie tun?

- Bei Rechenfehlern: Machen Sie den Fachlehrer darauf aufmerksam und bitten Sie um Änderung. Das reicht in 99 Prozent aller Fälle, sonst müssen Sie zur Schulleitung.
- Bei fachlichen Zweifeln können Sie die Schulleitung um Überprüfung der Benotung bitten.
- Bei Formfehlern: Gehen Sie erst zum Lehrer, dann zur Schulleitung, notfalls danach zum Anwalt.

Zeugnisbemerkungen

Zeugnisse haben immer Platz für »Bemerkungen«. Dies ist keinesfalls nur der Ort der Dokumentation schlimmen Verhaltens oder nachlässiger Arbeitsmoral, sondern der Platz, an dem alle besonderen Umstände, die die Zensuren in einem anderen Licht erscheinen lassen, attestiert werden sollten. Gab es längere Krankheiten? Fand ein Schulwechsel statt? Hat sich der Schüler oder die Schülerin in besonderer Weise als Klassensprecher oder Schulsprecher ehrenamtlich engagiert? War er gar Schulsanitäter? Oder Sieger des Landeswettbewerbs »Mathematik«?

Oft sind Eltern und Schüler mit Bemerkungen im Zeugnis unzufrieden.

Was können Sie tun?

- Negative Bemerkungen sind von der Klassenkonferenz bzw. Notenkonferenz beschlossen worden. Daran werden Sie nur etwas ändern, wenn Sie wirklich belegen können, dass es sachlich falsch ist.

- Fehlende positive Bemerkungen aber können nachgetragen werden. Lassen Sie sich hier nicht abwimmeln.

Literaturangaben

Kapitel 1

Joachim Bauer: *Lob der Schule. Sieben Perspektiven für Schüler, Lehrer und Eltern*, Hamburg: Hoffmann und Campe Verlag 2007.

Bildungsstudie Deutschland 2007. Schule aus der Sicht von Eltern, Lehrern und Personalverantwortlichen, hg. v. Microsoft Deutschland und Focus, München: Focus Magazin Verlag 2007.

Michael Köditz: *Wenn Kinder schwierig sind. Eine Hilfestellung für Eltern, Lehrer und Erzieher*, München: dtv 2004.

David Chotjewitz: *Das Abenteuer des Denkens*, Hamburg: Carlsen Verlag 2004.

Manfred Prenzel, Cordula Artelt, Jürgen Baumert, Werner Blum, Marcus Hammann, Eckhard Klieme und Reinhard Pekrun (Hg.): *PISA 2006. Die Ergebnisse der dritten internationalen Vergleichsstudie*. Münster: Waxmann (2007).

Peter Struck: *Elternhandbuch Schule*, Darmstadt: Primus Verlag 2006.

Ludger Wößmann: *Letzte Chance für gute Schulen. Die 12 großen Irrtümer und was wir wirklich ändern müssen*, München: Verlag Zabert Sandmann 2007.

Kapitel 2

Hans-Dieter Dumpert, Martin Schuster: *Besser Lernen*, Berlin/Heidelberg/New York: Springer-Verlag 2007.

Hermann Ebbinghaus: *Über das Gedächtnis. Untersuchungen zur experimentellen Psychologie*, Leipzig 1885.

Petra Thorbietz und Gaby Miketta: *Konzentration – Wie Eltern ihr Kind unterstützen können*, München: dtv 2007.

Sebastian Leitner: *So lernt man lernen: Der Weg zum Erfolg*, Freiburg: Herder Verlag 2008.

Werner Metzig u. Martin Schuster: *Lernen zu lernen*, Berlin/Heidelberg/New York: Springer-Verlag 2005.

F. u. U. Petermann (Hg.): *Hamburg-Wechsler-Intelligenztest für Kinder – IV (HAWIK-IV)*, Göttingen: Hogrefe-Verlag: 2., erg. Aufl. 2008.

E. C. Sandford: »Professor Sandford's Morning Prayer«, in: Ulric Neisser (Hg.): *Memory observed*, Westminster 1982.

Martin Schuster: *Für Prüfungen lernen*, Göttingen: Hogrefe-Verlag 2001.

Andreas Warnke und Ulla Satzger-Harsch: *ADHS. Das Aufmerksamkeitsdefizit-Syndrom. Klare Antworten auf die 25 häufigsten Fragen*, Stuttgart: Trias Verlag 2004.

Kapitel 3

Petra Frie: *Wie Eltern Schule mitgestalten können. Ein Handbuch für Lehrer und Eltern. Für alle Schulstufen*, Mühlheim: Verlag An der Ruhr 2006.

Lotte Kühn: *Das Lehrerhasser-Buch. Eine Mutter rechnet ab*, München: Droemer/Knaur 2005.

Jochen Leffers: »Stress im Klassenzimmer«. Jeder dritte Lehrer ist ausgebrannt, www.spiegel.de/schulspiegel/0,1518,244095,00.html.

Willard W. Waller: *The Sociology of Teaching*, New York 1932.

Kapitel 4

Manfred Borchert: *Freie Alternativschulen in Deutschland*, Norderstedt: BoD 2003.

Julia Friedrichs: *Gestatten: Elite. Auf den Spuren der Mächtigen von morgen*, Hamburg: Hoffmann und Campe Verlag 2007.

The Good Schools Guide. The incisive and independent guide to the UK's best private and state schools for ages 5-18, erscheint jährlich bei Lucas Publications, Arlesford (siehe auch www.goodschoolsguide.co.uk.).

Matthias Holland-Letz: *Privatisierungsreport – 5, Bildung als Privatsache: Privatschulen und Nachhilfeanbieter auf dem Vormarsch*, Frankfurt: GEW 2007.

Independent Schools Yearbook. Boys Schools, Girls Schools, Co-educational Schools and Preparatory Schools, erscheint bei A&C Black Publishers London (siehe auch www.isyb.co.uk).

Helmut E. Klein: *Privatschulen in Deutschland – Regulierung – Finanzierung – Wettbewerb, IW-Analysen Nr. 25*, Köln: Institut der deutschen Wirtschaft 2007.

Peter Petersen: *Der kleine Jenaplan*, Weinheim: Beltz Neuauflage 2001.

Statistisches Bundesamt*: Bildung und Kultur. Private Schulen. Schuljahr 2007/08*, Wiesbaden 08.12.2008 (siehe auch https://www-ec.destatis.de).

Manfred Weiß: »Gibt es einen Privatschuleffekt? Ergebnisse eines Schulleistungsvergleichs auf der Basis von Daten aus Pisa-E«, erschienen in: *Schriften des Vereins für Sozialpolitik, Gesellschaft für Wirtschafts- und Sozialwissenschaften*, Neue Folge Bd. 313, 2006.

Filme:

Julia Friedrichs: *Gottes strenge Kinder,* Sendung »Echtzeit«, ausgestrahlt im WDR-Fernsehen 25.Juni 2007.

Dietrich Krauß: *Wie gut sind Waldorfschulen?*, SWR-Dokumentation, ausgestrahlt im WDR-Fernsehen am 6. November 2006.

Adressen im Internet:

www.freinet-kooperative.de
www.freie-alternativschulen.de
www.evangelische-schulen-in-deutschland.de
www.jenaplan.de
www.katholisch.de (Stichpunkt Bildung und Schule)
www.montessori-deutschland.de
www.waldorfschule.info
Zum »International Baccalaureate (IB) Diploma Programme«: www.ibo.org

Danksagung

Den größten Dank schulde ich Jan Wielpütz: Ohne deine Anregungen, vielfältige Unterstützung und die kleinen Tipps und Seelenmassagen zwischendurch wäre alles viel zäher gewesen! Dem Lübbe Verlag und seinen vielen ungenannten Mitarbeitern, die sich für dieses Buch eingesetzt haben, danke ich an dieser Stelle herzlich, ebenso Angela Kuepper für ihre Unterstützung sowie für die vielen aufmerksamen und hilfreichen Änderungsvorschläge aus Elternsicht. Bei Klaus Ehrmann bedanke ich mich für die konspirativen Aktionen zu einem Zeitpunkt, als dieses Buch noch in den Kinderschuhen steckte, und für alle Aufmunterungsaktionen! Da ist noch etwas elsässisches Selbstgekochtes fällig. Auch Detlef Kilian soll nicht unerwähnt bleiben – dein Einsatz am Computer und der flinke Sprint zum Gartenschlauch können gar nicht hoch genug angesetzt werden! Pia Mohn-Zucker hat mir im letzten Jahr geholfen, bei was, weiß sie schon! Wer weiß, was sonst passiert wäre. Danke! Bei Ursula Thomas-Stein von »textpluskonzept« bedanke ich mich für so viele erstklassige Formulierungen – die Welt ist nicht gerecht – und bei Mike Schweizer dafür, dass er immer zugehört und selbst zu Stift und Papier gegriffen hat. Ulrike Bierl hat mir mit ihren Rechenkunststückchen weitergeholfen, und Birgit Freudenthal hat mich vor mancher Falle bewahrt. Professor Peter Struck, Dr. Brigitte Hohlfeld,

Matthias Holland-Letz und Andrea Schumacher danke ich für ihre unterstützende Kollegialität. Franz Josef Strittmatter steht hier fast am Ende, hat aber am Anfang auch ein wichtiges Wort eingelegt und noch davor gleich mal Bestsellerqualitäten konstatiert. Sonst waren seine Erfahrungen als Vater Inspiration genug. Und schließlich danke ich meinen beiden Schulleitungskollegen und -mentoren: Wilfried Rudolph und Dr. Sybille Bauer, von denen ich mehr gelernt habe, wie Schule »tickt« und was Schulleitung bedeutet, als aus allen je gelesenen Büchern zusammen! Und das gilt übrigens auch für Petra Willinger, der besten Schulleitungsassistentin überhaupt!

Anmerkungen

[1] P. Struck, S. 21.

[2] Ein guter Überblick mit Beispielaufgaben beim Max-Planck-Institut für Bildungsforschung in Berlin: www.mpib-berlin.mpg.de/pisa/. Aktuell: M. Prenzel u.a. (Hg.): PISA 2006. Die Ergebnisse der dritten internationalen Vergleichsstudie. Münster: Waxmann (2007), zusammengefasst unter www.pisa.ipn.uni-kiel.de/Zusfsg_PISA2006_national.pdf.

[3] P. Struck, S. 10.

[4] KMK-Pressemitteilung vom 1.3.2003.

[5] P. Struck, S. 83.

[6] P. Struck, S. 10.

[7] Befragung des Dortmunder Instituts für Schulentwicklungsforschung nach P. Struck, S. 86.

[8] P. Struck, S. 23.

[9] Bildungsstudie Deutschland 2007, S. 28.

[10] Umfrage im Zusammenhang des vom Deutschen Philologenverband (DPhV), vom Bundesverband der Deutschen Industrie (BDI) und der Vodafone Stiftung Deutschland neu ausgeschriebenen Wettbewerbs »Deutscher Lehrerpreis – Unterricht innovativ«, Pressemitteilung www.blogspan.net vom 26.3.2009.

[11] P. Struck, S. 86.

[12] P. Struck, S. 19.

[13] P. Struck, S. 19.

[14] M. Köditz in: Psychologie heute Compact 16/2007, S. 50.

[15] P. Struck, S. 189.

[16] Forschungsinstitut für Kinderernährung Dortmund 2001, zitiert nach B. Lugger in: Focus-Schule 01/2005, S. 41.

[17] P. Struck, S. 20.

[18] D. Chotjewitz, zitiert nach Schulverwaltung Baden-Württemberg, 7-8/2007, S. 152.

[19] P. Struck, S. 19.

[20] M. Köditz, in: Psychologie heute Compact 16/2007, S. 50.

[21] Zur vertiefenden Information siehe F. und U. Petermann.

[22] E.C. Sandford: Professor Sandford's Morning Prayer, in: U. Neisser.

[23] Interview im Deutschlandfunk am 24.1.2006, www. dradio.de/dkultur/sendungen/FAZit/567218.

[24] Ebd.

[25] P. Struck, S. 59 – 61.

[26] Umfrage Infratest 2004, Focus-Schule 01/2005, S. 11.

[27] Dazu Schumacher: »Schlaf schön«, in: Focus-Schule 01/2005, S. 95-97.

[28] Zahlen nach Focus-Schule 02/2006, S. 11.

[29] Die Ausführungen und Zitate in Anlehnung an P. Struck, S. 93-95.

[30] Umfrage von Focus-Schule 05/2006, S. 13.

[31] Zitiert nach J. Leffers: Stress im Klassenzimmer. Jeder dritte Lehrer ist ausgebrannt, online: www.spiegel.de/schulspiegel/0,1518,244095,00.html.

[32] Siehe www.tu-dresden.de/medlefo/content/beschr.php.

[33] R. Seibt, D. Dutschke, St. Pabst in: Prophil 3/2006, S. 14f.

[34] J. Bauer in: »International Archives of Occupational Health« (Bd. 80, S. 433 u. 442).

[35] J. Bauer, S. 65f.

[36] Siehe Schul-Spiegel online vom 27.02.2008: 13-Jähriger meckerte online. Schulverweis für Lehrerbeleidigung, www.spiegel.de/schulspiegel/wissen/0,1518,538179,00.html.

[37] W.W. Waller: The Sociology of Teaching, New York 1932.

[38] Nach Hohlfeld in Frankfurter Allgemeine Zeitung vom 7.02.2008, S. 7.

[39] Ebd.

[40] Ebd.

[41] Zahlen nach P. Struck, S. 175.

[42] Werner Sacher: Elternarbeit: Forschungsergebnisse und Empfehlungen. Zusammenfassung der Repräsentativ-Untersuchung an den allgemeinbildenden Schulen Bayerns im Sommer 2004, SUN 25/ Schulpädagogische Untersuchungen Nürnberg 2005.

[43] P. Struck, S. 178.

44 www.grundschultreff.de/forum/thread.php?threadid=910&boardid=9&sid =d64880a2e72&sid=d64880a2e72 am 6.6.2008.

45 www.jungewelt.de/loginFailed.php?ref=/2001/12-12/011.php am 3.4.2009.

46 Anschluss an BVerwG, Urteil vom 30. März 1978 – Buchholz, 436.36 § 20 BAföG Nr. 4: 1. Schüler eines Abendgymnasiums, die ohne rechtfertigenden Grund dem Unterricht zur Erreichung eines Boykottzieles fernbleiben, haben die ihnen gewährten Förderungshöchstleistungen nicht nur für die Zeiten zu erstatten, in denen sie an dem angebotenen Unterricht nicht teilgenommen haben, sondern auch für Zeiträume, in denen wegen des Unterrichtsboykotts Lehrveranstaltungen nicht angeboten wurden. 2. Schließen sich an einen fünf Wochen dauernden Unterrichtsboykott Weihnachtsferien an, dann müssen auch die für die Dauer der Ferien gezahlten Förderungsleistungen erstattet werden. 3. Soweit die tatbestandsmäßigen Voraussetzungen des § 20 Abs. 2 BAföG gegeben sind, kann das zuständige Amt für Ausbildungsförderung eine Erstattung der gewährten Beträge verlangen, ohne dass es einer Aufhebung des Bescheides, durch den die Förderungsbeträge bewilligt wurden, bedarf.

47 P. Struck, S. 126.

48 Frankfurter Allgemeine Zeitung vom 21.5.2008.

49 Statistisches Bundesamt: Bildung und Kultur. Private Schulen. Schuljahr 2007/08, Wiesbaden 8.12.2008.

50 M. Holland-Letz, S. 9.

51 Daneben gibt es private Ergänzungsschulen v.a. im Berufsbildungsbereich, deren Besuch die Schulpflicht nicht erfüllt.

52 § 10 (1) EStG.

53 P. Struck, S. 128.

54 M. Holland-Letz, S. 12.

55 M. Holland-Letz, S. 12.

56 Pressemitteilung des VDP vom 5.3.2007.

57 »Evangelische Schule oft über dem Durchschnitt«, Pressemitteilung der EKD vom 1.6.2005.

58 M. Weiß, S. 64 u. 69.

59 P. Struck, S. 128f.

60 M. Holland-Letz, S. 18.

61 N. Röttger: Wachstum scheibchenweise. Die Phorms Mangagement AG expandiert und gründet drei neue Schulen, Financial Times Deutschland, 6.6.2007.

62 Statistisches Bundesamt: Bildung und Kultur. Private Schulen. Schuljahr 2007/08, Wiesbaden 8.12.2008.

63 Pressetext des TÜV Süd vom 7.03.2008, www.tuev-sued.de/tuev_sued_konzern/presse/pressearchiv/erste_schule_mit_tuev_sued-gepruefter_unterrichtsqualitaet.

64 Focus-Schule 06/2005, S. 133.

65 K. Boldt: Zur Freude der Wirtschaft, in: Kölner Stadt-Anzeiger vom 20.2.2007 und weitere Informationen unter www.if-koeln.de.

66 www.pps.kbs-koeln.de.

67 Laut der aktuellen »Schul- und Geschäftsordnung für die Montessorischule Gilching (private Grundschule). Naturerfahrungsschule«, online: www.montessorischule-gilching.de/uploads/media/2009-03-27_SchO.pdf.

68 Psychologische Studie von Angeline Lillard, Else-Quest: The Early Years: Evaluating Montessori Education, in: Science 29.09.2006: 1893 – 1894.

69 Nach Esser: Montessori-Schule. Der Übertritt kann schwierig sein, online: www.focus.de/schule/schule/schulwahl/schulserie/montessorischule/weiterfuehrende-schulen_aid_24494.html.

70 Schulen in evangelischer Trägerschaft. Selbstverständnis, Leistungsfähigkeit und Perspektiven. Eine Handreichung des Rates der Evangelischen Kirche in Deutschland (EKD), Gütersloh: Gütersloher Verlagshaus 2008. Und die Seiten der Deutschen Bischofskonferenz unter dem Stichwort »Katholische Schulen« sowie www.katholische-schulen.de.

71 Zitiert nach Focus-Schule, 05/2005, S. 132.

72 Friedrichs: Gottes strenge Kinder, Sendung »Echtzeit«, ausgestrahlt im WDR-Fernsehen 25.6.2007.

73 Die Amtsträger der evangelischen Landeskirchen warnen vor Übernahme des Kreationismus: www. Idea.de/index.php?id=343&tx_ttnews[tt_news]=55791tx_ttnews[backPid]}24&cHash=56fa53aa8c. Auch die Deutsche Forschungsgemeinschaft (DFG) widerspricht: DFG: Keine Schöpfungslehre im Biologieunterricht, Pressemitteilung Nr. 39 der DFG vom 4.7.2007.

74 www.gms-net.de, Stand: 24.4.2009.

75 www.vebs-online.de.

76 Pressemitteilung der Deutschen Evangelischen Allianz vom 24.3.2007.

77 www.louisenlund.de.

78 Prof. Schwark, vormals Rektor der Pädagogischen Hochschule Freiburg, in seiner Rezension der SWR-Dokumentation »Wie gut sind Waldorfschulen?« (ausgestrahlt am 6. November 2006 und am 12. Februar 2007), online: www.lehrerverband.de/waldorfrez.htm.

79 W. Schwark, ebd.

80 W. Schwark, ebd.

[81] Nach einem Film über die Waldorfschulen von D. Krauß, ausgestrahlt vom SWR am 6.11.2006. Zur Kritik s.a. www.2.hu-berlin.de/gkgeschlecht/anthro.php#oben.

[82] Pressemitteilung unter www.waldorfschule.info/de/presse/.

[83] Bemerkungen 2004 des Landesrechnungshofes Schleswig-Holstein mit Bericht zur Landeshaushaltsrechnung 2002, Kiel, 30.3.2004, S. 276.

[84] P. Struck, S. 129.

[85] Weitere Informationen zum IB: International Baccalaureate Organisation, Mr Andrew Bollington, Regional director,IB Africa/Europe/Middle East, Route des Morillons 15, Grand-Saconnex, CH-1218 Genève, Fon: +41 22 791 7740, Fax: +41 22 791 0277, E-Mail: ibaem@ibo.org.

[86] »Anerkannte« bedeutet, dass der Staat den Schulen Zuschüsse gewährt, bei den »genehmigten« müssen die Schüler bzw. deren Eltern die Kosten allein tragen.

[87] The Good Schools Guide. The incisive and independent guide to the UK's best private and state schools for ages 5-18«, erscheint jährlich bei Lucas Publications, Arlesford; s.a. www.goodschoolsduide.co.uk.

[88] Independent Schools Yearbook. Boys Schools, Girls Schools, Co-educational Schools and Preparatory Schools, erscheint bei A&C Black Publishers London; s.a. www.isyb.co.uk.

[89] www.timesonline.co.uk/tol/life_and_style/education/a_level_gcse_results/ Siehe auch die anderen Artikel der »Times« zum Thema »Schulen« unter www.timesonline.co.uk/tol/life_and_style/education/school_league_tables/

[90] Alkoholkonsum der Jugendlichen in Deutschland 2004 bis 2007. Ergebnisse der Repräsentativbefragungen der Bundeszentrale für gesundheitliche Aufklärung, Köln. Kurzbericht vom Juni 2007 unter www.bzga.de/studien, hier S. 19.

[91] Ebd., S. 19.

[92] Rabold, Baier, Pfeiffer: Jugendgewalt und Jugenddelinquenz in Hannover. Aktuelle Befunde und Entwicklungen seit 1998, Hannover: Kriminologisches Forschungsinstitut Niedersachsen e.V. (KFN) 2008, S. 34.

[93] Das Landgericht München hat das bereits 1998 zweimal festgestellt: Beschluss vom 7. Oktober 1998 – 7 O 17914/98 – Gegen die Veröffentlichung von Fotos im Internet ohne Einwilligung des oder der Abgebildeten besteht ein Unterlassungsanspruch und gleichlautender Beschluss vom 20. Mai 1998 – 7 O 8969/98.

[94] Flyer des Jugendamtes Neukölln: »Happy Slapping«. Gewaltvideos auf Handys und im Computer, www.neukoelln-jugend.de/medienschutz/pdf/hs_deutsch.pdf.

95 LBS-Kinderbarometer. Deutschland 2007. Stimmungen, Meinungen, Trends von Kindern in sieben Bundesländern. Ergebnisse des Erhebungsjahres 2006/07. Ein Projekt des Dachverbandes der Landesbausparkassen »LBS-Initiative Junge Familie« in Zusammenarbeit mit dem Deutschen Kinderschutzbund (DKSB) unter der Schirmherrschaft von Bundesfamilienministerin Dr. Ursula von der Leyen, Durchführung: PROSOZ Herten ProKids-Institut, September 2008, online: http://www.lbs.de/die-lbs/initiative-junge-familie/lbs-kinderbarometer.

96 Die vergleichenden Ergebnisse der OECD-Studie, vorgestellt im Oktober 2008 in Paris, beziehen sich auf den Zeitraum 1985–2005. Neuere nationale Ergebnisse, die auf derselben Datenquelle beruhen (SOEP), zeigen auf, dass sich der Trend zu einer ungleicheren Einkommensverteilung 2006 fortgesetzt hat, 2007 allerdings zu einem vorläufigen Ende gekommen ist. Informationen und Zusammenfassungen unter www.oecd.org/document/28/0,3343,de_34968570_34968855_41474972_1_1_1_1,00.html.

97 Laut § 23 Abs. 3 des Sozialgesetzbuches sind Leistungen für mehrtägige Klassenfahrten im Rahmen der schulrechtlichen Bestimmungen nicht im Regelsatz enthalten.

98 Der Kriminologe Feltes und seine Kollegen haben dazu 2004 rund 4000 Achtklässler in Bochum befragt, Pressemitteilung der Ruhr-Universität Bochum vom 8.3.2005.

99 Baier, Pfeiffer, Simonson, Rabold: Jugendliche in Deutschland als Opfer und Täter von Gewalt. Erster Forschungsbericht zum gemeinsamen Forschungsprojekt des Bundesministeriums des Inneren und des KFN, Zusammenfassung: Neun Thesen, Hannover: Kriminologisches Forschungsinstitut Niedersachsen e.V. (KFN) 2009, S. 3.

100 W. Zielinski, S. 13.

101 Zahlen nach www.focus.de/schule/lernen/lernstoerungen/legasthenie/legasthenietherapie_aid_24285.html.

102 Definition laut www.polizei-beratung.de/vorbeugung/jugendkriminalitaet/gewalt_an_schulen.

103 Definition laut dem »Institut für Mathematisches Lernen Braunschweig«, www.home.snafu.de/wehrmann/Definition.html.

104 Pressemitteilung der GEW Sachsen-Anhalt vom 13.7.2005: »... in den letzten 12 Jahren [sind] bereits zwei Drittel der Sekundarschulen geschlossen worden, obwohl sich die Schülerzahl in dieser Zeit nur knapp halbiert [hat] ... Zugleich schießen Privatschulen wie Pilze aus dem Boden, mit denen Elterninitiativen und Vereine versuchen, sich den Folgen der Schulschließungspolitik der Landesregierung zu entziehen und weiterhin ortsnahe Schulalternativen anzubieten ... im Schuljahr 2000/01 hat sich die Anzahl der Schulen in freier Trägerschaft von damals 27 auf derzeit 54

verdoppelt, wobei hier vor allem der Grundschulbereich für Privatschul-gründungen interessant ist. Hier hat sich die Zahl im genannten Zeitraum von 11 auf 34 verdreifacht. Der Trend hält bei Fortführung der Schließung staatlicher Schulen offensichtlich an und erfasst neben den Gymnasien in zunehmendem Maße jetzt auch den Bereich der Sekundarschulen.« Unter www.bildungsklick.de.

[105] Zahlen aus dem Bericht des »Studienprojektes Schulschwänzen« der Fachhochschule für Verwaltung und Rechtspflege Berlin, Fachbereich Poli-zeivollzugsdienst, 2004, online: http://209.85.129.132/search?q=cache:SS8NZGOYafcJ:www.fhvr-berlin.de/fhvr/fileadmin/dozent/ohder/pb_schule-schwaenzen.pdf+Fachhochschule+Berlin+Schulschw%C3%A4nzen&hl=de&ct=clnk&cd=6&gl=de&lr=lang_de|lang_en.

Die weibliche Antwort auf »Lob der Disziplin« und »Warum unsere Kinder Tyrannen werden«

Regine Schwarzhoff
KINDER BRAUCHEN
STARKE ELTERN
Das Mutmach-Buch für eine
selbstbewußte Erziehung
288 Seiten
Gebunden mit Schutzumschlag
ISBN 978-3-7857-2366-1

Sind Sie immer der beste Freund Ihres Kindes, oder sagen Sie auch nein? Erfüllen Sie jeden Wunsch Ihres Sohnes sofort, oder stellen Sie manchmal Bedingungen? Fällt Ihnen zu jeder Frage Ihrer Tochter sofort eine Antwort ein, oder sind Sie manchmal ratlos? Und erleben Sie die Lehrer Ihrer Kinder als gute Erziehungspartner?

Bei der Erziehung ihrer Kinder stehen Eltern ständig vor neuen Herausforderungen. Das war eigentlich schon immer so – doch immer mehr sind verunsichert, wie man es »richtig« macht. Und ihre Kinder erst recht. Regine Schwarzhoff zeigt, dass Erziehung nur gelingen kann, wenn Eltern das vorleben, was sie von ihren Kindern verlangen. Sie weiß: Kinder brauchen starke Eltern.

Gustav Lübbe Verlag

»Der Sound der Generation.
Ein bemerkenswertes Buch«

Hellmuth Karasek

Stefan Bonner/Anne Weiss
GENERATION DOOF
Wie blöd sind wir eigentlich?
Mit farbigen Abbildungen
Sachbuch
352 Seiten
ISBN 978-3-404-60596-5

Deutschland ist eine Popshow. Unser Land scheint zu verblöden und ist sogar noch stolz drauf. Schüler und Studenten sind der deutschen Sprache nicht mehr mächtig, eine Karriere als TV-prämierter Popstar erscheint jungen Leuten verlockender als eine solide Ausbildung. Der Maßstab für Bildung beschränkt sich heutzutage auf den Fragenkatalog von Quizssendungen. Wie dumm sind die jungen Deutschen wirklich? GENERATION DOOF geht dieser Frage auf den Grund. Geschrieben von zwei Autoren, die die Generation Doof wie ihre eigene kennen. Denn es ist ihre eigene.

www.generation-doof.com

Bastei Lübbe Taschenbuch

*»Wie Sie elegant Wissen simulieren,
ohne dass es andere merken.«*

SPIEGEL-ONLINE

Stefan Bonner/Anne Weiss
DOOF IT YOURSELF
Erste Hilfe für die
Generation Doof
Mit farbigen Illustrationen
Klappenbroschur
400 Seiten
ISBN 978-3-7857-6005-5

Check it out! Dieses Buch ist der perfekte Erste-Hilfe-Kasten für die Generation Doof. Anne Weiss und Stefan Bonner zeigen, wie du trotz Halbwissen und Lernallergie Erfolg hast. Von Trips und Ticks zu Tipps und Tricks: Ab jetzt alles richtig machen im Job, im Kopf, in der Familie, mit den Kindern und der Flimmerkiste oder dem Gamepad.

Die All-in-one-Fernbedienung für dein Leben. Hilfreicher als ein Blindenhund. Unterhaltsamer als ein Hawaii-Toast.

Mit cleveren Ideen von Vince Ebert, Noah Sow, Phillip von Senftleben, Mark Benecke und vielen anderen

www.generation-doof.com

luebbe

Wer austeilt, muss auch einstecken können

Heide Engl
DAS ELTERNLÄSTERBUCH
Eine Mutter über
wundersame Eltern,
verzogene Schüler
und ihre Lehrer
Sachbuch
128 Seiten
ISBN 978-3-404-60604-7

Es gibt sie tatsächlich: die ignoranten, arbeitsscheuen und selbstherrlichen Lehrer, die nicht zuhören können und ständig gestresst sind. Doch auch Eltern können desinteressiert, ahnungslos und überfordert sein. Sie erziehen ihre Sprösslinge zu sich selbst überschätzenden kleinen Monstern oder zu verschüchterten, bildungsresistenten Jasagern.

Dieses Buch verschont niemanden. Erziehungsunfähige Eltern, lernunwillige Schüler und überforderte Lehrer; sie alle geraten ins Kreuzfeuer der Kritik.

Heide Engl rüttelt wach – damit endlich alle an einem Strang ziehen.

Bastei Lübbe Taschenbuch